乐在书中的人生

悦读者

祝新宇———

著

九州出版社
JIUZHOUPRESS | 全国百佳图书出版单位

图书在版编目（CIP）数据

悦读者 / 祝新宇著. -- 北京 ：九州出版社，
2018.12

ISBN 978-7-5108-7682-0

Ⅰ．①悦… Ⅱ．①祝… Ⅲ．①读书笔记－中国－现代
Ⅳ．①G792

中国版本图书馆CIP数据核字(2018)第286077号

悦读者

作　　者	祝新宇
丛书策划	李黎明
责任编辑	张艳玲
封面设计	吕彦秋
出版发行	九州出版社
地　　址	北京市西城区阜外大街甲 35 号 (100037)
发行电话	(010)68992190/3/5/6
网　　址	www.jiuzhoupress.com
电子信箱	jiuzhou@jiuzhoupress.com
印　　刷	三河市国新印装有限公司
开　　本	880 毫米 ×1230 毫米　32 开
印　　张	10
字　　数	200 千字
版　　次	2019 年 1 月第 1 版
印　　次	2019 年 1 月第 1 次印刷
书　　号	ISBN 978-7-5108-7682-0
定　　价	58.00 元

博采雅集，文苑英华
——《大观丛书》缘起

　　作为知识的一种载体，延续千年之久的印刷图书正面临挑战，甚至有夕阳之忧，越来越多的人正在疏远纸书。然而，我们相信，纸书是不会消亡的，精品总会留下来。当前出版界看似繁荣，却多为低质量重复，好书仍然缺乏，原创的有分量的作品更少。因此，我们逆流而上，披沙拣金，竭诚出版优质图书，为读书人提供一种选择，遂有此《大观丛书》。

　　这是一套开放式丛书，于作者和作品不拘一格。

　　作者可以是作家、学者、撰稿人、读书人，可以是名家，也可以是名不见经传者，尤其欢迎跨界写作者。但求文字流畅，无学术腔，拒绝无病呻吟，表达必须精彩。

　　体裁以随笔为主，不拘泥于题材和内容，包罗文学、历史、思想、艺术……可以观自我，观有情，观世界；只要有内涵，有见地，言之有物，举凡优秀之作，皆文苑英华，即博采雅集。清人周中孚《郑堂札记》云："博采群书，洋洋乎大观哉！"

　　冀望这套丛书，能给读者提供新知识、新思想，以及看问题的新角度，唯愿您在愉快的阅读中，得到新的收获。王羲之《兰亭集序》称颂的境界，也是我们的追求："仰观宇宙之大，俯察品类之盛，所以游目骋怀，足以极视听之娱，信可乐也。"

　　亲爱的读者，期待您与这套丛书相遇！

本书作者

祝新宇，70 年代生人。笔名瘦猪、老祝。专职读书、写文章，发表了百万字，出版了《自由呼吸》等书。曾获网易云阅读第一届征文大赛第一名。如无极端变故，这辈子也就在读书写字中虚度过去了。

目　录

自　序 1

第一辑　无边风雪

要吃在保质期内的罐头 2

天山七剑老大的朋友圈 5

浮华背后是苍凉 10

"△"之外 14

树犹如此，人何以堪 16

蔷薇花开凶残之夜 19

阎老西写微博 24

多鼠斋及其杂谈 28

无边风雪人来去 38

从鲁迅先生的暗功夫说起 42

从此胸中无块垒 45

梦　蝶 48

不谈旅游，不谈美食，谈谈汪老的弦外之音 55

心灵的解放与自由 59

地坛的每一棵树下我都去过 64

人长脑袋并不是为了戴帽子 68

苹果树结不出橘子 72

惊起鹭鸶无数 76

心里搓火，嘴里干渴，那就喝！ 80

模样、好玩与文学 83

生活是痛快的，画画也是 87

一个知识分子的窘境 93

文艺歌手 99

"我喜欢下午的时间" 102

既见君子，云胡不喜 107

临书但有惆怅 110

第二辑　以火向火

侦探女王的后花园 114

"闪电小说"或"突然小说"，莉迪亚的游戏 118

在"北漂"生涯中写童话 121

一些闪光的东西藏匿其中 125

床上的宝剑 129

隐匿中的人性与道德 133

暴力在减少，警报却未解除 138

要走过多少路，才能抵达内心 144

为自己写下谶语 147

臆想中的莎士比亚 150

身为社会志愿者的契诃夫 154

迟暮之年的情书 157

以火向火 161

文学在追求什么 164

本雅明魔法盒 169

把一生浸泡在酒里 173

双面侠库布里克 178

那些不断在巴黎找房、租房的世界文豪 182

水是个什么玩意儿 190

为女王陛下读书 196

为作家该抽什么牌子香烟而操心的编辑 199

第三辑　品质主义

晚清"战痘"史 204

大清帝国的晚年心理 208

历史的镜子与黄药师的偏方 213

《剑桥倚天屠龙史》题外话 216

人类学并不忧郁 221

如何成为一个品质主义者 224

一芽一叶总关情 227

月光在哪儿 230

有趣必有益 235

阅读，没那么复杂 238

不是城堡，是沙龙 241

人和畜距离有多远 245

你读你的名著，我读我的八卦 248

人类为什么需要想象 254

自私的文学鉴赏史 261

用文学的眼光读历史 265

杂草：我们躲不开的唠叨的远方亲戚 270

在马背上，在天空下，在自由中 275

中年男人不敢尝试的梦想 282

"我的二十岁，我自己记住就可以了" 288

东北故事 294

长着一个吃货的胃，揣着一颗怀乡的心 299

爱猫成癖，是多么幸福的一件小事啊 302

虚构的地方最让人迷恋 306

自 序

翻检从前文字，无悔"少作"，亦无喜色，盖因世事变迁，初志仍在。旧文当然有很多问题，却是落笔时的真实心境。真实心境然而不是全部心境，就像这些不成样子的文字，也不是我的全部。小时的理想是成为作家或者诗人，到现在还留有些许残念。我试着写过几篇小说，写过数十万字的玄幻，始不乱而终弃，也曾为了挣钱，给人捉刀写传。读书已成了积习，刚来北京时，经济紧张，工作之余就去书店蹭书看，也见证了好几家书店的消失。某日，我在三联书店睡着了，被王小峰拍了照片，发在他博客上。我不觉得这是羞辱。每晚在床上睡前读几页书，是最好的安眠药。白天读书而有睡意，是另一种感性"书评"。所以我建议你在临睡时读这本小册子。

一些好书会让读者产生幻灭感，深受伤害，觉得再怎么努力，也不及其一，就只好甘心当个读者。这个集子就是以读者身份写成的。写一些作家，评论一些书。书评绝非文学赏析，或内容简介。好书评是要发掘出别人看不到的东西，由甲言乙丙丁，兜转一圈再回到甲。乙丙丁，可以是作家轶事，可以是与书相关的资料，可以是单就书中某一篇发议论，亦可以是感触那一瞬的魂飞天外。

一辈子很短，我们可以通过读书延长。我们无法和人杰交朋友，却能通过读书接触他们的灵魂；我们无法改变时间的线性，却能通过读书体验多种生活；我们无法穿越时空，却能通过读书看见大致的历史。这本小集子即是写了一些人杰，故去和在世的大概各占一半。还有一部分读书感想。

老祖宗说，书读百遍其义自见。杨简师从陆象山多年，一直没开窍。某日读《孔丛子》，读到"心之精神是谓圣"，豁然开朗。我这种笨人，有些书的确读过很多遍，却从来没经历过如此境界。但我真诚地将读书时的所见、所思，呈现在诸君面前，假如有您读原书而不能看见的一点东西，对我来说，也就知足了。

圣贤有言，"古之学者为己，今之学者为人。"不妨将其转意延伸一下，读书既为己也为人，能与读者诸君分享读书的乐趣，不亦"悦"乎？是故，这本不成样子的小书名曰《悦读者》。

第一辑　无边风雪

春光易逝，佳人渐远，世间美好的文字尚多，但属于个别人的，读一点，便少一点。

要吃在保质期内的罐头

人们需要真实的历史，但有意无意地总在篡改着历史。人们喜欢的是符合其意愿的历史。陶渊明是继屈原之后影响中国文人至深的一位诗人，他一直以高洁的隐士身份出现。即使在学术界，虽然关于陶渊明的争论从来没停止过，虽然一度被鲁迅证明有其金刚怒目的一面，但采菊东篱始终是五柳先生的地标式姿势。有趣的是，周作人将他视为抵挡外界批评的武器之一。著名文人对先辈的诠释无疑又对大众产生更大的影响。自苏轼"还原其本来面目"后，陶渊明"极平淡质朴"和晋室忠臣的形象进一步被强化。其实在手抄本时代，一个普通的妓女即可"随笔铅正"古人诗文，遑论学者编者和校勘者的用力。印刷术普及之后，各种版本放大了原本的模糊。它像一个源于有罪前提的推论，尽管论证过程严丝合缝，但其本质却是智子疑邻的笑话。历经多人多时代的校勘，文本上的尘土却"旋拂旋生"，以至于田晓菲不无悲观地认为"既然原本已经不复存在，任何寻访原本或真本的努力不仅徒劳无益，而且从根本上来说，是没有意义的。最终，我们会发现，被爱者只是一种想象，只存在于他人的描述之中"。顾颉刚曾说："古史是层累地造成的，发生的次序和排列的系统恰是一个反背。就是说时代愈后，传说中的中心人物愈放愈大。"接受学者的授业无可厚非，但阅读原著，直接体会作者更必要，在这点上，古籍尤为突出。这也是我对百家讲坛之类的节目不以为然的原因。要想知道梨子的味道就要去亲自尝尝，虽然这梨子已经被漫长的历史做成了罐头，但至少我们应当吃吃在保质期内的罐头，而不是又被当代人开了封的罐头。关于陶渊明，田晓菲拿出了很多人做的罐头，我们尝不到挂在枝间的梨子，但通过《尘几录》能看到尘封许久，历代陶粉眼中不同的"田园诗人"。

以我之寡闻，在当代学者著述中，如叶嘉莹、李泽厚、陈平原、孙明君、罗宗强等，已经自觉地将陶渊明放置在其生活的具体年代背景里去厘清他面目上的微尘，细致分析陶诗的隐喻。但从手抄本的角度来研究，《尘几录》则是较详尽较先进的一本书。赵宋以降，书籍印刷并没有完全阻挡手抄本的存在和流传，或者说，印刷书籍就是手抄本的变形。田晓菲搜集了历代陶集的手抄本版本，乃至剖析陶渊明的醉石和虎溪三笑的传说，力图从所谓的善本全本真本甄别异文，揭示异文背后的"真实"。田晓菲写此书的终极目的不是给大众一个清晰的靖节先生，而是"希望唤起人们对中国中古时期文本流动性的注意，文本被改动，删削，重写，就连文本的作者都可能发生变化……它们充满了往往由意识形态所决定的校改……手抄本文化的问题不仅应该引起文学学者的注意，也应该引起历史学家的重视"。

《尘几录》一书，引用材料广博翔实，考证缜密，语言通晓流畅而不失趣味，是一部可作为畅销书来读的学术论著。

当年的天才少女诗人，现在埋头于故纸堆做学问，且日渐精深。田晓菲告诫说："考证意味着运用我们手头拥有的证据，接受这些证据导致的结论——哪怕这结论是我们不喜欢的，或者是和上千年的传统智慧相违背的。如果仅仅把考证当成维护经典作家与作品之偶像地位的工具，其实是对考证的滥用和败坏。"难能可贵的是，田晓菲意识到我们的现时代，由书籍到电视到互联网，无时不处于极速转折中。"虽然互联网文化缺乏物质实质，它却和手抄本文化具有根本的相同之处：它们都是多维的，都缺少中心，缺少稳定感，缺少权威。这种变化令人不安，但是，它也可以给我们带来前所未有的自由。无论手抄本文化还是互联网文化，其实都是人类处境的寓言。"媒体的变化，使我们认识世界的方式更多更为主动，同时，真实的世界离我们也可能更远更模糊。西贤说，你越追求真理，真理就离你越远。虽然如此，我们也不必失去信心，正如陶诗所言，"纵浪大化中，不喜亦不惧。"大化，或许就是这个多变世界的唯一常数。

天山七剑老大的朋友圈

　　傅山这个人，几乎完美地诠释了什么是传统读书人的典范。首先他出生于官宦书香世家，家学深厚。文人玩的那套东西，他样样精通，特别是书画，已成一代宗师。傅山一生大部分在清初度过，"反清复明"占据了他一生的大部分，仿佛陆游、辛弃疾转世。据传傅山武功了得，有《傅山拳法》留世，所以他被梁羽生直接写进《七剑下天山》就不足为奇了。其实老祖宗早就规定读书人要习武（六艺中的射、御），不知怎的后来读书人变成手无缚鸡之力，只会读死书写八股的酸腐形象了。待清王朝无可撼动时，他又几度拒绝朝廷召唤，称病不仕，俨然一个不合作主义者。读书人最为重视的操守、气节，在他身上表现得淋漓尽致。傅山还是个名医，尤擅妇科。给人看病，"贵贱一视之"。他利用自己的名气、影响力替民申冤，在民间口碑甚好。其学术以儒学打底，却反对僵化的理学。他是道士，佛学造诣反而颇深，厕身"清初六大师"（梁任公语），与顾炎武、黄宗羲、王夫之比肩。中国文人讲究行万里路读万卷书，傅山酷爱旅行，自谓"横尸于大林丘山间"，常与儿子共挽一车，逆旅中篝火读书，成诵乃行。

综上，傅山文武兼备，操守高洁，直追圣人。然而圣人也是要吃饭的，要与同好往来应酬，也有妻儿一大家子要养活，傅山一不做官，二不事生产经商，那么他是如何解决柴米油盐问题的呢？他的艺术与思想在现实生活中又将如何体现呢？我相信除了著名学者白谦慎，还会有很多人对此感兴趣。

史景迁在《追寻现代中国》里阐述了一个观点：明清之际，中国没有西方意义上的贵族。仅就贵族的头衔、特权及物质保障来说，这个观点无疑是正确的。但贵族还有一个不能忽视的组成部分，那就是文化资本与传承。从这个意义上说，八大山人、张岱、傅山是文化贵族，曹雪芹也是。纵观历史朝代更迭，宋元、明清之间尤为触目，无他，皆异族入主中原也。故亭林先生有亡国与亡天下之辨。汉族贵族与知识分子，或侍新主或隐居山泉，没有第三条路可选。

傅山年轻时已享誉大江南北。他的老师是明末重臣袁继咸。袁素耿直敢言，为阉党构陷下狱，经傅山、薛宗周联名百余生员进京鸣冤，得以昭雪。《清史稿》载，"山以此名闻天下"。清政府为稳固政权，笼络人才，招募了大批汉族知识分子为官。傅山化身道士，明白地宣布了立场，暗中从事反清活动，1654年被捕，史称"朱衣道人案"，幸亏友人及同情他的官员从中斡旋，一年后无罪释放。人自由了，家产却因之耗尽（也有人认为其财产多用在"反清复明"事业上）。无奈之下，傅山开始行医、鬻书画，前期生活主要来源还是靠友人相助，后期则完全依靠润笔费了。

傅山若发微信，相当一部分应该是这样的：

"今得佳酿，深快旧肠。酒道人者以酒遗人，真不啻佛之舍身也。"

"莲陆以三十金代买房屋，土塌而居有定舍，不亦快哉。"

"寓中无米，作书换米二三斗，犹唐寅不使人间造孽钱之伎俩。"

"轶老词宗以醉索书，书得村房即事一章，发笑，兼请教政。"

学界公认大致有一百五十多人与傅山有交往。据白谦慎考证，傅山的朋友圈分五类：明清官员（主要是清政府官员）、山西文人、外省文人、僧人、地方士绅和商人。在清政府官员中，从省级大员、州县知府到基层官吏，都与傅山有交集。其中魏一鳌尤其重要。魏不仅与傅山保持了一辈子亦师亦友的情谊，还是后者最主要的经济赞助人。前文为傅山买酒买房者即是他。傅山的"反清复明"几乎是公开的秘密，他与清政府官员往来密切，一点也不奇怪。往大里说，与之交往者，皆为同情明遗民、为官清廉的汉族官员，这对傅山是不可缺少的心理缓冲段。例如其世交孙茂兰就是清廉正直的官员。而除了山西与外省文人，在精神层面能够交流者，亦是魏一鳌和孙茂兰这等文化素养极高的政府官员。傅山与他们往来尺牍，唱酬和诗，不仅可以表达艺术见解，甚至就"华夷君臣之辨"的敏感话题而"真率之言饯之"。较为讽刺的是，仕清的汉族官员未必没有"华夷之辨"的想法，却丧失了发言权，而受他们庇护的明遗民倒拥有这个权利。往小里说，正是这些官员的政治庇护与经济支持，包括傅山在内的明遗民才得以保全。有件事颇为有趣。傅山曾致信魏一鳌，请其帮助免除老家土地税赋。对于傅山这样的遗民来说，恳请清政府开恩，无论如何都是很尴尬的，所以他信尾特意写道："览竟即火之无留，嘱嘱。"出于对书法的珍爱，魏一鳌并没有"火之"。即使在傅山下狱时，清廷各级官员乃至狱吏，都向其索买书法。傅山书法之名气，可见一斑。后来索书者之多，令傅山有"何人不识，与鸦噪鲍佐何异"的慨叹。也正是如此，傅山和他们的交往，始终处于一种微妙的平衡状态。

中国传统文化中，应酬诗文、应酬书画可以说占据半壁江山，大部分名作也都出自应酬。白谦慎认为，研究傅山应酬书法，进而论及书法的修辞问题、创作态度、艺术理论，观察艺术家的理念与创作是怎样在日常生活中被灌输、被接受、被曲解改造，以适应人们现实中制作文化物品的需要。这些都是饶有趣味和值得探索的话题。事实上，早有人注意到了这个文化现象，例如高居翰、单国霖都曾著述探讨一般性质的文人书画的人情酬酢、金钱交易，但落实到个案如傅山身上，白谦慎大概是第一个尝试者。他认为傅山与政府官员、社会名流及"俗物面逼"的商人之徒的应酬交往，不仅保障了傅山的物质生活，而且促动他有意创作一些精品留世。另一方面，由于傅山的缘故，当时在山西形成了全国性的学术文化圈，汇集了诸如顾炎武、朱彝尊、王弘撰、屈大均、戴廷栻等著名学者。在一定程度上也刺激了傅山对金石、音韵、古文字的学术研究。

与傅山交往的还有一类人值得关注，即僧侣和草头百姓。傅山为僧侣写字作画从不收取任何报酬，对一些百姓也止于象征性地收一点或不收。例如傅山曾为一个拿鞋来换作品的百姓，毫不敷衍地写了一首打油诗。很多时候，傅山亦给买书者写写"乱嚷吾书好，吾书好在何"的玩笑文字。必须指出，鬻书生涯并未影响傅山对书法艺术的追求。对他影响最大的是颜鲁公。正如白谦慎所言，"驱使傅山在鼎革之初转向颜真卿这位历史上著名忠臣的书法的动力，是一个明遗民忠于前朝的情怀"。另一件事也很有说服力。早年傅山看不上赵孟頫，中晚年傅山书法炉火纯青，却对赵由厌烦转为欣赏、学习，说明傅山已跳出政治立场的窠臼，单以艺术而论艺术了。

　　傅山晚年的社会地位、名声之高，令人瞠目。实论之，其书法不足以当之。傅山的出名，一是"朱衣道人案"树立了他的遗民英雄形象；二是称病拒不参加康熙主持的特科考试，由此被誉为当代陶渊明。而清廷汉族官员的推崇、尊重、珍爱傅山的书法，就是推崇尊重珍爱他们自己的文化，同时，出于统治需要，清政府对此亦持默许甚至是支持态度。这是特殊的历史原因。傅山本人有效地利用自身文化资本，换取立身之地，这是特殊的个体原因。白谦慎对傅山的交往应酬的研究表明，"中国文人艺术家与索买、收藏他的作品的人们之间的互动关系，远比欧美赞助人模式要丰富得多也促使我们对清初艺术社会史，乃至整个中国文人艺术的社会史研究寻找出新的理论模式"。

浮华背后是苍凉

《纽约时报书评周刊》曾对数位历史学家搞过一次有趣的调查，问他们最希望活在哪个国家的哪个时代。汉学家史景迁的答案是，16、17 世纪的中国。那正是明代晚期。让人不免联想，当史景迁看见完成了史书的张岱"如鬼使神差般手舞足蹈起来"，他恐怕也会如此激动吧。

作为一个研究中国历史的学者，史景迁这个名字的含义无须解释。太史公不知道千年后他有个外国学生，以自己为楷模，遵循《史记》精神，书写中国历史。《史记》七十二列传最为脍炙人口，史景迁学得"究天人之际，通古今之变"，用优美流畅的口吻讲中国历史，已隐隐见"成一家之言"的宗主气概。

此种"说故事"的写史方式虽是史家的传统，但近年备受一些历史学者的质疑。因为按学术专业衡量，"说故事"没有理论架构，没有考据成果，没有实质的史料发现，不符合学术规范。实际上，历史从来不是仅活在象牙塔里，它的民间化、通俗化从它诞生起就没停止过。《史记》十二本纪、希罗多德《历史》都采用过民间传说。"讲故事"并不意味着天马行空，在史料不足和存疑的情况下，立足于现有的文献、放诸具体的历史环境之中，去理解历史人物的性格和推演事件的可能性，和文学的"讲故事"有本质区别。它的"有可能是什么"恰恰符合历史的逻辑，更何况，史景迁的"故事"有案可查。钱锺书讥讽史景迁是个"失败的小说家"，这可以看作一种幽默的赞扬：史景迁的作品不仅受到英语读者的喜爱，而且在中国影响日深。

2005 年，上海远东出版社出版了"史景迁中国历史研究系列"，其中《王氏之死》引起轰动。之前之后还有其他出版社出版他的著作，但都不全，且质量良莠不齐。这次广西师范大学出版社取得史景迁全部作品的中文版权，立志出全，对读者当然是偌大的好事。《前朝梦忆：张岱的浮华与苍凉》便是第一本。

而我把史景迁遭遇张岱，看作是命数已定、在劫难逃的事情。

张岱以文传世。他是晚明散文的翘楚，至少有两篇文章选入中学教材，他领衔的公安、竟陵两派，直接影响了新文化运动前后的散文。张岱又是名士风范的代表，一句"人无癖不可与交，以其无深情也"无人不知。他出身名门世家，才华无双，历经国家兴亡，一生极具戏剧性。但张岱并不看重诗文，而是和史景迁一样，景仰司马迁，以写史为己任。窃以为，这是史景迁选择张岱而不选择与其有诸多相似之处的李渔的原因之一。

然而张宗子之不幸，在于后人并不在意他呕心沥血的断代史书《石匮书》。石匮是太史公保全史料的地方，张岱以此为名，显然不单是向老祖宗致敬，更想借《史记》的光辉，能使后世知之。他的外国朋友史景迁正因为会讲中国历史而享誉海内外。张宗子绝对想不到写历史的自己要靠一个外国佬替他在国外扬名。

讲述张岱浮华与苍凉的一生，史景迁用他所擅长的讲故事方式：频繁移动的镜头和超强的剪辑功夫。史景迁讨厌按部就班地讲述一个人从出生到成长再到死亡，他更愿意将一个人安排在某一主题下，以彰显他的个性。比如第一章便有无数镜头，远景、近景、特写；观灯、观潮、品茗、学琴、斗鸡、赏雪、看月乃至混迹楼船暗巷。一个典型的明代文人出现了。他一面是行为艺术大师，曾有过无数令人瞠目的举止。在第一章，史景迁便绘声绘色地说了他夜泊金山寺，大唱韩世忠力退金人的戏，使僧人不知其是人是鬼的故事。另一面，张岱亦有读书人的抱负，无论在朝在野，都要为社稷担忧、为民请命。张岱的一生恰好被历史截为两段，明朝灭亡时，他四十八岁，丧失了安逸奢华的生活。面对异族的统治，张岱没像好友祁彪佳那样自杀殉国，也没像堂弟燕客那样为苟延残喘的朱明余脉卖命。他梦见已死的祁彪佳告诉自己，他活下去是要完成《石匮书》而非遥不可及的反清复明。

这样的一生注定多姿多彩。我们读史景迁的张岱，有隔岸观火之感。无论是张氏家族作布明灯于龙山的奢侈之举，还是张岱"繁华靡丽皆成空"的晚年，史景迁总是一副第三者的旁观冷静的口吻。有人批评《前朝梦忆》没有侧重，并没写出张岱的高潮，这实在是肤浅之见。与历史人物保持适当的"疏离感"，正好可以客观地观察他，评价他。这段距离正好有别于严格的历史专业学术著作和历史小说，求得叙事的客观平实，"在给所述事物最丰富的背景后便全身而退"。再有，它倾注了史家对历史的具体的"自我理解和探寻"。比如史景迁写祁彪佳对张岱的影响与张岱对死亡对气节的思辨。这也是有人将其称为"后现代史学家"或"历史小说家"的原因。但史景迁本人并不接受，他多次声明，自己只是把历史写得像小说而已。至于所谓的"后现代史学"，史景迁也不认可，他说："假如我有一个学派，那这个学派就是鼓励读者去思考。"

他的同行、汉学家宇文所安（田晓菲的丈夫）批评史景迁不该把张岱的历史写作摆在文学写作之上。宇文所安的看法有普遍性。说起来，作为文学家的张岱的确比作为史学家的张岱要有噱头。其实史景迁对于张岱的身份扮演一视同仁，我们有理由相信他在潜意识里会倾向于张岱的史学家的身份，但书中没有提供太多明显的证据。史景迁在书的前言中承认"张岱其人难以尽述"，"但他就像我们一般，钟情于形形色色的人事物，不过他更像个挖掘者，试图探索深邃幽暗之境。他理解到只要有人追忆，往事就不必如烟"。

中国文化的博大精深令史景迁着迷，但它对一个英语世界的人来说过于"深邃幽暗"了，即使他以此为专业，也难免出错。单就文辞方面，也有需改进之处。比如第195页，"张岱深深思念降生时母亲诵念的白衣大士咒，已是高龄八十一。"应为："深深思念降生时母亲诵念白衣大士咒的张岱，已是高龄八十一。"（翻译问题？）台湾史学家汪荣祖有《梦忆里的梦呓》一文，专门论述《前朝梦忆》的错误。在听史景迁这个西方汉学家隔海论道时，建议你也读读。

"△"之外

　　不闻张资平大名久矣。不是因为他曾被鲁迅嘲讽过——鲁迅看不上眼的人多了，但我们仍可读到他们的文字——而是他不仅背负汉奸的骂名，且所写竟是"看见女性的性欲，比男人还熬不住"之类的小说，这还了得！所以当被鲁迅痛骂过的人解禁后，他还困在前者赐予的 LOGO "△"中，翻不了身。挨到今天和谐开放的时代，好这口的都去看美女作家了。张资平老且落后，他写性，绝比不上他的后辈。所以有多少人在读他的书，真的不乐观。

　　《爱力圈外》内容很简单。话说旧上海一个上流社会家庭，姐姐是个伪思想解放者、伪女性主义者，离婚后却和妹夫搞到了一起。妹妹为了反抗，和男佣私奔，但男人历来是靠不住的，于是下场就很悲烈。

　　就这个中篇而言，出乎我的意料，我并没觉得张资平画"△"有什么高深的功力，也没玩《雷雨》式的不伦之恋，也没郁达夫的压抑变态，换现在的作家，可以连夜写出两篇：一个小说，一个电视剧本。但你也可以说，现在家庭伦理或言情小说作者，还是在他们的开山鼻祖画的圈儿里做文章。我以为张资平最出彩的地方在于他擅长在故事里加进自己的议论，比如他借妹妹的视角，写道："现代的青年能够照自己的自由意思做去的恐怕很少，大概都受着父母兄弟之累，做他的妻子的人自然也要和他共担责任。真是不合道理。但谁拒绝了这种责任，他就会得到不孝不义的罪名。"用现在的话来说，就是中国人结婚，不是和一个人而是和一个家族结婚。看看电视吧，所有的剧情都靠婆媳矛盾来推动。张资平的小说全是恋爱内容，全部爱情没有一个善终的，单冲这点，也绝非一个"△"所能概括。

坊间传说，民国期间能单靠稿酬而活得有滋有味者，仅鲁迅与张资平二人矣。张资平凭着稿费竟然买了栋小楼，可见其小说风靡上海滩之甚。鲁迅在《关于女人》（收入《南腔北调集》）里说："上海的时髦是从长三幺二传到姨太太之流，从姨太太之流再传到太太奶奶小姐。这些'人家人'多数是不自觉地在和娼妓竞争……代价是很贵的，而且一天一天的贵起来，不但是物质上的，而且还有精神上的。"好像在呼应鲁迅，张资平《爱力圈外》里的大家庭的女主人就是落了籍的勾栏中人，是小说里的最佳配角，不可忽略。

二十世纪三四十年代的上海，可以有张资平、张爱玲与苏青，也可以有鲁迅、胡风和七月派的号角。他们井水不犯河水，亦偶尔小有冲突，共同构成了旧上海文化的底色。其中的张资平，是这底色中暧昧的、软弱的、粉色的一抹痕迹，被大历史的如椽巨笔扫过，现在几乎看不清了。

树犹如此，人何以堪

以前我胡乱读书的时候，曾看过一副妙联："中国捷克日本，南京重庆成都。"此联写在二战日本投降次日，登在当时重庆的《大公晚报》上。但我不知道它的作者就是推出梁羽生、金庸的香港《新晚报》(《新晚报》隶属《大公报》)编辑罗承勋（罗孚）先生，更不知道罗孚就是在《读书》上发表《你一定要读董桥》的"柳苏"。

罗孚是位大有来头的报人，在《大公报》干了四十余年，颇受徐铸成和胡政之的赏识，被廖承志称为"罗秀才"。1947年，他参加重庆地下党刊物《反攻》的创办和编辑工作，当时的领导人正是江姐江竹筠。罗孚也是研究鲁迅与周作人的专家，绀弩体打油诗的资深粉丝，他本人也是一位散文大家，中央编译出版社已出版煌煌七卷本的《罗孚文集》。

这一切，我当然是后知后觉。

然而他的《北京十年》吸引了我。首先是它的标题，一看就是客居京师者的口吻。我在北京晃荡了也有十年之久，再看罗孚的文字，才觉得他与吾辈为稻粱谋不同，好像是涉及政治方面问题而羁留的，罗孚本人绝口不提，连好友陈子善亦是"不该问的就不要问，不该说的也不必说"。只有他的笔名露出一点马脚：柳苏者，取子长子瞻之贬谪也。然而这所谓贬谪，却催生了《北京十年》。书的前部分，很有些杨葵写"熟悉的陌生人"的味道，罗孚写了几个先后在他家做保姆的小姑娘，那时候还要查暂住证，姑娘们便躲在床底或屋顶，有人曾从屋顶跌落，查证人哈哈大笑。罗孚感到有点心酸。再往后，看他写那些文坛前辈，也有"何止这一点点的心酸"，但老人家们基本上修炼到宠辱不惊的地步了。

"十年一觉北京梦"，实际是罗孚在双榆树南里从 1982 到 1993 年的十一年。前辈间的交往、言谈往往带着对过去的反思，对现在的认识与对未来的主张，落在纸上皆是有价值的史料。流水一下吧：范用、楼适夷、吴祖光、杨宪益、戴乃迭、丁聪、冰心、萧乾、黄苗子、黄永玉、舒芜、钱锺书、杨绛、聂绀弩、夏衍、钟敬文、启功、周而复、陈迩冬、王益知、田象奎、端木蕻良、王世襄、常任侠、李锐、王力、朱光潜、沈从文、荒芜……这些几乎代表了当时半个中国的文化艺术界的老前辈，如今大多已仙逝，记录他们的罗孚也九十高龄了。现在再也读不到聂绀弩、启功、杨宪益那样半是戏谑半是认真的打油诗了。那两棵传说中的榆树早在罗老夫子移居之前便渺无踪迹，他日后在香港忆起故人旧事，想必会发出"树犹如此，人何以堪"的感叹吧。

书的后半部，围绕着胡风集团的人与事，如周作人、潘汉年与袁殊来写，以回忆为主。罗孚建议读者"不妨当野史来读"，单看这几个名字，就知道里面牵扯了太多的中国现当代史，价值不必多说，而其中的观点也非千字文所能言尽和评论，大家去读好了。罗孚说："有些事情，正史不记，只见于野史，那就更有意思了。"《北京十年》是野史不假，但绝不仅仅止于"有意思"。书里透露了不少文化名人乃至政治人物的秘事，读来令人大吃一惊，有的则是莞尔之余还有不莞尔的意思。举个小例子，聂绀弩出狱后，听说胡乔木要来看他，以为大祸临头，千方百计阻挠，不料胡来后对他大大赞扬了一番，但后来胡要给他的诗集作序，聂推脱说书稿已经排好，胡说这用不着他担心，结果书的目录没有这篇序，可内文里却有。聂怕别人以为序是自己走后门求来的这么拧巴，怪谁？

我前些日子读赵蘅《宪益舅舅的最后十年》，感叹这些国宝级的"老家伙"们，愈见稀缺，他们的记忆就是活生生的历史，需要有专人去记录、挖掘，能像罗孚这样亲自写下来就更难得了。

薔薇花开凶残之夜

电影《色戒》和小说《小团圆》再次掀起张爱玲热潮。我没有跟风去看，铺天盖地的评论，仿佛是过多的酱油醋，很难不影响吃饺子的胃口。早在上世纪70年代，张爱玲就在内地以外的华人聚居地广受青睐，以至于形成港台女性作家的张派，风靡一时。内地由于众所周知的原因，直到从上世纪八九十年代起，才由柯灵《遥寄张爱玲》肇始，经夏志清大力推荐，阅读、研究张爱玲变为热门。持续的"张热"也说明大陆文学创作的缺失，并未有真正意义上的都市通俗文学的诞生（对于上海女性作家，我没把王小鹰、王安忆和陈丹燕等人算在都市通俗文学作家里）。

张爱玲魅力不减，她身后的苏青、潘柳黛与施济美却仍没有引起足够的重视。张爱玲曾简约地解说最后一部作品《对照记》中的数十张照片，其中少了很多不该少的人物，这不免引起人们的猜测。李欧梵说："她的姿态在镜花水月式的美学意境中制造了一种神秘感。"他人的解读只能是李欧梵所言"后设的后设"，张爱玲并不想真正暴露自己，正如她后半生在大洋彼岸的隐居，当得知邻居是粉丝时，她马上搬走了。这与她在沦陷时的上海高调写作、生活的状态截然相反。

"这是乱世。"二十五岁的张爱玲望着黄昏时分的上海，黯然神伤。四个月后，日本投降，然而乱世还像"玻璃窗上落日的反光"，看似离去，实际上以另一种形式（张爱玲将其比作红月亮）延续。而上海历史中最黑暗的一页终于翻过，在这页被异族侵略者统治的孤岛上，以张爱玲为主的女性作家们（包括女性艺术家在内），居然创作出大量杰出的艺术作品，应该很正常地引起人们对于战争状态下艺术创作的特殊情势的兴趣。遗憾的是，虽然近年关于张爱玲的研究摆脱了意识形态的束缚，但深入细致地考察战争状态与张爱玲们的关系之文章，还很少见。黄心村是其中一位，黄心村将张爱玲放在时代具体的环境下和以其为首的女性作家群体里，显示出她良好的大局观和判断力。

上海的发迹肇始于第一次鸦片战争，这个作为第一批被迫开放的沿海商埠的小镇，在 1937 年之前达到巅峰，成为世界级的都市。全世界一线城市能找得到的东西，上海都有，在全世界一线城市找不到的东西，上海也有。文化消费也不例外。战争期间，上海仍以她特殊的形式维持着国际城市的生活。先进国家的文化仍被上海迅速消费，例如美国小说和电影《飘》以近于第一时间的速度进入上海，赢得了市民阶层的欢迎。张爱玲和她的同时代作者也因为同样的原因获得写作和生存空间。事实上，正是她们的写作，构成了上海孤岛、沦陷两个时期的文化的主要部分。

尽管张爱玲们的作品远离政治，甚至对于如火如荼的抗战是一种反动，但现在静下心来看，张爱玲们的写作毋宁说首先是她们的生存方式，然后是她们表现、抗争现实的手段更为公允。拔高一点说，当日本侵略者对上海的文化压迫使左翼作家转入地下或去了大后方之后，只有张爱玲们的"海派抒情文学"或者"鸳鸯蝴蝶派文学"与日本殖民文化统治抗衡，以公开的形式分食了上海当时的文化版图，而不至于使后者独霸上海。日本殖民文化的代表人、电影演员李香兰（在满洲长大的日本人，日本名叫山口淑子）与张爱玲的合影便是个极好的象征，在宣扬"大东亚共荣"的背景下，1945年7月，在一次文化活动中，张爱玲与李香兰得以合影留念。你固然可以将张爱玲视为一个不情愿的参与者或能够抓住任何展示自己的机会的女作家，但客观上，如果照片上没有张爱玲，活动的组织者会很没面子，当时的上海文化界也将不可思议。

　　或许我们可以把《色·戒》里的王佳芝与张爱玲本人相互印证。王佳芝不是做间谍的料，却意外成了间谍，成了大汉奸易先生的情妇，但女人的本性使她最终放走了易先生。张爱玲了解女人天生是情感动物，不适合搞政治，但张爱玲又清楚地意识到生命、情感在战争、政治和权力面前的脆弱与一钱不值。张爱玲的聪明就在于洞悉女性的弱点，却不愿意摆脱。她与胡兰成的纠葛恰好形成了书写与现实的两面，《倾城之恋》也好，《色·戒》也罢，如"尖锐刺耳的不和谐音符"夹在反抗异族侵略的时代洪钟里，显得无奈、短暂和突兀。但在上海，这个特殊的城市里，侵略造成的封锁、沦陷和孤岛状态，恰恰产生了张爱玲们与她们所代表的通俗文化，黄心村勠力探讨女性作家在战争时期的心理与行动以及所产生的影响。

首先可以确定的是，在她们的心里，生存大于一切。即使生活在优渥的租界，她们亦时刻感受着战火的灼痛与危机。虽然不必忧虑物质生活，但作品就是一个作家存在的硬性标准，如果今天没有作品出版，也许等不到第二天的太阳，战争便可轻易地将一切擦掉，无论是肉体还是文字。难怪张爱玲那么急迫地叫喊，"个人即使等得及，时代是仓促的，已经在破坏中，还有更大的破坏要来……出名要趁早呀！……快，快，迟了来不及了，来不及了！"（《流言》1944 年再版前言）

　　由民国时期延续到 1941 至 1945 年的上海文化，并没有因战争而彻底断裂、崩溃，相反，战争的巨大阴影反而促使她畸形繁荣。当然，这是以市民阶层为主导的大众文化。女性作家与通俗文学的先天性，注定她们倾向家庭、情感和个人成长等方面，沉湎于日常生活的琐碎事件，离不开客厅、电影院、商店、咖啡馆和花园诸如此类的城市构件。正是这样一种情形，使她们的写作呈现出特殊的时代气息。

　　如前所叙，张爱玲苏青们绝不会轻易放弃她们身为作家的使命，她们力争自己能够获得"合法"的文学地位。她们在当时理所应当地受到痛斥，但现在回过头来看，"她们选择貌似远离时代，其实是以一种高度个人化的方式来切入时代，精心描述战争、历史、伤痛和个人成长"。黄心村举了张爱玲的短篇小说《封锁》论证这个论点。她说："这篇几乎完美的小说是可以作为时代寓言来读的。"张爱玲笔下的上海夜晚和黄昏一样，给人以浮躁不安和幻觉，"在这样凶残的、大而破的夜晚，给它到处开起蔷薇花来，是不能想象的事，然而这女人还是细声细气很乐观地说是开着的。即使不过是绸绢的蔷薇。"（散文《谈音乐》）"凶残、大而破的夜晚"并不能阻止"蔷薇处处开"的歌声。张爱玲此时此刻看似微不足道的对生活细节的入微观察具备了颠覆性意味，于是，张爱玲的文学世界"升离在残酷血腥的历史现实之上，超越了漆黑夜色的界限乃至当前现实的政治束缚"。黄心村同意这样的观点："文学和艺术并不直接反映现实，当然也不受现实辖制。"将其一律盖棺定论为"汉奸文学"是粗暴的不科学的文艺批判。事实上，张爱玲们的文学恰恰证明了"可以有许多不同的方式来指称战争的存在"，"这些作品成就了她们按自己的方式建立起来的一座独特的灾难纪念碑"。苏青甚至理直气壮地告诉大家，"苏青就是在沦陷区出过《浣锦集》及《结婚十年》等书的苏青"。

需要提醒读者的是，蔷薇花虽然能在凶残、大而破的夜晚悄然开放，但毕竟弱小、易被黑暗吞噬。上海这一代的战时通俗小说家在一个短暂的时期里同时体验了飞快成名和迅速归于沉寂的两极经验，只有张爱玲与半个苏青得以幸存。正如张承志的论断："自私"的写作，无以长久。潘柳黛、施济美等人被历史的长河瞬间吞没，只有张爱玲和苏青凭着自身的才华，才使战时上海的通俗文学发出别样的光亮（比如夏志清就认为张爱玲比诸如鲁迅、茅盾这样的几位主流作家还重要），后人也可循着她们的文字，管窥弱小的个体人生在巨大强势的历史面前之无奈。

阎老西写微博

"读书贵能用书，若不能用书，书反蔽智。"这是读书人的微博。

"欲莫难于处妻子，理莫难于处父母。能处妻子可以使人，能处父母可以事人。"这是宅男的微博。

"深言勿与交浅者谈，深理勿与见浅者道。交浅言深反生疑，见浅理深反生障。"这是社交的微博。

"作战的武器是枪炮，为政的武器是舆论。赏罚公务员的权柄在政治，纠正公务员的舆论在人民。"这是政府部门的微博。

"阳光、空气、咬烂、睡足，是四位好医生。"这是养生达人的微博。

"兵战须兵精气锐，始能战胜。商战须货好价廉，始能战胜。货好在技术，价廉须用政治。"这是军事家、企业家和政治家三位一体的微博。

"物质不如人处要拿精神补足"，简直就是"我以人品取胜"的民国版。

阎锡山还有句流传很广的话："世上有两种人最厉害，一是不要命的人，二是不要脸的人。"后半句，像不像"我是流恁我怕谁"？

以上摘抄自九州出版社《阎锡山日记》。1931年8月，阎锡山飞回大同隐居。时值中原大战刚刚结束，他和冯玉祥、李宗仁反蒋失败，有心要蛰伏一段时间，于是就有了《阎锡山日记》。

《阎锡山日记》神似微博，但绝不像微博那样一晃而过，该书不适合一下子读完，那样太累人了。它可以随时翻开，随便翻开，甭管你这页读没读过，再看仍有意味。阎锡山在世时曾议论该书如百货行，"人喜欢什么看什么，需要什么看什么。"凭阎老西的人生历练，他认为能落到纸面上的绝对是摸爬滚打出来的真家伙。但肯定会有人不愿意读的。比如这条："承认错可以消除错，粉饰错可以添错，承认错与粉饰错，其明白与糊涂显然判矣。"

从1947年至1950年，这个版本的《阎锡山日记》再也看不到以前那种短小精悍的格言了，都是涉及当时军政要事的内容，读者可以从中找到一些内幕，看见阎锡山真实心态的变化。

1946年，徐永昌征询对付共产党的策略，阎锡山有惊人的预见。他说："就双方本身比较，我得力而彼得势。就潜力说我的发展性小，彼的发展性大。就双方环境说，我得到实力援助，彼得到民众支持。就组织说，我的组织涣散，彼的组织坚强。将来最可怕的组织力量无穷大及民众力量无穷大的两个力量均为共产党拿去，则前途不堪想矣。"阎老西反了一辈子共产党，也没成功。要不咋说最了解你的人就是你的敌人呢。其实阎锡山未尝不了解国民党的弊端。国民党派系林立。1949年，阎锡山被任命为行政院长兼国防部长，他知道这是蒋介石和李宗仁政治斗争的结果，但对李宗仁逼其交出兵权仍十分不满，当面就拒绝了（李宗仁）代总统的非分要求。该年9月5日日记："不只我兼国防部长必亡，换人或灭亡或不灭亡，我愿意辞。即使我兼亦亡、换人亦亡，或是我兼可不亡、换人亦可不亡，我亦愿辞。假如我兼亡得慢，换人亡得快，我就不辞。"此时阎锡山还抱有侥幸心理，以为大家同仇敌忾，"向挽救危亡目标迈进，未始不可有为"。然而仅两月后，有人向他建议组织力量救西南、西北，阎锡山的情绪急转直下，"我现在素无力，行亦无力，我不主张组织力量。"

该书以台湾纪念版《阎伯川先生感想录》为底本编辑，选编时仿效《论语》形式，保留了日记体例，但该书有个毛病，没有任何注释。这就使阅读面对很大障碍，纯粹为人处世的哲学箴言外，举凡涉及历史大事处，便令不熟悉具体历史事件的读者挠头了。有个朋友就是拿着《阎锡山传》对照着《阎锡山日记》读。举个例子，1949年5月12日记："欢宴首都记者访问团长陆铿等，讲述平民经济和兵农合一措施。"那么这位陆铿是何许人也？阎锡山缘何与其谈政经事务？该书的阎锡山大事年表也没给出答案。我查了很多资料才知道，原来陆铿是位著名的报人，曾以揭露孔祥熙、宋子文贪污外汇而被当局视为眼中钉。当年4月，他准确预测出解放军渡江地点，这下国民党当局可抓住了"把柄"，以"通匪"罪名逮捕入狱，于右任和阎锡山出面斡旋，两个月后出狱，随即担任阎锡山的"内阁发言人"。

《阎锡山日记》有正、副本之说，《阎锡山日记》是他口授，其工作人员记录而成。正本藏于山西省档案馆，副本于1949年由阎锡山身边工作人员带到台湾。《阎伯川先生感想录》就是在副本的基础上编撰的。所谓正、副本，其实就是抄录、增删略有不同罢了，正本不一定就是原始状态的文本。据刘正慧先生介绍，台湾副本即是阎锡山修订后，由刘先生的父亲刘子坚誊抄的。有文本考据兴趣的朋友可以看看刘先生的《关于阎锡山日记正副本之说》。大陆早在2007年就出过内部参考资料版本的《阎锡山日记》，可惜看不到。近日由山西省政协文史资料委员会、地方志办公室共同编辑整理，社科文献出版社出版的《阎锡山日记》，无删减，但内容芜杂，只适合有志于研究阎锡山者阅读。

　　阎锡山晚年隐居台湾菁山，远离政治，一门心思著述。他死后，陪葬物品有二：一个是平时写字的钢笔，一个是剪刀。阎锡山的秘书原馥庭说："他生前一个人闲着想事情的时候，经常拿着这把剪刀剪胡子。"

多鼠斋及其杂谈

不管什么时候，银行照例至少有一两个窗口立着"暂停服务"的牌子。如果那牌子能来回踱步，就与表情严肃的保安一样可敬了。你得庆幸现在咱们的银行有了空调，还可拿一两块免费水果糖吃吃或喝他几杯纯净水，在漫长的等待中，默念老舍先生的遭遇忆苦思甜：

"拿着铜牌，我坐在椅子上，往放钱的那边看了一下。放钱的先生——一位像屈原的中年人——刚按铃要鸡丝面。我一想：工友传达到厨房，厨子还得上街买鸡，凑巧了鸡也许还没长成个儿；即使顺当地买着鸡，面也许还没磨好，说不定，这碗鸡丝面得等三天三夜。放钱的先生当然在吃面之前决不会放钱；大热的天，腹里没食怎能办事。我觉得太对不起人了，二哥！心中一懊悔，我有点发困，靠着椅子就睡了。睡得挺好，没蚊子也没臭虫，到底是银行里！一闭眼就睡了五十多分钟；我的身体，二哥，是不错了！吃得饱，睡得着！偷偷的往放钱的先生那边一看，（不好意思正眼看，大热的天，赶劳人是不对的！）鸡丝面还没来呢。我很替他着急，肚子怪饿的，坐着多么难受。他可是真够派儿，肚子那么饿还不动声色，没法不佩服他了，二哥。

"大概有十点左右吧，鸡丝面来了！'大概'，因为我不肯看壁上的钟——大热的天，表示出催促人家的意思简直不够朋友。况且我才等了两点钟，算得了什么。我偷偷的看人家吃面。他吃得可不慢。我觉得对不起人。为兑我这张支票再逼得人家噎死，不人道！二哥，咱们都是善心人哪。他吃完了面，按铃要手巾把，然后点上火纸，咕噜开小水烟袋。我这才放心，他不至于噎死了。他又吸了半点多钟水烟。

"这时候，二哥，等取钱的已有了六七位，我们彼此对看，眼中都带出对不起人的神气。我要是开银行，二哥，开市的那天就先枪毙俩取钱的，省得日后麻烦。大热的天，取哪门子钱？不知好歹！"

这篇原载《论语》的小文章，收入了《多鼠斋杂谈》，这几天我又重读了一遍。里面多是如此般的妙文，豆瓣上居然没人评论，我立即气不公，动了瞎咧咧的邪念。

多鼠斋在重庆北碚区蔡锷路 24 号，是中华全国文艺界抗敌协会北碚办公处的所在。林语堂曾在这儿住过。老舍搬来后将它叫"头昏斋"，这名字只用了一次，就改叫"多鼠斋"了，盖因鼠多也。"多鼠斋的老鼠并不见得比别家的更多，不过也不比别家的少就是了。前些天，柳条包内，棉袍之上，毛衣之下，又生了一窝。"老舍买过一只小猫，考虑了一番，"赶忙才用麻绳将猫拴着，怕它不留神碰上了老鼠"。

这里有个趣事。前任主人林语堂和老鼠们分庭抗礼、各占江山一半的时候，"一天晚上，在林语堂女公子房间里，刚上床的女儿，忽听得帐顶有什么动物在跳跃，以为是小偷，吓得不敢看，后来跳声在屋里四处乱动，才知是老鼠。它们三五成群，在椅子上、桌子上乱跑乱跳。老鼠掀开了装棋子的缸盖，一颗颗的棋子声从椅子上滚到地上，然后又在房里滚动……折腾了一整夜。第二天早晨发觉不见了11颗棋子，害得他们一个多月没下棋。直至7月31日，日本飞机轰炸北碚，林语堂住房遭炸，屋顶倒塌，棋子才从房上落下，不多不少恰好11颗。"

老舍没有棋子可供鼠辈们玩耍，但他所写手稿和玩耍的扑克，经常不翼而飞，偶尔在柳条包内，在床下屋角处找回点被嚼烂了的碎片，多数则无影无踪。就在与鼠共舞的日子里，老舍创作了大量的戏剧、小说和散文，其中有著名的《四世同堂》的前两部，还有后来成集的《多鼠斋杂谈》中的部分杂文。那一段时间，正是中国抗战咬牙硬挺的关头。

1944年，日寇攻打贵州，对重庆形成严重威胁，很多人准备随时逃难。有人问老舍怎么打算的，他回答说："我已下定决心，如果日寇从南边打来，我就向北边走，那里有嘉陵江，滔滔江水便是我的归宿，我决不落在日寇手里，宁死不屈。"这段叮当山响的话，在《多鼠斋杂谈》里，变成了短短的一句："嘉陵江没有盖儿。"

当时，鲁迅先生看不惯林语堂和他的刊物《论语》所倡导的"幽默"与"闲适"，认为那些小品文有"将屠户的凶残，使大家化为一笑，收场大吉"的危险。鲁迅先生进一步说："文坛，则刊物杂出，大都属于'小品'。此为林公语堂所提倡，盖骤见宋人语录，明人小品，所未前闻，遂以为宝，而其作品，则已远不如前矣。如此下去，恐将与老舍半农，归于一丘。其实，则真所谓'是亦不可以已乎'者也。"虽然，鲁迅先生的观点契合当时的历史情势，但乱棍之下，难免无辜。并且文学这东西复杂得很，它的事功之标准也因时而异、因人而异。鲁迅先生在《小品文的危机》里亦承认"它（幽默的或古雅的小品文）给人的愉快和休息是休养，是劳作和战斗前的准备"。

老舍认为一个人若是天性幽默，纵使做了战士，也是幽默的战士。他看见战友鼻孔朝天，总免不了发笑；资本家该打倒，可资本家的胡子若是好看，到底还是好看。老舍声称他最怕两种人，第一种就是"凡他所不会的，别人若会，便是罪过。比如说，他自己写不出幽默的文字来，所以他把幽默文学叫作文艺的脓汁，而一切有幽默感的文人都该加以破坏抗战的罪过"。老舍这番话是不是针对鲁迅先生，我不知道；但我知道的是，两位先生都是出了名的幽默家，有所区别的是，鲁迅先生的幽默多是黑色的、绝望的，带着鬼气和毒气，在尖锐的语气里不容易察觉。老舍的幽默文字，绝非高蹈、超脱世俗的无病呻吟。他从来都是活在社会底层，他拿看得见的一切开涮，正是他对国家与民众的痛恨与悲悯。比如他谈到有些人看待中华民族老与不老的问题，"自然也不便刨根问底，最好先点头咂嘴，横砸鼻梁：我们老得多，你们是孙子。即使祖父被孙子揍了，到底孙子是年幼无知，爽性来个宽宏大量，连忤逆也不去告。"穿着不如洋人，那就比皮肤："啊，原来洋人身上手上都有长长的毛，洋人老太太带着小胡子嘴儿。野人。"于是"吐一口气，摸摸自己的手，光润无比，文明得厉害"。人人都是阿 Q 先生啊……鲁迅先生不信中医和中药，以为那是"有意无意的骗子"。我孤陋寡闻，不知道老舍是否相信，但他曾幽默地写过中药："我觉得到底中国药比西洋药好，因为国药吃下去不管治病与否，至少能帮助人们增长抵抗力。看，桔皮上有多么厚的黑泥，柴胡们带着多少沙土与马粪，吃下去一定会起一种作用，使胃中多一些以毒攻毒的东西。""从今年夏天起，我一定见着马蜂窝、大蝎子、烂树叶就收藏起来。万一真病了，挑一个吃下去，治病是其一，没人说你是共产党是其二。"在这篇名为《济南的药集》的文章末了，老舍还有一句妙语："逛完了集，出了巷口，看见一大车牛马皮，带着毛还没制成革，不知是否也是药材。"

虽然鲁迅先生看不起老舍——话说先生当年看不起的人多了，那些人往往也是大家——但很多地方，两位先生都有相通之处。除了上面的例子，我还想说说老舍的《文艺与木匠》。鲁迅先生告诫后代："倘无才能，可寻点小事情过活，万不可去做空头文学家或美术家。"老舍在这篇文章中，表达了与鲁迅先生相同的观点，比鲁迅先生说得多，说得透彻。至今读来，仍字字珠玑，是文艺青年修炼的法宝之一，不想做文艺青年而想去做木匠者，那就得读读啦。

老舍开篇即说："一位木匠的态度，据我看：（一）要作个好木匠；（二）虽然自己已成为好木匠，可是绝不轻看皮匠、鞋匠、泥水匠和一切的匠。"这不仅是做木匠或一切的匠的态度，也是做人做事的正确态度。老舍不是木匠，他接着说："假若我的一个小孩决定作木匠去，除了劝告他要成为一个好木匠之外，我大概不会絮絮叨叨的再多讲什么，因为我自己并不会木工，无须多说废话。"但要做文艺青年，或者立志要做作家呢？比如我闺女，就想做那种四处游玩、吃遍天下，再写几本书的作家，我就给她看老舍的建议：

"第一，先要把中文写通顺了。所谓通顺者，即字字妥当，句句清楚。要至少学会一种外国语，给自己多添上一双眼睛。这样，中文能写通顺，外国书能念，你还须去生活。我看，你到三十岁左右再写东西，绝不算晚。

"第二，我要问他：你是不是以为作家高贵，木匠卑贱，所以才舍木工而取文艺呢？假若你存着这个心思，我就要毫不客气地说：你的头脑还是科举时代的，根本要不得！况且，去学木工手艺，即使不能成为第一流的木匠，也还可以成为一个平常的木匠，即使不能有所创造，还能不失规矩的仿制；即使贡献不多，也还不至于糟蹋东西。至于文艺呢，假若你弄不好的话，你便糟践不知多少纸笔，多少时间——你自己的，印刷人的和读者的；罪莫大焉！

"第三，文艺不是轻而易举的东西，你若想借它的光得点虚名，它会极厉害的报复，使你不但挨不近它的身，而且会把你一脚踢倒在尘土上。得了虚名，而丢失了自己，最不上算。

"第四，我要问他：你若干文艺，是不是要干一辈子呢？假若你只干一年半载，得点虚名便闪躲开，借着虚名去另谋高就，你便根本是骗子。我宁愿你死了，也不忍看你作骗子。你须认定：干文艺并不比作木匠高贵，可是比作木匠还更艰苦。"

老舍也够话痨的，我给提炼了一下，还挺长。然而老人家的意思正确无比。

傅光明转述樊骏的论点，"在一定意义上说，老舍正是

033

以幽默遮蔽、冲淡他积郁于内心深处的悲观情绪。而且与鲁迅一样，不管世事如何令人悲哀，早年就立下的为破坏铲除旧的恶习、积弊与制造新的社会与文化而负起两个十字架的誓言，是老舍也坚持着自己的绝望中的抗战，幽默艺术又正好成为进行思想启蒙、文化批判的主要手段。"这是极为中肯的评论。我们看老舍的杂文，难免发笑，他本人未必是带着笑容写的。比如他写《话剧观众须知二十则》，讽刺国人观剧的二十种不文明之举。就是做新文化新运动的观众（《耍猴》）也免不了鸡飞狗跳，对国人的劣性与新文化并未深入人心给予批评。观众居然认为运动会的跨栏比赛是耍猴！而另一个观众张大娘的小母鸡终于在童子军、巡警、宪兵的帮助下，在万米长跑的竞赛中捉了回来，失而复得的张大娘显然将注意力从小母鸡转移到女子运动员身上："她们，她们，真不害羞，当着这么多老爷们脱裤子！"由七斤嫂看重的辫子到张大娘看重的裤子，人们观念的改变是如此的缓慢，你说，这是幽默还是悲剧？老舍写他身边的人最妙。《三位先生》，我百读不厌，还有那篇调侃《论语》著名编辑的文章《代语堂先生拟赴美宣传大纲》。

幽默是老舍杂文的涂改带，即使有时流于贫嘴油舌，如他说的"油抹"。即使谈悲观，他也忘不了调侃自己："您看我挺爱笑不是？因为我悲观。"他说："我的悲观还没到想自杀的程度，不能不找点事做。有朝一日非死不可呢，那只好死喽，我有什么法儿呢？这样，你瞧，我是无大志的人。我不想当皇上。最乐观的人才敢做皇上，我没这份胆气。"他写了不少发个人牢骚的文章，当然，这些文章放到历史环境中去看，就不仅仅是个人牢骚了。他抱怨自己的苦夏，就写了三篇，看来老舍很怕热。一篇叫《避暑》，另一篇呢，就叫《暑避》。解放前，老舍颠沛流离，拥有安稳的住所便成了他的夙愿。在《"住"的梦》中，老舍梦想抗战胜利后在杭州、青城山、北平、成都，都盖起一所中式小三合房，有花园、有客房，凡是随便折花的客人，"毫不客气地赶出去"。并且，"不管是什么材料盖成的，一律叫不会草堂。在抗战中，开会开够了，所以永远不会。"

抗战中，老舍在重庆住了六年。这六年，他的收入并不高，亦有揭不开锅的时候，冯玉祥将军特意送过他一袋大米。夫人和子女后来也来了，加之老舍本是好交朋友的人，生活困顿并无改善。因为夫人胡絜青跟齐白石学过画，不知是谁造谣说她带来一大箱子的白石老人的画，价值连城。其实那只是老人送给女弟子的两幅条幅而已。谣言越传越盛，老舍由此写下《假若我有一箱子画》，他感谢造谣生事者，"他们至少又给了我写一篇短文的资料"。

还有件更离谱的事，也发生在多鼠斋期间。据李萱华《小陪都传奇》一书中记载，抗战胜利前夕，重庆中央银行发生了一件"黄金舞弊案"，银行内定黄金储蓄增值，当晚内定消息泄露，第二天五更时分，银行门前已排起长队，抢购黄金。此事一发生，舆论哗然。《新华日报》和《商务日报》对此写专访，探查内幕。国民政府一些高级官员也强烈不满。在舆论压力下，监察院公布了部分掌握信息的主管名单，同时公布了抢购黄金的名单。在这份名单中，居然有个叫"舒舍予"的抢购了一百零七条黄金。人们都知道，舒舍予是老舍的真实姓名。于是，重庆到处都传开了，都说作家老舍有这么多黄金，真猜不透，他平常衣着朴素，还会有这么多钱。张恨水在报上发表文章说："不管怎么说，老舍这一次为穷作家吐了口气。"记者也纷纷登门采访："请问老舍先生，你真的去买过这么多黄金吗？"老舍说："这个舒舍予，当然同姓同名，你们会相信我买得起这黄金吗？"《新华日报》以《黄金案中的舒舍予与老舍先生无关》为题辟谣："关于黄金案昨日各报所披露的大户名单中，有舒舍予买黄金一百五十两，据文协负责人谈，此事与名作家舒舍予（老舍）无关。老舍先生仍然在乡下度着贫作家生活，靠着卖心血及衣服杂物维持全家衣食，与黄金案中舒舍予其人毫无关联之处。"那么这个舒舍予究竟是谁？无人知晓。直到抗战胜利后，真相终于暴露出来，原来这个所谓的舒舍予，根本就无此人。事实是，当时购买黄金，每人购买多少，限量，不得超购，孔祥熙之女——孔二小姐，一人买了一百五十两还嫌不够，于是随便安了几个名字，尽量多买一些，其中就想出了这个"舒舍予"。李萱华议论道：老舍是名扬中外的著名作家，稍有文化的人都会知道他，当然孔二小姐也可能知道他，但是老舍的真名她恐怕就不得而知；孔二小姐是个风流人物，她的逸闻趣事，恐怕老舍也知道不少，不过他俩绝无交往。老舍做梦也没想到，两个毫不相干的不同道上的人，竟然会在这丑恶的黄金舞弊案中"碰头"，这不能不说是老舍在抗战中的一段"奇遇"。

《小陪都传奇》中还记载了一则老舍的趣事：靠"打滚"当上部长的张道藩，当时也住重庆北碚，他隔三岔五同蒋碧薇调情的同时，不忘派特务对老舍监视。有一次，老舍发现有人跟踪，他走着走着，突然转身，对那个特务说："老兄，你每月拿几块钱？我替你写我的报告好不好？"特务无言以对，只好狼狈而去。

我想，那个特务毫无幽默感。他要是和老舍聊几句，没准会被老舍写进文章里，流芳千古呢。老舍乐于与人交谈，做朋友，何况那位仁兄，也无非干差事混饭吃罢了。

读老舍先生的幽默文章，常常会在发笑中忽然停下。他的幽默多是不得已、胳膊拧不过大腿偏去拧的幽默。并且他认定，真正幽默的人反而悲观，"因为他最后的领悟是人生的矛盾"。

如今重庆北碚老舍的多鼠斋，在繁华的商业区里尚存，实乃幸事。对于老舍，他不会在乎一所房子的存在与否，"生命是闹着玩的，事事显出如此"。一所房子又算啥呢？

无边风雪人来去

　　"十分冷淡存知己，一曲微茫度此生"，张充和先生著名的对子。前句几分孤傲，却面冷心热，后句有些颓废，然而正是中国传统文化崇尚的那种境遇。我也喜欢"偶有文章娱小我，独无兴趣见大人"（流沙河撰），皆是典型的文人联。近日读《天涯晚笛》——张先生的学生苏炜，亲炙时记录她的闲谈的一本随笔——时有惊艳，"合眼浮沉小梦庄，不寻常事已寻常。无边风雪人来去，有限寒温路短长。"（《鹧鸪天·车行》）后两句，对仗工整，意思也好，看透冷暖而不失人情，正是我欲求的达境。"愿为波底蝶，随意到天涯。"（《桃花鱼》）前句阴柔了一些，后句"随意"与"天涯"相连，一下子通透、大气起来。

　　我们对才女从来都是高看一眼，无论出身世家者，例如李清照，还是青楼歌妓，例如薛涛柳如是，当时或现在，均视为"难得之物"，加以爱护，并共同努力，使其成为传奇。所谓才女，皆是文学意义上的，或如梁红玉花木兰，则被归到巾帼英雄里去了。我觉得黄道婆是中国真正难得的才女，反而名气不大，这也是中国传统文化特点之一吧。

　　再听听老人家的忆往，那些"不寻常事"的确"已寻常"

了。是啊，在一位百岁老人心中，哪儿还有什么不寻常。从民国到共和国，从故土到大洋彼岸，"无边风雪、有限寒温"的世事沧桑，老人家早已惯看而波澜不惊了。她随口说出的故人，皆是中国现代史上闪亮的名字，其轶闻旧事，或为坊间传奇，或为正史所载。《天涯晚笛》近于口述史，比之更随意些。随意是张先生一贯的态度，她对苏炜说："我还是坚持不肯让人写什么传记，你就记点好玩的小故事吧。"随意不是随便、轻率。至少张先生自认无误，且借机纠正了其他书籍有关合肥张家四姊妹的记叙错误。不过，苏炜称张先生是硕果仅存的世纪老人并不准确，比张先生岁数还要大些的，她的二姐夫周有光当时还健在，2011 年还出了新书《拾贝集》。合肥四姊妹在现代文化史上的地位与宋氏三姊妹在现代政治史的地位相当，她们的夫婿相信每个读者都熟悉。张先生说她和张爱玲并无亲戚关系，我特意查了一下，李鸿章的侄女是张先生的祖父的嫂子；而张爱玲是李鸿章的曾外孙女。那么张先生与张爱玲到底是什么关系呢？我搞不清。实际上，两个才女在现实生活中并没有相遇过。张先生身上的中国传统文人气比后者浓烈多了。如果说张爱玲是一枝绚烂夺目的郁金香，那么张先生就像幽谷里的兰花，只有走近了，或者在其身边久留，才能感受到她的持久不败的魅力。苏炜从师张先生学习书法诗词，师生情谊甚笃，所以才有机会记录这些"好玩的小故事"。

　　所谓"好玩的小故事"，其中一部分早为人们津津乐道，也有一些不常见或独家新闻的故事，文雅一点地说，叫中国现代文化界掌故，时髦一点地说，就是文人学者八卦。掌故也好，八卦也好，映射着具体时代的具体色彩。例如大家都知道闻一多刻印卖钱的事，中国文人鬻文之类的事情很常见，闻一多在昆明西南联大刻印补贴家用因抗战背景而入史。张先生在北大时就是闻一多的学生，老师听说学生在学习书法，便刻名章送她。师生间称兄道弟，或老师主动请教学生，在那时亦常见，皆因彼时学风开放，知识分子相互尊重，并不在意师生的身份区别。那枚章，材质是云南当地的一种黄藤，"很粗很轻，质地却很细密，拿在手上暖暖的"，闻一多找不到适合刻章的石料，却独具慧眼地发现了土产黄藤，没想到脾气火爆的他也有细心的一面。《天涯晚笛》中只有印在纸上的图章，没刊载那枚黄藤印章，叫人心生遗憾。

我其实更看重作者对中国传统文人身上那种独有之气质的赞叹、认同与神往。张先生工书法诗词，擅昆曲绘画，言谈尽现大家闺秀之风范，举止犹带士林学人之遗风。像张先生这样的具备强烈中国传统文化意味的人的确越来越少了。张先生七八岁就师从朱谟钦（吴昌硕的高足）学书法，她的七姑奶奶送给她几块墨，朱先生看见了大吃一惊，"哎呀，这可是明朝方于鲁制的墨呀！你小孩子怎么不知痛惜，用来写大字！"老辈世家就是牛，随便拿来的东西都是价值连城的古物。婶母送她的乾隆石鼓墨，朱先生也要她好好保存，"并没有骗走我这个不懂事的小孩子手里的好墨"。苏炜跟随张先生学习，有古琴一项。他在附录里记下几个关于古琴的小故事。苏炜在美国求学期间，替不熟悉的一个大陆留学生暂时保管一架古琴。其琴面上隐见裂纹，苏炜不以为然，殊不知那正是"书上说的五百年一断文的传世珍稀的标记！"苏炜喜爱上古琴之后，经陈平原介绍，结识了古琴鉴赏家郭平。初次见面交谈后，郭平便让苏炜在其家藏的名琴中挑一张，送给后者。张先生听说后，会心笑道，"这是最典型的古琴故事，千古觅知音呐！"张先生亦擅古琴，曾学琴于查阜西与高佩罗。而古琴的寓意与它的历代传奇故事，正是中国传统文人精神的代表。

无边风雪俱逝，只余先贤们在文字中往来，为我们所景仰、所唏嘘。然而其传承，又当由何人呢？如今传统文化之式微，有些像一边大声嚷嚷保护老建筑，一边大拆特拆去开发房地产的情形，连叶公好龙都算不上了。所谓"硕果仅存的世纪老人"，亦是此时代的传统文化之余晖。再叹！

从鲁迅先生的暗功夫说起

论及写文章打笔仗，鲁迅先生有段妙论，不可不原文引述："假如将韬略比作一间仓库罢，独秀先生的是外面竖一面大旗，大书道：'内皆武器，来者小心！'但那门却开着的，里面有几枝枪，几把刀，一目了然，用不着提防。适之先生的是紧紧的关着门，门上粘一条小纸条道：'内无武器，请勿疑虑。'这自然可以是真的，但有些人——至少是我这样的人——有时总不免要侧着头想一想。半农却是令人不觉其有'武库'的一个人，所以我佩服陈胡，却亲近半农。"

读了孙郁《民国文学十五讲》中的《鲁迅的暗功夫》，我想起这段话。先生的妙论，不仅勾勒出谈论对象的文风，且现其性格特色，如漫画般令人莞尔。若安在先生头上，是否该说先生仓库洞开，望之刀枪林立，深不可测，却写着"欢迎切磋"呢？孙郁以为，看得见的刀枪并不可怕，国之利器不可以示人，在鲁迅这里非故意为之，只不过先生将其化为己有，或许自己亦不晓得。孙郁说："他同时代的一些学者和作家都读过什么书，我们容易知道，比如胡适和周作人读的书非常多，从其学术随笔都能看到。鲁迅不是这样，他的文字很漂亮，表面似乎没有什么，但背后有一个东西支撑着。

这文本背后的东西是模糊的，作者又不愿意表白。但我们能够感受到那些文字是在深水里浸泡过的。藏有诸多信息。"——这就是先生的暗功夫。

诚哉斯言。先生文字漂亮不失深邃，行文流畅不失厚重，每篇文章都有和别人不一样的洞见，他人追慕难及。一向低调同时自负得很的木心曾有过类似的看法，"今文，古文，把它焊接起来，那疤痕是很好看的。鲁迅时代，否认古文，但鲁迅古文底子好，用起来还是舒服。要一刀刀切下去，像山西刀削面。鲁迅很懂这东西。"有的人的刀削面，一会儿就削完了，有人却可以削一辈子。鲁迅先生藏书一万四千多册，古今中外，包罗万象。孙郁举了个例子。近年在欧美大热的作家巴别尔，上世纪30年代先生就向国人介绍过他，先生就藏有一本他的德文代表作《敖德萨的故事》。大江健三郎参观先生的藏书时大为惊讶，"鲁迅当时藏的德文书，都是德国知识界最关注的，而且现在看来也是弥足珍贵的一些文本。"

孙郁从中国传统文化与国外哲学文学两方面谈论先生背后的"暗功夫"。实际上，每个读书写字人都有不同程度的"暗功夫"。功夫高低，全在读书广博与融会贯通。前者是基础，后者则在根本上决定了一个人是花拳绣腿还是独孤求败。博览群书并不难，难的是如何化到自己身上，成为自己的东西。孙郁详解了先生的一些文章是怎样化他人为己用，又羚羊挂角无迹可寻的。这些技术性的问题，在汗牛充栋的研究鲁迅的文章里其实并不少。用到自己身上却不易，甚至无法学会。比如先生一生批判中国传统文化，而他却是从这个"酱缸"里跳出来的。酱香与酱蛆，他都亲身体验过。中国知识分子有知人论世的传统习惯。先生论敌之多，泰半来自同一阵营，或曾为朋友，先生却以道义论之，而非私谊，这在人情社会的中国，几乎难以做到。但先生纪念"反目为仇"者的文字，却是最为深切感人。此又由读书写字转为做人处世之道，"暗功夫"之"暗"，难上加难矣。

我于一个偶然机会，在人大文学院亲炙孙郁先生。这本《民国文学十五讲》亦是他授课时的讲稿，我读之自然有亲切之感。亲切的另一面，来自作者与读者对民国文学的共同的熟稔。听孙郁的讲解，好像在听一个朋友讲另一个老朋友，会心之处俯拾皆是，又能借朋友独到的眼光，看到所谈对象的自己未曾留意的地方，耳目顿时为之一新，认识便更深一层，比如上面论述的鲁迅的"暗功夫"。十五讲，其实每篇都可以展开来，大讲特讲。

世间无论哪行哪业，做到精彩、极致，都要有"暗功夫"在背后支撑。饭店的招牌菜，知名品牌的企业文化，职能部门的服务精神，如是等等，明里暗里，"软实力"也好，"暗功夫"也罢，名异实同。孙郁以为，"文明的延续，离不开对有诗意的灵魂的凝视，较之前人的书写，我们现在丧失的精神元素，真的太多了。"虽然上升到高大上有点装，但文学这玩意儿，说到底还是一个人、一个民族体现其精神的一种艺术外在形式，就像一件衣服，衣服若没有了"人"的支撑，不免沦为空荡荡的衣服架子，一碰就会倒。

从此胸中无块垒

我看过的关于杨宪益最好的评论，乃是诗人黄灿然的寥寥数语：

见过多少生死，经历多少毁誉。最后剩下烟酒二友，生命已是炉火纯青，也接近万念俱灰。他们（指杨宪益与英国诗人奥登）把能量彻底消耗，剩下余烬。这意味着他们已充分发挥自己的才智。反观晚年高朋满座者，背后不免有一种未燃尽的遗憾。

杨宪益似乎要散尽家财——他的藏书都送人了，连同手上的戒指——方可无憾。但老人家的智慧与学识则无法散尽与人，此为无可奈何之事。

杨先生的外甥女赵蘅不同意黄灿然的"杨宪益未免令人有晚境凄凉之感"的说法，她认为，有她们这些亲人在身边，杨先生绝无凄凉。这也是亲人最正常不过的反应了。

说来奇怪，杨宪益最后的十载春秋，我却满眼只见大雪覆盖的北平。尹丽川说："一下雪，北京就变成了北平。"似乎只有雪后的北平才能配得上杨先生的气度。也许是赵蘅的几幅素描画，画的就是冬雪京师之景，给我印象太深的缘故。小金丝胡同（杨先生晚年在此度过）雪掩柴门，赵蘅踏雪迤逦而来，照顾舅舅的起居，听老人说话，给老人画像，也记下来老人晚年生活的点点滴滴。

杨宪益每天的生活是吃饭、聊天，看病，接待各路访客。老爷子虽然声称不再工作了，但也说了不少关于文学翻译的话，时常指点后辈，也聊现当代的作家和名人。老爷子忆往的内容，便成了宝贵的第一手的文史资料。有时候别人聊得热火朝天，老爷子抽着烟却不吱声了。没人知道他在想什么，那两只肥得走不动道的大花猫蜷伏在他的脚下。窗外不远处就是热闹的后海和烟袋斜街。

偶尔老爷子也参加聚会，郁风和丁聪的米寿庆典他去了，在场有很多名流。"太热闹了，没意思。"他说。我想，老爷子看见老友丁聪沈峻夫妇，也许会有所触动。赵蘅多次提到舅母故去后，舅舅念叨她、为她赋诗的情形。

杨先生在英国认识戴乃迭，喜欢上了这个英国姑娘。"她会抽，我总是在口袋里装包烟。她抽，我也就抽了。我的抽烟历史就是这样。"杨先生的酒却与爱情无关，大概是天生擅饮吧。人们最津津乐道的就是杨先生入狱前没喝完的那瓶酒，杨先生对"乔迁"深牢大狱无甚感觉，但他惋惜那半瓶酒。2002年冬天，有一次范用请杨先生等人吃饭，杨先生一个人喝光了两瓶酒，一瓶五粮液，一瓶威士忌。"他说谁都不喝，都打开了，带不走。"再也没有了牢狱之虞，杨先生可以稳稳当当地喝了。大家都不敢深劝老爷子，虽然烟酒对他身体不好。我觉得，过度依赖嗜好，烟也好，酒也罢，要么是以此为生命支柱，要么是看透了这臭皮囊。杨先生有诗云："何必天天要唤医，酒精泡起更相宜。一头钻进玻璃罐，免得将来化骨灰。"他查出患有前列腺癌后，"大家都心存侥幸希望弄错了，只有舅舅满不在乎地说，上次体检他就知道了。这有什么，无所谓。他说。"

赵蘅说："老人所经历的苦难和不公正，被他本人轻描淡写到惊人地步，他一生做出的巨大贡献，也被他说得同样轻描淡写，让我们这些听者都感到汗颜。"八十岁时，杨先生写了一首七律，颔联和颈联写道："位卑不敢忘国忧，病愈重听捉放曹。从此胸中无块垒，无须会上发牢骚。"老人家的块垒早被杜康浇没了，牢骚也如香烟一样，散入云间看不见，只是忧国忧民还在那几百万字的译著里，沉甸甸地坠着……

梦　蝶

　　十多平方米的房间内，一榻，单人的；一书架，有些书齐整地放在地上；一木柜，权当书桌；一椅，坐垫是薄而小的被子；皆是老旧之物，那个木柜还是以前房东丢弃的。一光头羸弱老叟，盘膝而坐。他似乎属于这个浊世，又好像随时都会坐化而去。

　　他曾说："依然。松菊与五柳琴。依然。室内的琴书，耒耜乃至五男儿喧沸的笑语。异哉！若我从来不曾离开过这里，我断断不敢置信，我一向属于这里。"

　　他亦曾说："这世界只有两种人，一种是占面积，另一种是不占面积的。"让我等房奴辈无言以对。待读了老叟的诗，羞惭更甚。

　　老叟出门则一袭长袍，一把雨伞，远远望去，仿佛从古刹里走出来。除了固定去买报纸，大部分时间，老叟守在一个咖啡馆门口，摆了一个书摊。咖啡馆自然是文艺属性，在巴黎左岸是，在台北武昌街明星咖啡馆亦是。白先勇的《现代文学》，陈映真的《文学季刊》都在这里。摩登的年轻人进进出出，老叟目不斜视，颇有些入定的意思。偶尔有人买一二本书，或者攀谈几句文学，要知道，这书摊上的书要么是诗集，要么是人文社科。冷摊负手对残书是常态。渐渐地，老叟有了名气，很多年轻人从老远的地方赶来，指指点点，"看，那摊主就是周梦蝶。"慕名而来的人多了，当然少不了文艺女青年。有人看不惯，讥讽他是"花和尚"。花和尚置若罔闻，仍心无旁骛地写诗，摆书摊。这书摊，一摆就是二十年，直到住院开刀，切掉四分之三的胃。而诗歌，竟是一辈子的事。

提起周梦蝶，不必特意加上诗人的前缀。他好像生来就是诗人，而且是贾岛那种苦吟诗人，他的传记就叫《诗坛苦行僧》。周梦蝶一直过着清苦的生活，也许该把"苦"字去掉，他人眼中的"苦"，周梦蝶习以为常。他曾将十万元的文学奖金全部捐给慈善机构，丝毫没有察觉到他也属于被救助人群。他的"苦"，在于两句三年得，一吟双泪流。坊间传闻，其名作《好雪，片片不落别处》从酝酿到改写完毕，前后拖沓近四十年。此说虽有夸大之嫌，但周梦蝶写诗之慢，要求之严，倒一点假不羼。五六个月完成一首诗，是他很正常的速度。吟安一个字，拈断数茎须。古往今来，诗人总有些自虐倾向，其间也有点小小的快乐吧。

时代越向后，诗歌的个体经验越浓重，诗言志的特点越鲜明。好诗人会在有意无意间平衡"志"与"道"（文以载道的道），以小我负担大我，以个体生命体悟宇宙奥秘。中国诗人无不亲昵佛道，外国诗人无不信奉基督，对周梦蝶来说，"诗僧"的真正含义，不是近于苦修的现实生活，而在于诗作里的禅意与深情。

上世纪80年代末90年代初，大量台港文化，主要是影视和歌曲涌入内地。作为有追求的文学青年，我自然不会看重琼瑶三毛亦舒席慕蓉。偶然得到一本《港台文学选刊》，自此开始想尽一切办法收集这个少见的刊物。读之，仿佛一个在大漠孤烟直的塞北待惯了的人，忽然来到莺飞草长的江南，一切都变了。我所熟悉的诗人，食指、北岛，就连女诗人写情诗，都有股不认输、高唱口号的劲儿。"我如果爱你 / 绝不像攀援的凌霄花 / 借你的高枝炫耀自己"。（舒婷《致橡树》）而台湾的诗人诗作，从戴望舒悠长的雨巷延绵到我面前，民国风范终究没有断绝。名字亦迥乎内地诗人，痖弦、夏宇、商禽、洛夫、郑愁予、余光中，当然还有周梦蝶。但彼时信息匮乏，许多年后，我才比较完整地知道了周梦蝶的身世。

周梦蝶，1920 年出生在河南淅川县，本名周起述。自幼打下良好的古文基础。年轻时因生活窘迫参军，1948 年随军败走台湾。退伍后，在一家书店工作。书店经营不善，老板将书籍当作薪水分给包括周梦蝶在内的三个伙计，就这样三人被迫做了书摊老板。周梦蝶因此拟了副对联以示调侃："三头六臂都是债主，赤手空拳各打天下。"

中年以后，周梦蝶的生活波澜不惊，甚至给人一种干枯、单调的感觉。他习字、写诗、摆摊、参禅，把物质生活降低到极限。他不是没有机会改变，尤其成名以后，然而诗人并不在意物质享受。除了宗教上的原因，我觉得周梦蝶在刻意保持清苦的状态。他的朋友也这么认为，于是给他介绍了一个"最适合他性格"的看守墓地的活儿。可以想象，六张犁荒山上，与处处坟冢为伴，视粼粼鬼火为灯，长夜难挨，胆小者必拥衾蒙头哆嗦到天明，哪里有读书写诗的闲心呢？周

梦蝶却写了《守墓者》：

是第几次？我又在这儿植立！
在立过不知多少的昨日。

十二月。满山草色青青。是什么
绿了你底，也绿了我底眼睛？

幽禁一次春天，又释放一次春天
如阴阳扇的开合，这无名底铁锁！

你问我从何处来？太阳已沉西
星子们正向你底发间汲水。

一茎摇曳能承担多少忧愁？风露里
我最艳羡你那身斯巴达的金绿！

记否？我也是由同一乳穗恩养大的！
在地下，在我累累的断颚与耻骨间
伴着无眠——伴着我底另一些"我"们
花魂与鸟魂，土拨鼠与蚯蚓们
在一起瞑默——直到我从醒中醒来
我又是一番绿！而你是我底绿底守护……

"伴着我底另一些我们"，是谓众生平等；"我又是一番绿！而你是我底绿底守护"，是谓生死轮回，生生不已。人们常说周梦蝶早期诗歌情苦凄切，我以为持这种看法的人忽视了诗人的博爱。没错，周梦蝶一直很"苦"，他的"苦"，不仅来自真实生活，且被他化解了，成为培植诗歌的沃土。所谓诗僧，并非枯坐老禅，心如死水，否则哪来的诗歌？诗人也有向往，有欲望，也充满了矛盾和不满足，正如余光中所说："这些都可以在诗的世界里得到补偿。"

弱冠之年，周梦蝶奉母命完婚，育有儿女。他随军来台后，始终一人生活，1996年回大陆探亲，眼看着儿子病死。他自认情缘浅薄，亲情稀少，宁肯承担历史造成的遗憾。要知道，很多人在大陆有家室，来台后都再次成家。南怀瑾曾问他是否有意再婚，答曰："老师，我弱不禁风，贫无立锥，结婚？天昏地暗啊！"南怀瑾也很幽默："嗯，说得也是。前程有限，后患无穷！"

二十年前我亲手射出去的一枝孽箭
二十年后又冷飕飕地射回来了
（《无题诗之六》）

然而他又接着写道：

拼一生——
把氤氲在我心里的温润的笑
凝铸成连天滴滴芳绿
将泪雨似的落花的摇摇的梦儿扶住

（《四行诗之春草》）

壮烈、悲悯、凄美，又富含哲思，在周梦蝶的诗里比比皆是。"让风雪归我，孤寂归我"（《让》）；"谁是心里藏着镜子的人呢？谁肯赤着脚踏过他的一生？"（《菩提树下》）难怪叶嘉莹说他以哲思凝铸悲苦。近现代诗僧里，周梦蝶的诗歌，与诗风明艳的苏曼殊截然相反，他是在用"苦"反衬生命的可贵。仓央嘉措以大胆、活泼的诗歌世间法补充严谨的出世法，而在周梦蝶这里，佛法是生活与生命的另一种唯美的表现形式。他的诗歌里，佛陀的忍辱苦修与生命的勃发恣意形成强烈的张力，诗歌美学给人的冲击便放大无数倍。诗中无论是土产的老庄，还是舶来的基督，皆是生命的可能形式。

一粒舍利等于多少坚忍？世尊
你底心很亮，而六月底心很暖
我有几个六月？我将如何安放我底固执？
……
死亡在我掌上旋舞
一个蹉跌，她流星般落下
我欲翻身拾起再拼圆
虹断霞飞，她已纷纷化为蝴蝶。
（《六月》节选）

舍利是有成就的佛学修为者荼毗后留下的信物，形状不一，颜色纷呈，以证其成果。坚固的舍利与脆弱的蝴蝶之间，是生命的亮暖。周梦蝶很擅长将诸多性质相反或相对的意象并列排出，魔幻般的散发着诗美学的光辉。例如我极其喜欢的《孤独国》（节选）："这里白昼幽阒窈窕如夜／夜比白昼更绮丽、丰实、光灿／而这里的寒冷如酒、封藏着诗和美／甚至虚空也懂手谈／邀来满天忘言的繁星"。还有这首《好雪，片片不落别处》（节选）："生于冷养于冷壮于冷而冷于冷的／山有多高，月就有多小／云有多重，愁就有多深／而夕阳，夕阳只有一寸"。

　　与我想象的不一样，周梦蝶是他在参军时改的名字，那时他还没有投入诗歌写作，但可以推测，庄周梦蝶的典故在幼时就给他留下了深刻的印象。蝴蝶，这种脆弱、美丽，又经历几番蜕变的小昆虫，恰好与周梦蝶对人生的认识无缝接轨，于是他一而再再而三地写到蝴蝶。关于周梦蝶的评述，几乎都是一样的论调，诗人流沙河也认为他一生凄苦。以世俗标准来看没错，但愚以为，博取功名利禄，哪里赶得上"栩栩然蝴蝶也"之适志与快乐呢？

不谈旅游，不谈美食，谈谈汪老的弦外之音

汪曾祺先生《旅食与文化》，散文集，精装，封面上是一盘螃蟹。我以为是汪老的画，编辑说这是白石老人的，我闻听有些失望。齐白石的画当然错不了，但汪老的螃蟹、白菜、西葫芦画得也不赖呀。汪老之书，用其书法绘画，我觉得更好。

旅食，就是旅游和美食的合称，汪曾祺先生认为这是杜甫的首创。杜甫"旅食京华春"诗句里的"旅食"，更偏于客居的意思。旅食一词，古人诗词里多见，杜工部最少用了三四次。更早的《晏子春秋》里就出现过，"君子有利于民则进爵禄，不辞富贵；君子无利于民则旅食，不恶贫贱。"汪老不是不懂，他是在强调，旅游嘛，遍尝所到之处的美食是其应有之义；美食嘛，非至食物发源地、兴盛地而不能得尝地道者也。

评论汪老的文章俯拾皆是，我也说不出更多花样，却可以就汪老的文章引出一点略微不同的读书看法来。

汪老之所以能游遍华夏，乃至出国，实在是托了官方体制的福。中国稿费极其低廉，这也算是对作家的额外补偿吧。

汪老文章里有意无意地会流露出一点感慨来，与其经历，与现当代史不无关系。汪老晚年笔耕尤勤，兼之到处游玩，

心情大佳。可就在如此情形下，仍忍不住写点右派经历，或对时政的看法。顺手一笔，点到为止。在我看来，不肯深说的东西却是重点。重点而不能大写特写，也就成了沉重。寥寥的几行字，是文章的压舱石，像风筝的线轮，有了它，主写轻松、愉快内容，行文轻盈的文章就有了根基。例如他写花写金鱼写萝卜，总要添点他在那个特殊历史时期遇到的人和事，或是他的亲身经历。有些话汪老说得很隐晦，一不留神就过去了。例如他写泰山的文化渊源，议论泰山之大与他对泰山的印象（《泰山片石》），忽然杂了一句，"我对一切伟大的东西总有点格格不入"。这一定是有感而发，在讽喻一些事情。因为汪老旋即写了两个曾经在泰山封禅的皇帝，坐实了我的想法。这两个著名的皇帝被写进一首著名的词牌里后，更加著名。游记之怀古喻今的效果极为强烈。《林肯的鼻子》里也有一句妙语，"这里倒没有林肯的亲密战友的任何名字和形象"。这些话，年轻一点的人恐怕读不太懂吧。然而汪老的浅尝辄止，又传达了另一层意思：他老人家不愿意忘记那些事情，同时也不愿意过分触及。

1948年夏天，汪老到位于午门的历史博物馆工作了一年，那时的正规名字叫国立北京博物馆，后来在它的基础上建立了中国历史博物馆，别和故宫博物院搞混啊。汪老的工作很清闲，也就是看管库房，更换一下说明卡片，下班后到筒子河边看人叉鱼、算命，晚上读读书。1986年，汪老写文章回忆当时夜晚的紫禁城，"四外无声，异常安静。我有时走出房门，站在午门前的石头坪场上，仰看满天星斗，觉得全世界都是凉的，就我这里一点是热的。"读到这儿，我心一凛。因为汪老的老师，沈从文先生也曾在这里工作（故宫博物院），几乎是同一地点。两位先生的一生中有一段时期的境遇在本质上是相同的。应该说，中国同一阶层的人都是这样。历史浪潮异常凶猛，裹挟之下，大多数人都身不由己地被冲向了同一方向。但由于具体时间差异，两人的心境却大不同。"北平一解放，我（汪老）就告别了午门，参加四野南下工作团南下了。"而沈先生在1951年的一封信里写道："关门时，照例还有些人想多停留，到把这些人送走后，独自站在午门城头上，看看暮色四合的北京城风景，百万户人家房屋栉比，房屋下种种存在，种种发展与变化，听到远处无线电播送器的杂乱歌声，和近在眼前太庙松柏林中一声勾里格磔的黄鹂，明白我生命实完全的单独。"这段独白后还有更痛苦的自我分析和定位。与他的学生相反，彼时的"世界都是热的，就沈先生这里一点是凉的"。

我不能确定汪老写《午门忆旧》时，读没读过老师的这段话。我情愿理解为汪老读过，且有意为之。即使不是，也能从文章里看出汪老对那段特殊经历并不耿耿于怀。师生俩皆是能食苦如甘之人，相比之下，老师较激烈，学生较平静，否则前者不会两度自杀。沈先生平淡的文字里，可读出浓郁来，汪老则是浓郁中读出平淡。比如我们读沈先生的《边城》和汪老的《受戒》就会发觉有这个倾向。作家的性格会体现在作品里，但也不是绝对的。这种比较当然亦是粗略的，有些勉强的。

回到《旅食与文化》上，还有一点挺有意思。汪老记得上世纪60年代，北京珠市口附近的一条老街，有家商店卖骡马车配件。"北京现在大车少了，来买的多是河北人。"2002
年我初到北京时，惊讶地看到一驾马车在白石桥招摇过市，
但也仅此一回，往后就只能在远郊区的旅游景点看到供游人
骑行的马匹了。快速发展中，必然有旧事物消亡，有新事物
诞生。汪老相信高度现代化之后的北京还是北京，他觉得北
京的大树不会少，"有大树，北京才成其为北京。""想起那些
大树，我就觉得安心了。"北京的大树近些年的确不减反增，
但究竟是不是汪老心目中的样子，斯人已乘黄鹤去，无从问
起了。不过有些事有些人，却一定出乎汪老的意外。汪老写
改革人物褚时健，满篇赞誉，而那时褚时健的确风头正劲。
只是汪老过早驾鹤西游，未能看到后者之沉浮，否则该更有
感触了吧。

　　我还是爱看汪老"纯粹"的与时事政治远一点的游记或
美食文章，但读的过程中，偏是带有时事政治色彩的文章给
我的印象更深刻。奇怪。后来想了想，又觉得很正常。

心灵的解放与自由

　　我在北京东城的东四住了三年多，那儿有很多古迹和名人故居，是个历史扎堆的地方。我从没感觉到历史就像张自忠路上的行人那样每天都和我擦肩而过，直到有一天，我站在十四条七十六号大杂院的门前。那是个"破旧的令人愁闷的院子"，诗人田晓青回忆道，"赵振开跟我谈了什么我一个字都没记住，只记得他与我告别，诚挚而凉爽的一握。院子里充满了春天的气息。"是的，中国当代诗歌的春天从这个普通的四合院里诞生，熏陶和改变了全国无数青年。从那天开始，全国各地的青年学生的"军挎"里将会装着一两本诗集。

　　叫赵振开的人，就是北岛。

　　一个看似偶然实则必然的机会，他在圆明园听到了食指（郭路生）的诗："要向人生索取，不向命运乞求。"诗句如五雷轰顶，击中本来写旧体诗的北岛。那是1970年，当时北岛二十一岁。

　　如今看来，那是个比晚清民国还要远还要模糊的时代。有关前者的出版物、电影和电视剧多得叫人不耐烦。历史有时并不以远近为界。回溯北岛的写作历程，就是看历史以文学的形式，时而暗流涌动时而波澜壮阔地冲击着这片我们爱得流泪的土地。

北岛一度是北京六建的工人，业余时间都用在读书上面。在那个连《阿凡提的故事》都不能公开阅读的年代，北岛的读书和写作处于秘密地下状态。在工宣队洗照片的暗房里，他完成了后来轰动一时的小说《波动》的初稿。1978 年底，北岛、芒克和黄锐创办了中国最有影响力的民间文学刊物《今天》。名字是芒克起的。准确地说，《今天》的第一期是在亮马河畔诞生的，后来编辑部才搬到东四十四条。那真是个春意料峭的时代，尽管乍暖还寒，人们已经预感到寒冬在悄悄败走。诗人早就在萌动，多多、舒婷、欧阳江河、严力、杨炼、顾城和黑大春等人，都在偷偷写诗。《今天》把中国最杰出的一代诗人召唤到一起，正是《今天》的出现，这些诗人和诗歌才逐渐走入我们的视野。

北岛无疑是其中最具影响力的诗人。北岛留在当代诗歌史与人们心中的诗歌，绝大部分原发在《今天》上。名作《回答》就是发在第一期。有意思的是，后来北岛对这首诗并不满意，"它是官方语话的回声，有语言的暴力倾向"。那是用暴力推翻暴力的尝试，现在看来，它成功了；仔细再看它又是失败的，因为它就像太平天国的命运，试图以一种大家可以接受的暴力取代一种大家不接受的暴力。北岛担心它最终仍旧是暴力性质，所以北岛一直设法摆脱那种话语的统治。拿走襁褓中的奶嘴，绝不是件令人愉快的事，而且它"还保留着某些阴影"，摆脱它"是一辈子的事"。但不可否认《回答》是划时代的诗歌，它发出的声音惊醒了一代人。"震荡"，柏桦回忆当初读到《回答》，用了这个词。三十多年过去了，

"告诉你吧，世界／我——不——相——信"，依然雷声隐隐。

"一切都是没有结局的开始／一切都是稍纵即逝的追寻"，坚硬、怀疑、批判和否定，是北岛显著的质地。对于刚从动荡中走出的民族，怀抱希望与反思过去究竟哪个更重要更急迫？北岛的深刻在于他没有局限在具体的历史阶段中徘徊，而是他苦苦追问埋藏了百多年来的谜题：为什么在这善良的国度里，历史总是以多灾多难的狰狞面孔出现？"和历史作战，并用刀子和偶像们结成亲眷"很容易，北岛在思索，"其实难以想象的，并不是黑暗，而是早晨，灯光将怎样延续下去"。

人们对北岛的解读带有政治观点是必然的，北岛他们的举动又是如此牵动现实的敏感神经。贴在西单民主墙上的诗歌，玉渊潭公园的朗诵会，当时还是广院学生的陈凯歌朗诵了食指和北岛的诗。还有星星美展，就在国家美术馆的门外举办，充满了挑战意味。北岛代表诗作《回答》被看作是四五天安门事件的回应，其实这首诗的写作远远提前到 1973 年。北岛们的诗歌成功了，他本人甚至被视为第三代诗歌浪潮的革命对象，而星星美展也走进了当初挑战的殿堂。可是，即使在出走国外以后，北岛也照例拒绝贴在他身上的政治标签。"在没有英雄的年代里／我只想做一个人"。欧阳江河以为，北岛的名字不只是他个人的，他"与历史的真相想要阐明自身因而寻找一个象征物的要求有关"。

以北岛为首的"朦胧诗"迅速席卷全国，造就了新中国成立后诗歌最辉煌的 20 世纪 80 年代。之所以不叫"今天派"，是因为它的尴尬的社会地位。毕竟是民间刊物，钢丝上的集体舞姿，必然令人侧目。而北岛他们的诗歌，无论从内容上还是技巧上，都不招诗坛前辈待见，由此引发了全国性的大讨论。由于被讨论者的缺席而使讨论带有黑色幽默的色彩，但无论如何，如此重视诗人和诗歌的时代，恐怕后无来者了。

1989 年末，北岛离开祖国，辗转于欧美各国讲学，渐渐淡出大陆读者视野。就在人们快要忘了他的时候，北岛托着他"唯一的行李，中文"回来了，有诗作有译作，更多的是散文。人们乐意读的是散文。北岛说："散文是我在诗歌与小说之间的一种妥协。"与其说是文学的妥协，毋宁说是诗歌的失败；与其说是诗歌的失败，毋宁说是时代的失败。即使在国内写作的很多诗人也"被迫"写起了散文。散文比诗歌更有市场（北岛承认写散文很大程度上是由于生活的压力）。这么一看，又是我们读者的失败——至少，唐诗宋词的国民，对诗歌不那么感兴趣了。

很多诗人去了国外，顾城、多多、杨炼和张枣等。他们的境遇与结局不尽相同。海外太孤寂了，虽然北岛认为对于写作还是孤寂点好。浪迹天涯实属无奈之举，却意外给了他一种"散文语境"。他在《失败之书》里说："散文与漂泊之间，有一种互文关系，散文是文字中的漂泊，而漂泊是地理与社会意义上的书写。"期间北岛得到了许多文学荣誉和奖项，甚至一度成为诺贝尔文学奖的热门人选。在北岛看来，真正的收获是远离故土之后，反而对汉语的驾驭更加得心应手。陆续出版的《时间的玫瑰》《青灯》《蓝房子》《城门开》等集子，皆堪称散文杰作。

其实诗人不可能放弃诗歌。2002 年，北岛在波士顿接受采访时说他"有意放慢写诗的速度。过去这十年来，写得太多了，在某种意义上就是一种自我重复"。北岛曾对唐晓渡说过，"没有足够的自省意识，没有对传统的深刻认知，是中国当代诗歌根儿上的问题。不刨根问底，就不可能有长进。"1990年，《今天》在海外复刊，仍以诗歌为主。国内读者仍然有机会看到它，北京单向街书店就有。如今北岛定居香港，致力于"诗意地栖居"的诗歌活动。"诗意是通过诗歌获得心灵的解放与自由。"北岛在香港的讲演中如是说。"获得心灵的解放与自由"，诗人一直在努力，我们也一直在努力。也许，这是诗歌的目的，是文学艺术的目的，也是我们之所以为人的根底。

地坛的每一棵树下我都去过

我第一次去地坛，只记得是冬天的书市期间。下了车不用问路，跟着众人走便是。迎面过来的人或多或少地拎着书。公园里人太多，书也不便宜，我挑三拣四了一会儿，就找个幽深的路径走。天坛、地坛、日坛和月坛，只有地坛因为一个作家的缘故，更负盛名，很有中国人文传统。

不知不觉中，我从一个热爱文学的少年，变成为生活奔忙的中年人。手里的书少了，钞票越来越多，心里的空虚亦越来越多。不知道全中国像我这样的人有多少，但我知道一定有很多人像我，看见地坛就立刻想起史铁生。韩少功说："《我与地坛》这篇文章的发表，对当年的文坛来说，即使没有其他的作品，那一年的文坛也是一个丰收年。"

其实无所谓纪念。有些人和事，会在毫无防备下猝然撕开你的记忆，让你发现，他一直都在。

读过《我与地坛》，再读史铁生其他的作品，却再也读不出当初的感动。也许是我如罗永浩所说"可耻地成熟了"，即便捧着《病隙碎笔》。重读《我与地坛》，我发觉地坛并不那么叫人心生敬畏。当初读《我与地坛》，感觉地坛公园庞大无比，似乎树木覆盖了每条小路，走下去，有无数分岔的可能。

史铁生的轮椅日复一日地实现着每一种可能，"地坛的每一棵树下我都去过"，相比之下，他的哲学思考没能引起少年的我的兴趣。地坛公园，对于一个遥远的辽西小城的少年，意味着好奇、探险，充满活力的双腿哪能理解轮椅上的停滞和痛苦。

时间负责解释：路径被标出，秘密被揭开，宇宙与栾树、哲思与蚂蚱，一切都朴素无华，不是敬畏，不是感动，是阅尽芬芳和苍凉后的平淡，乃至有些冷漠。"地坛的每一棵树下我都去过"与"地坛还剩一棵树下我没去过"，究竟哪一种经历更好？读过《命若琴弦》的朋友，你希望小瞎子弹断最后一根琴弦么？

后来我察觉到自己的狂妄。我曾认为《我的遥远的清平湾》过于拖沓，《我的丁一之旅》不像小说，思考太多，情节不吸引人。现在我承认，自己心浮气躁，根本没法沉入史铁生的安静，我仍旧不能再次读他的小说，但在写这篇小文的时候，那本上世纪 90 年代出版的《我与地坛》被我重新翻出来，里面树木依旧茂盛，我的脚步依旧追不上他留在地坛中的车辙。

2010 年的最后一天，我在广安门中医院七楼。父亲患病住院，我全程陪护，不知道有个坐轮椅的作家走了。很多夜里我睡不着，就在走廊尽头俯瞰广安门桥上车来车往。医院住院部的夜来得早，病人晚饭后不久就躺下。每个病区都有个公用轮椅，放在电视前。那个轮椅偶尔被折叠起来，靠在墙边，大部分时间里，它空荡荡的展开在空荡荡的走廊尽头。有时我觉得它像一个寓言，好似被呼啸的时代撇下，可是，如果思想在行动，哪怕身体被禁锢在轮椅上，哪怕再被投进监狱，也不能阻挡他"独与天地精神共往来"，这一刻，他肉体圆满，智慧具足。

很多人认为，疾病"成全了"史铁生，这种想法忒不厚道。他们的潜台词是史铁生应该感谢疾病，他们内心的想法是宁肯要一个坐轮椅的作家，也不要一个健全的普通人。这种逻辑简直狗屁不通。轮椅和作家没有因果关系。一个作家，并不因为坐了轮椅而使得作品沉甸甸。海伦·凯勒奢望上帝能给她三天光明，诗人车前子拄着拐杖行吟江湖……我的老家也出了个坐轮椅的作家王占君，专写通俗历史小说。他们的文学成就不同，精神境界不同，相同的是，他们"左右苍茫时，总也得有条路走，这路又不能再用腿去趟，便用笔去找"。他们用笔走出了一片天地。史铁生坦言，他最喜欢和羡慕的不是什么世界文豪，而是美国田径运动员刘易斯。"人所不能者，即是限制，即是残疾。"在这个意义上，我们每个人都是残疾，只不过有的人表现在肉体上，有的人表现在思想上。史铁生反对将健全人与残疾人对立起来，他也批评所谓的"残疾人特权"，他自觉地警惕自己不要将疾病"演变成自我感动，自我原谅"。

史铁生生前多次表示，他死后要捐出所有有用的内脏器官。他的老朋友何东透露，史铁生的肝脏已经在第一时间捐赠给了天津武警医院的病人。《新京报》报道，史铁生曾经和作家洪峰提过，希望去世以后能找一个有山有水的地方，找一棵树，可以把自己的骨灰"站"着埋下。他视死亡为"一个会必然降临的节日"，是啊，三十年局限在轮椅中，十多年不间断地血液透析，就算文学创作给他莫大的安慰与补偿，肉体的消亡也可看作"节日"。"吾所以有大患者，为吾有身，及吾无身，吾有何患？"捐献器官，史铁生延续了肉体的生命；奋笔疾书，史铁生延续了精神的生命。

很多年前，地坛还是一个荒园，史铁生"在那儿待了十五年"。我希望地坛公园的管理者寻一条史铁生去过的、安静幽深的小路，以史铁生命名。路边写着"天堂就在这条路上，而不是在某一个地方"。路的尽头写着"地坛的每一棵树下我都去过"。这想法虽然很俗，亦不会得到史铁生的同意，但我以为，史铁生值得地坛公园这么去做。

人长脑袋并不是为了戴帽子

我第一次看见王小波的名字，是在海淀中坞村的简易租书点里——如今这样的租书点已经看不见了——《黄金时代》和武侠小说混在一起，还是盗版的，足以说明王小波身后哀荣。王小波到农村插队时，带去一本《变形记》，结果真的变了形，"像一卷海带"。后来他赶上了"比较好时代"，可以读到更多的书，写更多的文章，虽然写完了还要放在自行车上，到处推销。假如王小波还活着，他考虑的将是别的问题，比如某个网站又来烦人了，要不然开个微博，就在那儿撅着，不说话。我觉得这种可能很大，他也不会打名人口水仗，例证是，他常收到谩骂性的退稿信时，"总善意地想，写信人准是挨了领导的骂，找我撒气。"

我这么说话似乎有些轻佻，在他去世十五周年的时候，行文应该沉重，但我想，王小波一定赞同我，他说过"不管什么书，我都希望它不太严肃"之类的话，他的文章亦如此。为人为文，他追求智慧与趣味。这两样，大致上，中国人都不缺乏，奇怪的是，一旦计较起来，就觉得中国人的智慧与趣味好像都跑偏了。

在《智慧与国学》里，他把源于西方的智慧比喻为驴，驴来到中国的草原上，就将中国的马群"惊炸"了。限于那篇文章的主旨，王小波重点谈了西方科技智慧（思想），也说到了兴趣，西方智者有个毛病，"总要把自己往聪明里弄的劲头儿"，即"追求智慧与利益无干"。

但在"比较好时代"，又有什么与利益无干呢？一个社会，过分计较A，那么C、B就不会太上心。王小波推崇罗素，今天的中国，也说得上是"参差多态"，但是不是幸福本源就不大好说了。平心而论，这参差，是基于物质的参差；多态，我看快变态了。这么说肯定有人不高兴，就像当初有人读王小波一样。王小波的杂文，按照他模仿罗素说话的方式就是：第一，人长脑袋不是为了戴帽子；第二，告诉别人，你长了脑袋。

我明白长脑袋不是为了戴帽子的道理很多年，但从来没像王小波想的那样细致。

也有些人以为王小波的小说不够好，杂文虽好但算不上有思想深度，他是文学家，但算不上思想家。王小波生前有志于小说，但人们记得最多的还是他的杂文。这恐怕是反驳那些人的最好例子。他说过这样的话："假如在70年代，我能说出罗素先生那样充满了智慧的话语，那我对自己的智力状况就很满意，不再抱怨什么。实际上，我除了活着怪没劲之外，什么都说不出来。"认为王小波只说了一些常识的人，其实还活在上世纪70年代，况且，这些常识就是因为一班王小波们的启蒙，才在今天成为常识，又何况，中国人就是这副德性：道理上容易弄明白，做事时又难得糊涂起来了。

王小波举过一个例子，70年代，有知青为捞被水冲走的电线杆淹死了，人们讨论的结果是，"国家的一根稻草落下水也要追"。80年代，人们的观念就有些变化了，大学生为救老农牺牲，有人就认为不值。又过了一段时间，大家就女性遭遇强暴，为保命而放弃反抗对不对争论过一阵子。这些事归根结底是一回事：生命的价值究竟如何体现？王小波的杂文，其实写的就是这么一档子事。这事无论写多少字都不嫌多，古往今来的多少书、多少艺术，都在变着法儿琢磨这事。据说有的先贤彻悟了。我读王小波，没觉得他琢磨透了，但他琢磨出一条，就是做人做事要"智慧、有趣"。"我活在世上，无非要明白些道理，遇见些有趣的事，倘能如我所愿，我的一生就算成功。"王小波杂文里的那些趣事，他未必真的觉得有趣，乃至相反，甚或悲凉。此等境遇，远的不说，民国那时候的一些文人就已经历过了。如此说来，王小波的一生并不成功。

我对王小波抱有天然的好感。他大大咧咧的样子，乱七八糟的头发，皆是我心目中的中国知识分子的外貌。凡事计较，却以平和的态度；讲大道理，但让人读着不累。这迥乎我年少时的经验，和我计较讲道理的不是老师就是父母，却极少态度和蔼，有趣就压根没有。以至于后来形成了有趣是我读书的第一标准。我喜欢刀尔登、李海鹏和刘瑜，他们即使不是王小波的学生，也属一脉相承。王小波所论，不一定都正确，他说那是他的一些恳求而已。他认为中国不乏明理的人，为自身清白计，不愿发声。而另外的沉默的大多数，很大一部分是在装傻。如今装傻的人越来越少了，这是"比较好时代"的一个现象，同时，只谈事、不针对具体人的态度愈加稀缺了。有个广告语，"没有最好，只有更好"。说一个时代，一个社会"比较好"而非"更好"，是因为"比较好"的比较对象可以选取任何时代和社会。王小波批判的那个时代，是他身体和思想都需要健康成长，而并没提供相应环境的那个时代。今天我们再去和那个时代比较，只能说明我们没出息。那么我们去和谁比较呢？换句话说，我们应该追求、实现怎样的一个时代呢？它的衡量标准恰好又散落在王小波的杂文里。你若读不出来，找不到，我给你出个主意，买顶帽子戴上试试。

苹果树结不出橘子

　　很多年前，我曾和妻子、朋友无数次谈论过顾城。没有第二个陌生人能像顾城一样，占据我们的话题，使我们打架似的激动。在没有互联网的那个时代，我们读《魂断激流岛》、读《英儿》，像热爱明星八卦者一样，试图挖掘出爱情与斧头的真相。

　　很多年以前，我还是个做着诗人梦的小屁孩。我读济慈、艾略特和波德莱尔，读李白、食指和北岛。那时候我有些瞧不上顾城，以为他太简单狭窄了。直到我失去了写诗的心境，才发现，顾城这样的诗人，是诗人中最稀罕最难得的一种。也许只有济慈和李白与顾城相接近，他们"如此忠于自己的心和感知，以至于逃离了人世"。只是——这个要命的"只是"——顾城不懂得转化。陀思妥耶夫斯基让他知道"做坏事比死更可怕"，"梭罗让他感到绝对精神的美丽"，法布尔激起了他"对微小事物的巨大热爱"，顾城将它们写进了诗里，却没在生活中贯彻到底。

　　顾城的离去，惨烈、害人害己，使我日后读他的诗，觉得那一行行美丽的文字蒙着灰色，即使如"阳光通过树／明亮百年后的房间"也黯淡无比。对于逝者，品头论足是不礼貌的，但对于顾城来说，他离去的方式，直接影响着我们读其诗文的感觉。他离我们太近了！好像昨天还在隔壁写着我们喜爱的诗歌，今天等我们下班回来，他已转身离去，这叫我们面对他奇妙组合起来的汉字时，怎能不多想呢。

我承认，顾城诗歌有很大的一部分我看不懂，间或出现的一两行美妙的诗句混在一首诗里，便莫名其妙。但我从他的散文里看见了文本意义上的顾城悲剧的根源（至于从别的地方，比如说顾城在现实生活中的言行，来分析顾城则不是本文主旨）。

"一个彻底诚实的人是从不面对选择的……就像你是一棵苹果树，你憧憬结橘子，但是你还是诚实地结出苹果一样。"面对诗歌，面对艺术，顾城诚实得像一个还不知道说谎为何物的孩子，所以他的诗、他的画，天然带着孩童般的自由自在与不管不顾。有时我们读不懂他的诗，看不明白他在画什么，我们可以说，顾城，你很稚气，你在用我们看不懂的语言写诗——顾城一定会反问，"你怎么会以为我是人呢？"他觉得"学习语言是一种可怜的事情"——但不能说他矫揉造作。一旦涉及生活，我们不免怀疑这是顾城替自己打气，找理由。他明白"青青翠竹尽是法身"，知晓"应物不藏不迷"，但为何如此离去？他不明白生活就是一个不断选择、不断放弃的过程。你可以把生活当作一门艺术，但不能把艺术当作生活的全部。

顾城第一次用诗人的语言厘清了"理想"与"现实"的界定。他说"理想"是一种状态，不必包含可实现性。"纯粹的理想主义者的与众不同在于他不强求结果"，多么遗憾啊，顾城强求了，所以悲剧了，成为他所一直想要脱离的"妄"（顾城给"妄"的定义即是"一方面坚决要求实现，一方面又与实际脱节"）。他将自己比作贾宝玉，他分析宝、黛、钗三人的性格真的是一针见血。如果将顾城与他生命中最紧密的两个女人比作宝、黛、钗是可笑或矫情的话，那么，时隔十九年之后的今天，当我们读到这一段："他们最完美的一体性是爱情，最荒唐的结合是……"仍忍不住震惊。对于顾城，我们宁肯看到荒唐，但顾城不愿意。

我们读他的散文随笔，发现他对中国传统哲学佛（禅宗）道儒的理解很透彻。我不相信顾城会读多少古籍，他完全是凭着诗人的直觉去感悟宗教哲学的。一个诗人的本质就是去不断发现"美"。顾城说"生如蚁而美如神"，他透过"唯美的眼睛"去看待世界。所以他舍弃了哲学。有一次他问马悦然："你觉得有没有一种东西是我们所不知道的，但是是真正生命的东西？"马悦然看了顾城半天之后说，一定。声音很轻。顾城问他是不是也有思想混乱、不安宁的时候，谢烨说，他不乱，那跑到中国去干吗？这其实已经很接近禅宗的般若或道家的大道了。顾城总结道："人如果要求寻找什么，必定是在他自身混乱的时候。如果你安定，你就不找了——你就是。"所谓"文字禅"，大概就是顾城这个样子。因为真正的禅宗或道家并非单纯出世，里面有非常积极的东西，顾城并没有看到，或者说他看到了却止步于此。

他是个天生的诗人，他用诗人的眼睛看这个世界与这个世界产生的文学、美学和哲学，他用诗一般的文字记录下自己的理解。读《顾城哲思录》甚至比读他的诗，还要让我们痛惜。那是一个多么接近悟彻的孩子啊——不奇怪，虽然顾城出生比我早很多年，但由文字识人，我始终将其看作是一个戴着个性张扬、形状奇异帽子的弟弟——在即将推开房门走到外面的时候，犹豫了。

大多数诗人达不到（也不情愿）顾城那种纯粹，也就缺少或感觉不到顾城的矛盾和痛苦（我想这也是世人视有些天才艺术家为疯子的原因吧）。他们写诗，同时不耽误做官发财，有空便忧思天下一下。他们将各种事情安排得井井有条，世界正因为这类人居多（当然包括我们），所以看起来还算安稳，甚至静好。也许像顾城那样"只顾自己"的人多了，反而不妙。

惊起鹭鸶无数

如果《金瓶梅》是一场铺天盖地的大雪，那格非就像踏雪者，一路惊起鹭鸶无数，或成群，或单只，在格非解读之下，旖旎生媚，读之豁然开朗，亦有惊心动魄的感觉。伟大的小说的确需要伟大的读者，否则，书中隐藏的诸多意味将存而不现，仿佛雪隐鹭鸶柳藏鹦鹉。

我们先看格非撵出的第一只鸟：明代社会史和经济史。《金瓶梅》假托于宋实写晚明是不争事实。明代商业发达带来的是全社会倒向物质享受，而契约诚信仅靠道德约束，缺乏法律保护，在利益面前不堪一击。西门庆主要活动地域清河，便是一个具体而微的缩影。拥有泼天富贵的西门庆自诩就是强奸了嫦娥也无妨，却害怕武松和花子由，因为后者急眼了便拔刀，有真正的流氓泼皮精神。多说一句，即使在法律越来越健全的今天，这种精神仍是人类证明自己的有效手段之一，好莱坞大片里的孤胆英雄往往无视法律。而在现实中用性命抵抗欠薪、拆迁的行为亦是民不畏死奈何以死惧之的一种变形。格非虽然说，对此没有兴趣的读者可以跳过，但他无处不在的以古讽今笔法，暴露了其重心。

"哀书"《金瓶梅》（张潮语）并无《红楼梦》那种悲凉之

雾遍披华林，就因为前者几乎没有一个"好人"，树倒了，散的是猢狲，不是覆巢之下的蛋（即村上春树意义上的蛋）。政治腐败，伦理纲常虚伪，人性贪婪都在作者无保留、全方位的抨击之中，被格非视为"中国文学史上石破天惊的第一次"。宝黛象征着个体反抗封建礼教的悲剧，西门庆及其妻妾则是商业发达环境下个体欲望膨胀的下场。后者的警示无疑更适合当下。格非分析作者的创作思想时，打破研究明清小说以佛道、阳明学为主导的藩篱，为我们找出一个"真妄"的新维度，令人眼前一亮。当然，这里的真妄，借佛教用语而异之。格非论证出，在传统善恶观念中，《金瓶梅》亦第一次建立了独立的伦理标准，不仅开辟性地刻画了小说人物，也为后来的《红楼梦》所继承。《金瓶梅》在明清小说整体的虚无感及依靠宗教来救赎的套路上，剑走偏锋，《红楼梦》还有一对干净的石狮子，《金瓶梅》则全盘否定，这种绝望与彻底，在中国文学史上绝无仅有。

说到文学，格非撺出来的"鹭鸶"就太多了。以前读他的《卡夫卡的钟摆》《博尔赫斯的面孔》，受益颇多。这本《雪隐鹭鸶——〈金瓶梅〉的声色与虚无》也不例外，叫我再次感叹，巨著奥妙非行家里手而不能勘破。所论涉及小说布局、人物刻画与命名、叙述语言及角度、文体、诗词、器物、事件等诸多方面，如老吏断狱，简洁（每题论述皆短小精悍）又命中要害，给人以比原著还要好看的错觉。比如格非分析第一回如何巧妙地将西门庆与武松联系起来，却不让两者发生关系；比如人物命名怎样启发了曹雪芹；五个字又如何能写活一个小人物，等等。我觉得最精彩的是《幽明之分》，格非厘清西门庆梦见死去的李瓶儿之事与后者所言的"此奴之家也"的真实所在之关系，顺便谈及它对《聊斋志异》和《红楼梦》的影响，甚至指出，此种写法，比西方在20世纪50年代出现的超现实主义至少领先四个世纪。文章仅费两千多字，可谓举重若轻。还有像《故事》这种横向比较西方文学，纵向比较章回小说的章节，简直就是一篇出色的文学论文。格非眼界极高且广，常常将文章置于宏大的历史范畴内，以小见大，以大论小，获得了一种窗含西岭千秋雪的阅读效果。在论述明代社会史和思想史的一、二部分，格非也采取了此种写法，只不过没有论述文学显得那么强烈而已。

《金瓶梅》乃天下第一奇书，也是第一淫书，实为明清色情小说之滥觞。明人董思白、薛岗欲投以秦火而后快，冯梦龙则以为作者淫秽词句中"有所刺"。格非亦对此有所诟病，但他与绝大多数读者见解相同：所谓近自然主义描写于该书，犹瑕之于碧玉也。今人所评《金瓶梅》，如陈清华《金瓶梅典评》、田晓菲《秋水堂论金瓶梅》、刘心武《点评金瓶梅》等等，多以厘清作者、版本、小说主要人物分析、文学鉴赏为主。格非的书则明显分两部分，一从时代的特殊社会要素下手，二突出他人易忽视的书中小人物。比如出场次数极少的张胜，作者何以给这个市井流氓配上一篮鲜花？格非的剖析不仅一语中的，且让我们读之如行山阴道，妙景奇鸟目不暇接。

我爱看作家写的学术性书籍，比如郭沫若的《李白与杜甫》、沈从文的《古人的胡子》，在严谨的论述中能读出文学的力量与作者悲天悯人的情怀。所谓声色与虚无、真与妄，做起学术来，几十万字也写不尽，若一言概之，则如格非所说，"每读《金瓶梅》，常会不自觉地将当时社会世情与今天比较。世道人情，历四五百年没有什么大的变化，甚至更为败坏，用得上'可伤'二字。"

心里搓火，嘴里干渴，那就喝！

　　狗子他爹看看狗子的中国作协会员证，满花镜的狐疑，"这不会是假的吧？"老爹的态度也是狗子的态度，他一度怀疑自己的作家身份。多年前，狗子说，"狗子，你堕落了，出书了，签售了。"他也一度躲避酒局，甚至跑到北京以外的地方去住。但是你想，这可能么？

　　世上有两种人叫你绝望，又叫你羡慕。一种是做出你想做但做不出来的，比如科学家、探险家。一种是看完他的文字，会狠拍桌子，妈的，这不是老子想说的话么，怎么让你抢了先！这种人当然是作家、诗人。人们格外喜欢放荡不羁的作家，他们这么写作，也这么活。很多看过《一个啤酒主义者的独白》的人，想和狗子拼酒，向他推荐声色场所。狗子对春树说："我们的小说来不及虚构。"但他又说："小说的真实和生活的真实是两回事。"你瞧，作家的本质就是来回忽悠，忽悠别人也忽悠自己。科学家是在逻辑上解释世界，作家则是在虚构和真实之间摇摆，因为对生活的矛盾的热爱与痛恨，才有了那么多的好文字。对狗子来说，既然不能与生活和解，那就喝酒吧。他的写作是酒后的补充，补充那种满地狼藉的空虚和无聊。写《一个啤酒主义者的独白》和《活去吧》的狗子，处于一种心里搓火、嘴里干渴的状态，后来渐渐平和了，我觉得这是狗子最近一段时间不写字的原因。我和你们一样，渴望看到狗子的新作，但我不希望狗子两头败坏。

有的人一辈子火不起来，比如狗子，他的书不可能上销售榜。有的人，一旦你读过，就忘不了，比如狗子。我还记得很多年前在东四八条的院子里，读《一个啤酒主义者的独白》的 high 劲儿，过后像狗一样四处踅摸他的书。这本《狗子的饭局》是朋友们和他起腻的书，前戏充分，高潮不来，就是没有狗子的新作。他总是在博客上贴朋友的文字和新书，造成误读，"急死你们！"关于《一个啤酒主义者的独白》的溢美之词，如同啤酒瓶围着狗子，人们怕他像卡波蒂一样，虚掷了天分；也怕他像太宰治一样，把行为艺术当成了归宿。皇帝不急太监急，狗子才不在乎呢。

别像杰克·凯鲁亚克、李白、古龙那样的结局就好。我希望狗子是另一个刘伶，在酒精里全身而退。《晋书·刘伶传》载："（刘伶）尝醉与俗人相忤，其人攘袂奋拳而往。伶徐曰，'鸡肋不足以安尊拳。'其人笑而止。"酒喝高了，与人冲突难免，狗子的绝招是一把抱住对方，猛亲，嘴里念念有词，"宝贝对不起"，于是对方哭笑不得，不了了之。最怕是和自个儿冲突，弄好了是艺术家、作家啥的，弄不好就是精神分裂。有酒做担保，咱就不怕狗子这类人玩自杀艺术了，顶多是耍耍酒疯、脱脱裤子之类的流氓文人的小行径。

两只狗见面，相互闻闻，味儿对头，嗯，就可以处下去。交朋友、喝酒、看书、恋爱，味儿必须对头，要不总有一天会掐起来。大多数事情，比如上班、应酬、结婚，往往迫不得已，应付成了常态。不愿意应付，自己就会显得硌色，特立独行，其实有什么呢，不装反倒成了莫大的优点，足可看出这个社会的低廉的标准。而有一些本性，靠酒精来催发，我觉得这些人完全是出于给别人面子的原因，他早就想这么干了！三七喝高了，大冬天的，要裸泳；狗子喝高了，要么跳上桌子，大声篡改北岛，要么直勾勾地问你，"人为什么活着？"而喝酒前的狗子是沉默的，法国人马丘说狗子是恒久的失神状态。如果没有酒，你大概会怀疑对方的精神是否正常。然而在喝酒人眼里，不喝的才不正常。这就有点庄子做梦和哈姆雷特发问的意思了。

书里狗子的照片太多了，那张酷似倪大红的脸，把我看吐了。看不吐的狗子的文字看不到，读读狗子朋友写他的文章也好，你知道的，那都是一路货色，所以，这本《狗子的饭局》明着写狗子，暗地里把那一小撮臭味相投的人都说到了。你喜欢狗子，循着书里的人名去找书看，也会喜欢的，一找一个准儿。

模样、好玩与文学

　　第一次见到陈丹青先生是 2006 年的冬天，我翘班去风入松书店听他讲座。彼时，北大南门墙下，一片存在了很长时间的半废墟里还打着"抗议北大野蛮拆迁"的标语，说半废墟，是因为残留着一两间房子，有"钉子"在无暖气无水无电的三无状态下，负隅顽抗。也不知道陈丹青来风入松时，看没看见（其实看见了也只是看见了），而今那里早已是木叶森森草地青青了。

　　陈丹青依旧老样子，剃了个见青的寸头，招牌式的眼神，精光四射。手持烟斗，说是能冒烟的电子烟斗，带两副眼镜，一副看字，一副看人。后来读陈丹青的文字上了瘾，那篇《笑谈大先生》和许多鲁迅先生的文字一样，读的次数多了，几乎背了下来。

　　话说这本集子里的文章，虽多见于陈丹青的其他书，但因为是"笑谈鲁迅先生"，谈者与被谈者，皆是触目人物，且陈丹青谈得妙趣横生中有见地有沉郁，所以值得一而再再而三地去读。

　　鲁迅先生自不必说，即使在官方固定、统一的宣传教育时代，仍有无数人暗地里以自己的方式，学习、理解着先生。

他们（比如张承志）自称是先生的私淑弟子，只承认"先生"这一尊称，单独使用时，专指鲁迅。

作为"几十年来不断想念鲁迅的一个人"，陈丹青还过分地研究起先生的长相："长得真好看。"他列举了50年代官方钦定的六位文豪，比较了新时期的作家，"看来看去，还是鲁迅先生样子最好看。"先生爱照相，众所周知，大概先生也对自己的模样颇为自负吧，虽然个头矮。我最喜欢他1933年5月的一张相片，左手叉腰，右手不消说，当然夹着烟，毛背心掖在裤带里，外套毛开衫，估摸都是许广平先生的手艺。陈丹青说先生的脸"非常不买账，又非常无所谓，非常酷，又非常慈祥，看上去一脸的清苦、刚直、坦然，骨子里却透着风流与俏皮"。我最初看到鲁迅，就觉得这人非比寻常，但说不清他为啥长得这么"硌色"，如今被陈丹青一语道破，他说"鲁迅先生的模样非常配他，配他的文学、脾气、命运、地位与名声"。陈丹青说了很多作家的长相，我想额外补充一句，看我国岁数大一点的作家、学者，头发皆如斗鸡，或大风飞扬般桀骜不驯，比如去世不久的史铁生，有些谢顶，但很少看见他的头发服服帖帖；或打绺如油漆灌注，比如秦晖先生，我去年见过他三次，每次都时隔几个月之久，但每次秦先生给人的感觉都是他家从不买洗头水。凡大家者，皆有不修边幅不拘小节处，他没心思用在打扮上。但有另一半，比如徐志摩、比如陈丹青本人，相貌堂堂，稍微弄一下，便是风流倜傥之辈。说到鲁迅先生，就没了那种刻意，无论是否装饰。先生也有严谨的时候，比如1925年，为俄文译本《阿Q正传》拍的照片，着对襟上衣，眼神凛然，寸头，头发根根竖立，仿佛先生写过的文字，"枯草支支直立，有如铜丝"。先生也有马虎的时候，比如1927年在广州与中山大学教师的合影，发似乱草。但我们看先生，"出现在随便什么媒介、场合、时代，均属独一无二，都有他那股风神在，经得起变形，经得起看"。

"不是随便哪张脸都能够蕴涵这种如命运般难以左右的图像效应"，先生的貌，先生的文，摆在那里，任凭时间冲刷，竟是越磨越亮。我上学那会儿，课文中数毛泽东与鲁迅的文章最多，我读先生，从来没觉得有别人说的那种生涩难懂，反倒越读越有兴致，以至于除武侠小说外，先生是我读得最多的。陈丹青说先生的序与跋，独步古今，那种好法，真是品性毕露。他举了《集外集》的序言。我也毫不脸红地与陈丹青戚戚然一把，我也喜欢先生的序跋，比如《朝花夕拾》的小引，简直倒背如流，就像看见先生穿一件单衣（其实我觉得他更应该光着膀子），在炎热的广州白云楼上，烟雾缭绕中时时反顾。陈丹青说先生的《朝花夕拾》"有一种异常绝望虚空的况味，几乎隐在他各时期的文字中"，这自然是方家见地，而陈丹青喜欢先生的第二条理由出人意料，只因先生的"好玩"，"就文学论，就人物论，他是百年来中国第一好玩的人"。

其实在教科书中的先生，已略见"好玩"，谁不记得先生撞墙撞扁的鼻子呀？只看先生的集子名：《而已集》《三闲集》《南腔北调集》，诸如此类，便透着好玩劲儿。先生文字的质地风格当然变化万千，纵是匕首投枪的文字，按陈丹青的眼光来看，"多数是先生只当好玩写写的"，叫作"游戏文章"。有了游戏态度，文字便"站得高，看得远"，即是"非常不买账，非常无所谓"。

游戏不求自身以外的东西，它单纯、快乐。形容一个中国人的"无所谓"之极致，便是"游戏人生"了。祖约好钱，就比石崇王恺斗富要快乐得多；阮孚爱屐，亦如刘伶醉酒之怡然。先生爱照相、爱看电影、爱木刻、爱抽烟、爱年轻的女学生，先生写了一辈子的文章，同样很有快感，大多文章，我们读着也痛快。先生写字时，虽囿于内容，但绝不缺少游戏态度的神来之笔，例如陈丹青举的《论"他妈的"》例子。陈丹青查出有四篇文章，先生写于同一天，他叹道，"老人家显然半夜里写得兴起，实在得意，烟抽得一塌糊涂，索性再写一篇。"

另一位有名的游戏家庄子，老婆死了他鼓盆而歌，但谁能不说他是悲天怜人愤世嫉俗者呢？先生的"好玩"，是他绝望、黑暗、有毒的内心的绝好解药，仿佛怒极反笑，陈丹青为此发掘出一个我们已经忘了、不用了的词：'痛咥"。百度查不出这个词，《新华字典》也未收录，只查到了"咥"：笑的样子。

能在被固定几十年的模式里，瞧出先生的"好玩"且分析得有条有理之人，自然也属好玩者。一个画家，因写字闻名，捞过了界，大概玩心过重。说先生模样好，绝没几个人反对，但若说先生"好玩"，也一定是不羁、好玩之徒才敢说，因为这个说法，必为老成持重者所恶，而且陈丹青的意思绝不仅为了先生的模样好，人好玩。《笑谈大先生》，连序、附录算下来有十篇文章，我单拿这篇好玩的来说，也不是只为了它的好玩。我想，在陈丹青之前，会有很多人看得出先生的模样好，为人为文的好玩，但拖了这么多年，才由一个画画的说出来，其实不是一件好玩的事。

生活是痛快的，画画也是

第一次看朱新建的美人画，我目瞪口呆。怎么能如此地画呢？看多了又品出一股说不出的韵味来。我对文人画仅止于爱好，不敢置喙其绘画水平。拜读他的艺术随笔集之《打回原形》后颇有戚戚然。于是又上网搜他的画。他的美人虽多，亦画山水、花鸟、罗汉、刀客和大公鸡。只不过他的美人太出名了，以至于别的画，还有书法都被"忽略"了。我最喜欢他的一幅字："为快活作画，因无聊读书"。

他的字，笨拙，像小孩初持毛笔，墨蘸多了，黑乎乎的，好似古人嘲讽的"墨猪"。其实朱新建在书法上下的功夫不比在绘画上下的少，他曾闭门数月临颜真卿的《麻姑仙坛记》。朱新建主张笔墨之外的东西。吴冠中也说过"笔墨等于零"。这些绘画书法上的方法论太玄妙，我等俗辈，不敢涉及，但他的文字的确有趣，跟聊天一样，他的关于中国绘画艺术与中国文化的见解、看法就这么聊出来了。

翻翻"文人画、新文人画"的老底

代表了中国传统绘画艺术的文人画在解放后不受人待见，

所以再捡起来时，便冠以新文人画，以示有所区别。朱新建是新文人画的代表之一，但他不以为然，"就是这帮玩画的人取的一个名字而已"。他认为借绘画表达个体体验，强调生命存在比好听的头衔更重要。

所谓文人画，即士大夫画，与宫廷院体画、民间画的最大区别是，绘画技法之外，特别注重传统文化修养。艺术大师陈师曾（陈寅恪之兄）说画作必须体现画家的人品、学问、才情和思想方可称得上文人画。

新文人画是当代艺术的一部分，难免有了些创新、先锋、实验和探索的意思。比如朱新建的裸体美人图系列，叶浅予看了当场石化，醒过来后多次批评这种画是糟粕。我想起朱新建讲过的一个趣事，他年轻时去图书馆查资料，看门老大爷得知他是画家后问他，你们画家画女人（人体素描）都不穿衣服吗？朱建新说是的。老大爷咂咂嘴走了。过了一阵子又来问，真的不穿衣服吗，怎么可能一点衣服都不穿？

其实我们看八大山人、金农，包括现代的关良，等等，都可能产生与叶浅予和看门老大爷类似的震惊。因为他们的画，放到传统文人画中显得很另类，很叛逆，甚至很堕落。其中透露出的东西，历史背景，画家的人生际遇，乃至他们创作时的心情，似乎跳到了绘画技巧之外，但我们看懂之后，会觉得这些东西使画作本身提升了不止一个档次。

令文人画为之一宽的赵孟頫也是这样，只不过他不那么另类而已，他上接本家赵佶，赵佶上接晋唐画家，实际上玩的都是这个。到了赵孟頫这里，变本加厉。用朱新建的话说，"太多官员文人参与这个游戏后，把中国的本体绘画掐死了。"

文人画，画的不仅仅是眼里的山水、花鸟，而是心里的思想、世界观和个体感触。从文人画的本质来说，朱新建用毛笔画不穿衣服的美人，正是延续了此种我手写我心的传统。

"艺术玩到最后，就是玩你一条命"

到底什么是好画，朱新建有个妙论。他说画画要比的话，"就是你朴素一点，我比你更朴素；你真诚一点，我比你更真诚。比谁画得好，谁画得更差，没法比。"就是萝卜青菜各有所爱的意思。也是，谁能说出透纳和梵高孰高孰低，谁能量化判断牧溪和八大山人孰优孰劣？

想玩，想享乐，可以吃喝嫖赌，但这些绝不能玩一辈子，总有厌倦的时候。唯有艺术能够消磨一生，且乐在其中不知疲惫。中国文人"玩笔墨，画根本不像画的画，文人画破坏了本体绘画的发展，完全出于内心的需要"。文人们嗑药（五石散）喝酒吟诗作画参禅，玩了千余年，发现立竿见影的、和肉体有关的东西，沉迷不得。而厚积薄发的、和精神有关的不管你有多少精力都能消耗掉。那种精神上的享受，朱建新举了塞壬迷死人不偿命的例子，他还有个比喻，说中国画、诗词歌赋像一个黑洞，进去了就别想出来。

宋徽宗玩石头出名，大家都知道智取生辰纲的故事。他还叫人把名山上的云用瓷瓶装好，在御花园里打开，名之"贡云"。这种行为艺术放到今天也不过时。赵佶最出名的是画画，最后画得江山、身家性命都完蛋了。李煜、朱由校都是这样的皇帝，这些败家的皇帝却给中国艺术带来了极大的改变。

艺术本来就是性命交关的事儿，古今中外都一样。中国的传统文化，或曰传统艺术，也有不一样的地方，那就是凡事要往禅意、天人合一上靠。说到底，就是表现生命的"真"。你看赵佶、朱耷的鸟表面有天壤之别，那些鸟却同样都是活的，隔了千年百年，我们现在去看，仍能看到那种跃然纸上的生命力。朱新建说，看了活的鹦鹉，再去看赵佶的鹦鹉，会发现真鹦鹉好像缺了点什么。艺术的魅力就有这么大。赵佶朱耷提起笔来，不是坐稳皇位或丢了江山的皇室，只是一个画家而已。

朱新建说明代的花鸟画不是完全自由地画，画家画画要讨好别人。说白了，就是要名要利。据说中央美院的一个领导决心培养出一百个齐白石，周恩来听了说道："能在一百年内再培养出一个齐白石就很不错了，怎么能够再培养出一百个？"出大师需要天时地利人和，普通人死心塌地、不为名利去画一辈子的画，太难了。况且用性命去画，不是你想不想做的事，而是有没有资格去做。

"女人肯定不光是我一个人在画"

难怪叶浅予看了朱新建的美人图大为不适。文人画讲究含蓄内敛，符合传统文化的审美趣味。山啦水啦，再添上一个老翁独钓寒江雪，才是文人画，你弄个光屁股女人要干吗？

朱新建认为叶浅予张仃张光宇这辈老画家太敬畏传统了，以至于"一落到宣纸上，马上傻眼"。其实前者还是很尊重后者的，叶浅予的画，朱新建都给背下来了。我们翻检美术史，怀素的狂草，朱耷的怪鸟，像西方的透纳梵高杜尚更不用说了，作品拿出来，在当时都是惊世骇俗的。

有人评论朱新建画的女人，"没有职业、道德、思想，只有春困与性欲"。后者将其视为一语中的。朱新建认为，艺术不考虑世俗利害关系，艺术有脱离现实，把抽象提取出来的义务。他只想用文人画的笔墨方法去画女人，"这一面占她身体百分之多少不知道，哪一段时间也不知道，但她身上肯定有，我喜欢的恰好就是这一段，那么我画的就是这一段。"

至于说视觉刺激，中国的毛笔怎么画女人，也画不过西方油画。人们无法接受的，只是裸体女人以文人画的形式出现在宣纸上。朱新建说："一个人画什么题材并不重要，问题在于你动笔动墨时，有没有禅宗式的精神，比如飘逸、不拘谨，生机勃勃。"

"打回原形"

朱新建刻有一枚闲章，"打回原形"。可见他的性情。他谈性一起，有时便离题千里，按都按不住。末了发觉了才杀了个回马枪。不过我喜欢这样的行文，盎然恣意，不避市井语言，一看就是一个率性的人。

二十多万字，聊的东西太多了。看完后觉得很过瘾，凡你想到的，没想到的东西，朱新建都聊到了——感觉他可以成为一个合格的社会批评家，也是，中国人人都是社会批评家——过后又觉得不太过瘾，因为这些笔记、采访、讲座，包罗万象，却不成体系，没法谈得太深。最后一个章节，更是如同微博，其实很多都可以延伸为大块文章的。但以朱新建的痛快，他不会因为别人的看法、要求改变自己。正如他用毛笔画美人，想这么画就画了。他人的议论与我何干？说起"打回原形"，是朱新建的心甘情愿，或者说，是其本性使然。

当然里面有些说法，不太准确。比如，"中国经典的总量，绝对超不过十万字"，"中国指向内心的文学从李煜开始"，等等，你知道朱新建的意思就得了。

朱新建的画坛月旦评很有趣。他说林风眠油头粉面，足蹬三接头，香水味两米开外就能闻到。但你跟他谈话，看他作品，就会发现他是个朴实真诚，骨子里非常优雅，传统文化学养很深的文化人。我想这些评语，也适合送给朱新建本人。这种情景，也适合先看他的美人图，再看他的书的我们。

一个知识分子的窘境

春节的气息越来越浓了。甜水园图书批发市场有近半的店铺关门了，我在里面转悠，才下午3点，顾客稀少。隔壁的京客隆超市人满为患，大包小裹坠着人们。但我看不到很久以前的那种春节临近的情景。我回过味来，这是商业气息所营造出来的，因为节日来临而兴致勃勃早就淡去，人们似乎被生活的惯性而一步步推向春节。各种晚会的预告，在电视的黄金时间播出。我想起许知远的话："在中国旅行，你经常被一个接一个不知节制甚至厚颜无耻的人造景观所包围。"

来的路上，我翻看他的《祖国的陌生人》。我习惯用读书来打发无聊。回去时，包里增加了七本书。买书具有上瘾性。有的时候，完全是为了占有而购买。当你环顾自己的书，片刻的满足感会马上被绝望替代。书越来越多，你却无法拥有从前书很少时的那种沉潜的阅读。好容易觅到一本能静心去读的好书，则越发感到自己的无力和浅薄，颇为以前的胡说八道感到惭愧。今年年初，我婉拒了一家报纸邀请，因为我无法把握他们要求评价的历史书籍。那是一本严肃的学术书。我是如此尴尬，不屑市面流行的那些说史的杂烩，但读了好的史书，又拔剑四顾心茫然，不知何去何从。许知远也有类似的感觉，"我头脑中杂乱的知识体系，与中国目前混乱的价值观一样，是我真实生活的一部分。"我和许知远属于一个年代的人。许知远毕业于名牌大学，曾在很多声名显赫的媒体工作，出过很多书，大部分时间在北京或其他大城市生活，他的世界是"烟雾弥漫的咖啡馆、图书馆与互联网构成的城市知识青年的世界"。而我来自辽西小镇，就是张立宪所说的"具有小镇情结"的下岗工人，没有受过高等教育，为糊口混迹在中关村。我们唯一的相同点就是成长在同一个历史背景下的中国。或许可以再加上一点，那就是我们都喜欢读书，喜欢琢磨自己的国家和历史。所以当我翻看许知远的这本书，总有一种睡在上铺的兄弟的感觉。他描述的我从未去过的地方，我觉得在那待了很多年。中国各地是如此的相像，哪怕是西藏新疆这么遥远的地区，也在拼命地"文化搭台经济唱戏"、"同一个世界同一个梦想"。许知远希望旅行能帮他找到一把理解中国的钥匙。结果呢，他不置可否。

许知远常被批评为"一点也不了解这个国家"，甚至他的朋友也这样善意嘲笑他，给他拍一张在书房里打伞的相片，"对，那像是他干的事"。叫我敬佩的是，许知远一直在阅读中、观察中、采访中乃至通过和随机打车而交谈的女司机来进行思考和总结。在那部在一定程度上属于闭门造车的《醒来》里，他愤怒地谴责知识精英的退却与同流合污，痛斥庸俗的社会心理状态，为金钱单一化的社会价值观而痛心疾首，为找不到解决办法而忧心忡忡……他常常问："你非得像一个知识分子那样想问题吗？"现在，我依旧能看见他映在各种交通工具的窗上的那张兄弟般的脸，依旧在纠缠着同样的问题。

在《醒来》中，许知远过多地沉浸在自我思考中。在这里，许知远走出了书房，无论是否打着伞。沿着历史地理学家胡焕庸发明的爱辉—腾冲一线走下去，他希望这趟远行能多少给出点答案。许知远身上文学青年的百分比由此可以看出来。在他努力使行文更具新闻化、评论更具客观化的文字里，一个热忱、敏感、富有理想主义的年轻人时时闪现。我会心于他对各地妇女的不吝笔墨，我理解他在采访贾樟柯的伙伴时，为什么联想到博尔赫斯的《小径分叉的花园》。忘记是谁说的了，鲁迅那一代是青春期过长的一代人。说这话的人很羡慕他们能有那么长的青春期。我觉得许知远就属于这类人，说这话的和读这类书的，都属于青春期过长的一代。新文化运动的那代人，陈丹青、阿城的那代人和许知远包括你我的这代人，都因为历史的不同断裂而被迫延长了青春期。它当然是思想上的青春期，充满反抗、困惑和寻找出路的决然。它通过文字表达出来，它也是鲁迅乱糟糟的头发、掖在裤腰里的毛衣，陈丹青的中式黑褂和许知远的"忧伤"的标签。

《祖国的陌生人》是《醒来》的续篇。"在你的祖国，你却是个陌生人"和《醒来》里引用奈保尔的"祖国，于我是一个难于表述的国家"一脉相承。洞穿了祖国疆域的旅行，访问了地方志编撰者李仲贤这样的民间知识分子，四处打工、崇拜郑浩南的李伟这样的小青年，靠倒煤发迹的洪波这样的成功人士，生活在海外代沟很深的老黄小黄这样的家庭，台湾海基会董事长江丙坤这样的高层领导人，用影像记录中国的刘香成这样的媒体名人……之后，困惑与信心在许知远心里不断地互相消长。中国太大了，历史太厚了，任何巨大的石头砸下来，都像砸在大海里，转眼被吞噬了。以至于林语堂感慨，东三省都丢了，四川人视若无睹，仍津津于火锅和麻将。几千年的延续，使她浑浊；几千年的传承，也使她从来不缺乏"澄清天下"的有志儿女。为何中国总是落后挨打？李鸿章张之洞们把原因归结于军事落后，康、梁归结于政体，蔡鲁归结于文化，毋庸置疑，无论中国怎样变革、发展，她带来的荣耀和屈辱需要我们承担，这根本是我们制造出来的。在一个任何地方都能看到和谐标语，私底下却从未停止过争吵和辩论的国家里，我们有着本质相同的焦躁、急功近利和期待，有着"无所适从有时又安然自得的眼神，拥有既不传统又不现代的愚蠢的建筑和那特别的人际关系"。我们是"不怕贪官"、不怕这不怕那的人民吗？

　　许知远把目光更多地投向"人民"。这或许增加了他的信心。我一面被他的描述吸引，另一面又对他在文中不断出现的"疲倦、困惑"感同身受——完全可以把他的笔调搬到北京来：这是座我熟悉到已经忽略了的建筑。刚搬到东四八条时，我曾无数次走到它面前。我凝视高大的门楼、茂盛的树与围墙里青灰色的楼阁，越过"谢绝参观"的牌子向院内窥视，我竭力将自己置身于历史，却发现断无成功的可能。张自忠路将它的巨大的影壁隔开。影壁的两旁是一家家挤在一起的服装小店。大门东西两侧有 115、113、42、758、701 等很多公交站牌。人流和车流汹涌地经过，没人为她的历史停留，铁狮子胡同消失了。它甚至算不上旅游景点，游客都奔着离它不远的景山北海去了。它上面的"爱国主义教育基地"的牌子，肮脏陈旧，毫不起眼。——是的，我完全理解许知远为何失去了耐心，他"原本期望写成一本保罗·克鲁式的游记"。他在里面掺杂了历史人物小传、时政评论以及无法避免的议论和反省。行走间，许知远不断地回望历史，陈独秀、秋瑾、柏杨和钱穆……过于急迫的心情导致他产生"热忱的幻象"，并带来同样分量的疲倦。他不断地提醒自己"不要变成嘲讽主义者"。知识分子不负责解决问题，而是提出问题（实际上，提出问题正是解决问题的前提）。许知远的目的恰恰是想找到解决问题的钥匙。除了那种挥之不去的文青味儿，我喜欢的就是他这种犟劲儿。我在他身上看到了自己的影子。你是所有中国人的一个侧面，所有中国人是你的多个侧面。我不需要到许知远去过的所有地方，也能感受到他的感受。

　　吴晓波说："知识分子需要两个必备的品质。一个是守——独立于一切利益集团之外，以操守为立命之本。一个是断——对国是有清醒理性的判断能力。"他未必具备好友所定义的第二项：我的理解是会被历史证明是正确的"断"——这个简直太难了。但第一项始终是许知远的强项，其实，能做到这点，哪怕是一小点也是很难很难的。

　　处于断裂期的人们，"困惑、焦灼、滑稽、痛苦"在所难免，"却也蕴含着无尽的能量。他们无法从传统中获取价值和意义，却也享有了没有历史束缚所带来的无边界的自由"。许知远从不掩饰他的悲观，"在你的国家，你却是个陌生人"，没有比这再糟糕的事情了。我曾深深动容于梁漱溟临终的疑问，但我坚信总有一天会变成肯定句。我对许知远声称的"只有对未来充满信心，才会对眼前充满悲观"表示怀疑，悲观不一定就是坏事，有时它更具背水一战的决然。他检讨自己的读书："你期待别人的语言、思想占据自己的头脑，这样你就省去了独自的思考。"读书是个便捷和懒惰的方法，"书本不会离你而去，但一个姑娘，甚至一只小狗，都不容易把握。"我对此不以为然，虽然我以为他走出书斋是正确的。每当我在图书大厦里，看到来来往往的年轻人，在各种讲座中，看到踊跃发言的年轻人时，就会有种期许。我记起美国诗人罗伯特·弗罗斯特的著名诗句：

> 这里的树林如此可爱深远，
> 但我有未了的承诺要实现，
> 在我入睡之前还有几里路要赶，
> 在我入睡之前还有几里路要赶。

我们就像诗里不停止的句子，不断奔跑。我们以一种前所未有的姿态出现在世界的竞技场上，这姿态有时别扭、影响速度，但我们努力去调整、改变和适应，我们不会停下。我啰里啰唆地写了这么多，实在是不习惯"在你的国家，你却是个陌生人"，即使它的真实性很大。许知远也是处于相同的窘境，所以他一本接着一本地出书，所以他一直提及"秋瑾与夏瑜"的绝对。

文艺歌手

一天深夜，我从张自忠路经过。那个古旧的段祺瑞执政府的高墙忽然裂开，从里面涌出很多年轻人，他们像一群麻雀，眨眼间就消失在地铁入口处。我知道这儿有一个叫愚公移山的酒吧，常常有歌手和乐队在此演出。我虽然从来没进去过，但那些年轻的听众在我身边走过，我感到曾经年轻的我也随之复活。在那一刻，北京拙劣的夜空，似乎也美好了一点。

去后海酒吧消遣，上豆瓣网，写诗乃至不小心让人知道自己有去趟西藏的想法如此等等，都不免被讥讽为"文艺青年"。我想讥讽者大概已到了事业略成、啤酒肚凸起的年纪，忘了他也曾为他的理想和现实的冲突而困惑、愤怒的时期。这样说来，他其实在嘲笑自己。或许他压根没有什么与物质不存在直接关系的理想，这样更悲哀。忘了从哪儿看过一句话，大意说，你可以不曾有过爱情，不相信爱情，但你绝不可以失去对这种美好感情的想象之心。在酒吧里听听歌或上豆瓣写点字当然不是文艺青年最终归宿，为票子和车子奋斗也无可厚非，但是，当你独自一人，是否感到缺点啥呢？

如果我给你介绍一个朋友，他喜欢文学、音乐、电影和旅行，没事就写点诗歌散文什么的，你会说，这是个典型的文艺青年呀。如果先说他是著名的民谣歌手钟立风，再说他的爱好，文艺青年这个概念你还会先入为主么？确实，钟立风的本质和在台下听着他的歌而激动的年轻人没啥区别，他的书《像艳遇一样忧伤》清新、自然；他本人，像小溪一样清澈；他的歌，像夏夜的风。但你需要深入，静静地体验，会发现小清新的文字后面站着契诃夫、卡夫卡与博尔赫斯，小溪融进了大海，夏风从广袤的旷野中吹来。他喜欢那些大牌作家和导演，甚至细读过《易经》，我并不奇怪，让我吃惊的是，小钟竟然背出邵康节的悟道诗："冬至子之半，天心无改移。一阳初动处，万物未生时。"正是执迷于生命的神秘与参悟，小钟才并没有被滚滚红尘浸染过多，他对一切美好怀有乡愁，他说歌声会带人远行到很多地方，让人有能力拥抱整个世界。米兰·昆德拉说，艳遇是拥抱世界的一种方式。小钟说，像艳遇一样忧伤。读过这本书，你会知道，"像艳遇一样忧伤"的主语是什么。

"突然发现，我所钟爱的几位不同领域、不同国度、不同年代的大家居然共同拥有一份高贵、神秘、朴素、含而不露的精神气质。"小钟的文字和歌，显然有同样的追求。我为左小祖咒、周云蓬等歌手写过书评。左小是搞怪天才，用扭曲的方式和世界抗争；老周则像花满楼，"剑气满天花满楼"，却给人以安静的感觉；小钟自言"是一个如风少年"，飞翔中突然发现"自己就是那个布告上的逃犯，一直被自己赶着跑。而此刻终于落网了"——落进文字与歌声中。他说："音乐是我忠贞的妻子。文学是我最大的艳遇，是我骄奢的情人。"音乐与文学构成了小钟的呼与吸。

有人说小钟是"中国最文艺的民谣歌手"。窃以为，小钟的文字不是很好，文艺气质罢了；他的歌也非我特喜欢的那种。但小钟的一切，就像他给民谣下的定义，"从土地里长出的庄稼"一样自然、纯朴。我总是有种错觉，好像我曾在南锣鼓巷中与钟立风擦肩而过。事实上，在北京这条著名的文青云集的胡同，每天都能和他们相遇。在北京，每天都能看到怀揣梦想、从外地赶来打工的年轻人。文艺是他们最大的法宝，当这个世界令他们失望时，文艺不再是一种武器，而是一种慰藉。他们可以不依赖物质来证明自己的意义。

"我喜欢下午的时间"

　　一个女孩说："我喜欢下午的时间。"她不说"下午"，说"下午的时间"。我就停留在"下午的时间"里，读她的散文。她喜爱《诗经》，写了许多关于《诗经》的文字，多次引用"既见君子，云胡不喜"。我想起另一个女孩多年前第一次跟我聊天时也说过"既见君子，云胡不喜"。我说，相见恨晚。这个女孩纠正我，说，是一见如故。世间有很多奇怪的事情，比如两个人从陌生可以发展到一辈子的情谊。一个偶然，我认识了金马洛。"认识"，是比较准确的说辞，因为我们并未深谈过，只在一帮人的饭局上见过几回。但我第一眼就觉得马洛兄于我，是可以发展到一辈子的情谊的。马洛兄英俊洒脱，有诗人气质。实际上，他就是诗人，虽然我还未拜读他的大作，但听过他自己作曲作词的歌。有一日，他在 MSN 上向我推荐马雁的书，不久我就收到了。我就读到了"下午的时间"（《下午》）。而那个纠正我的女孩，已经多年没有联系，但从别人那儿，我知道她已做了母亲。我这儿还存着她的几本书，其中一本梵高的传记于她有特别的纪念意义，是她从湖北老家带到北京来的。若日后再见，也一定是"云胡不喜"的。可是，马雁我就无缘识荆了，不过这没关系，她在另一个下午的时间，看见有人会喜欢她的文字，一定高兴。

马雁和马洛兄是穆斯林，另一个女孩是基督徒，而我是不彻底的无神论者，无聊时会翻看一点佛道的书籍。我说了这么一大堆废话，是觉得这世间的确有些非理性所能阐明者。我读马雁的散文，不时生出此种奇妙感觉。可惜，马雁再也不肯给我们写奇妙的文字了。想及此，初春下午的阳光便带有悲伤的色彩。以前读古人伤春的诗词，不解，春天刚吐绿芽，他们就忙不迭地伤感，这次我知道了，春光易逝，佳人远去，世间美好的文字尚多，但属于个别人的，读一点，便少一点。我于马洛兄，并不着急和他坐而论道，因为我们有大把的时间，可以更随缘，不必刻意约请。我于那个做了母亲的基督徒，关心有加，更是那本梵高传记总放在我这儿不合适。而马雁……她真的太年轻了。

马洛兄向我推荐马雁前，我根本不知道这个人。很多年前读过马骅的诗，他的诗干净，如水，如他写过的河流云朵。读了马雁后才知道他们有很深的关系。这时我的猪脑有了一点记忆复苏，马骅写过一首题为《给马雁》的诗。《马雁散文集》的代编后记里全录该诗，一首怀念远方友人的诗。像一块水晶、一掬河水、一缕暗香，就这么润目、润喉，就这么沁人心脾。好文字，好的人际关系都是如此吧，不给负担，不牵强。在诗中，他们抬头"明月出天山，苍茫云海间"，低头"劈柴，浇菜地"，这样的生活，只能以诗的形式存活，而这样的感情，无论男女、男男或女女之间，却可能在现实中存在。我在网上找到马洛兄的同名诗，开头写道：

你曾有一张爬上树权的照片
我几乎是看一眼照片就爱上了你

结尾：

不是每一个诗人的无常都让我难过
仅仅是我年轻时遇见过又喜欢她的诗
我们就有了过命的交情。你明白吗？
这跟爱，跟信仰，跟我和她见没见过面，都没有关系

　　高于爱情的爱情，或高于爱情的友情。此并非文字游戏。
我想，这种情感也可用在对文学的热爱上。没有利害，没有
目的，倾心而已。干干净净。我读马雁的散文，也如同马雁
马骅相互写诗，也如同马洛兄的"看一眼就爱上了"。
　　马雁是干净的女孩，有点嘴碎，看她的文字就知道。想
到啥就说啥，会很突兀地荡开一笔，也不管是否离题万里——
其实与文章主旨藕断丝连——就那么任性地写下去，直到写
够了才转回来。颇有些聊天的意思。她写古典诗歌的散文真
不赖。乍一看，我还以为是车前子写的。但里面多了些小姑
娘的性情，高兴了就雀跃，不高兴就噘嘴，甚或说些冷言冷
语——以我看来，这是男性"写家"无法企及的一种风格，就
是在女性"写家"里，也需要一点天赋异禀。马雁琢磨遣词
造句，看不到郊寒岛瘦的苦劲头，她像小女孩摆弄各种小玩
意儿一样，把文字翻来覆去。她用"写家"，不用"作家"，
简直就是一个女孩子出门前，在选择行头。她讨厌田晓菲给

自己起名叫宇文秋水，"真是俗气，还有秋水堂"。简直就是一个女孩出门后，对遇见的女人的衣着横挑鼻子竖挑眼。当然，马雁挑别人的毛病，总是言之有据的，至少，她自己理直气壮。可看到她日记里说："不能写得太考究……别人以为我没雕琢，其实是雕琢得不行。脚趾头都抓紧了。"我又有些心疼。读到好文字，会击节赞赏，但一想到字字看来皆是血，便替作家不忍。马雁有篇《读诗与跌宕自喜》，其实也在说写作之道。"自喜"总会有，自找苦吃大概是常态。因为热爱去自找苦吃，也会体察出甜意。该书的代编后记，近似论文，里里外外将马雁说了个透。严谨有余，活泼不足。马雁读诗写字，"图的是个痛快"。我很赞同。恰如王小波以为"文学就是：先把文章写到好看，别的就管他妈的"。

　　我喜欢马雁这样的文学态度："我这人有个习惯，能换钱的文章要认真写，不换钱的坚决不认真写，想怎么写就怎么写，反正谁看都不给钱。就是要故意乱写。钱么，很要紧的，我为五斗米折腰，四斗半可不折。"好看的文章，还都是这种不换钱的。马雁的日记耐读，有趣，有她对世事的见识，行文也少了换钱文章的蓄意。读者也可发现马雁的一点点小秘密。她在《光明炽然 最近的生活》里写道："而那句我最喜欢的话，我持久地喜欢下去，'为天地立心，为生民立命，为往圣继绝学，为万世开太平'。"看得我脑袋轰轰，一个写诗的小姑娘家，好端端地为万世开个鸟太平呀？我不怀疑马雁的此刻真诚。转念一想，正是小姑娘家，喜欢用"最"来强调她的当时心境。她今天最喜欢红的夹竹桃，明天最喜欢白的夹竹桃（《水东门》），都是允许的，也都是她的权利。这本厚厚的散文集里，她谈论文学、哲学、政治和女权，也谈自己的生活与情感。高水准的当然是谈文学，趣味盎然的是《水东门》《我怎么就不纯情》这类文字。

她的一则日记："我特别想搬家，地点都想好了，得住在小镇上。以后我家就住在小镇上，旁边还有条湍急的河，可以漂流的那种。我还开个车，这样才方便进城，我家得住一楼，好种菜。都想得特美，在家做老姑娘，几书架书，找个清闲的工作，反正有好人帮我买养老金了。看看，我这后半辈子都规划好了，特美。"

这是马雁的小秘密。暂别文学与哲学时的马雁，与普通文艺女青年并无二致。她还缺一位琴瑟和鸣的夫婿。但这不是我辈操心的事。我辈能读到她留下的诗文，幸甚幸甚。只恨该书的装帧设计，还把她的一张照片贴在封面上。我读了马雁的文字，即盼望有一天与她相识，"合樽促席，说彼平生"。说彼平生倒不一定，瞎聊一阵子也就得偿心愿了。可是马雁或许觉得世间不够好，悄然走了。我只好读她的文字，"缅然起深情"。我在网上找来马雁的相片，发觉书上的照片略有变形。也许我们所爱的，都是对象的另一面，或其变形。对于马雁，我爱她的文字与文字中的她。

既见君子，云胡不喜

　　书读二遍，我断定张定浩在怀念一个或几个遥远的朋友。他评论古诗与古诗人的文字里含了一点淡而不寡的想念——只是一点。我觉得他和马雁有很多文学与人生的共识。我绝不是暗示什么——那就既误解了君子，又唐突了佳人。我读《既见君子：过去时代的诗与人》会想起一个朋友，跟读《马雁散文集》一样，这两本书都提到我那位朋友和我说的"既见君子，云胡不喜"。在北京见朋友的成本很大，我想在上海的张定浩也有同感。也不是真没了联系了，比如我，读《诗经》，就会想起还有个朋友曾经坐而论道。

　　古人写怀人的诗，其实很热烈，很直接，看上去有断袖之嫌，动不动就携手，就抵足而眠。"醒时同交欢，醉后各分散"就更不能用现代的词意去看了。士为知己者死，是报恩，不是友谊。男女间的情谊，就《既见君子》圈定的范围，"天地合，乃敢与君绝"这类毁天灭地的激烈还是极少现象，多见如"辗转反侧""空床独难守"的小儿女语，更多见的是含糊，如今已经狭义了的话，比如"青青子衿，悠悠我心。但为君故，沉吟至今"，由男女相思转为渴求贤才，再转为怀念故人。《既见君子》一书，谈诗，谈古人，实质作者在怀人。

你若无人可怀，读这本书只能算读了一半。张定浩读诗欲求"和自己的生命相联系，开出新的意思"，我举双手赞同。

谓之"开出新的意思"，实是每每读之，每每有不同况味。我由此想起钟鸣的一本书：《太少的人生经历与太多的幻想》，可代表一种书斋生活。我年少时读到"举杯邀明月，对影成三人"，以为比"有酒有酒，闲饮东窗。愿言怀人，舟车靡从"美得多。现在再读，则觉得陶渊明的"闲"虽有忧思，却度数不高，见了面更好，不见亦可。五柳先生有酒，才闲得起来，有了闲，才把酒临窗，想起故人。这杯酒，本来就是喝给自己的，所以说完"愿言怀人"就完了。"对影成三人"相比之下就是少年人的耐不住寂寞，喝多了会伤人，于是后面跟着"醉后各分散"的伤心。张定浩说陶渊明"一个人喝酒，无喜无惧，也不太会真醉"。微醺就是在清醒与沉醉间找个平衡，极高明而道中庸。李白那种"会须一饮三百杯"的大酒，中年人绝对要谢绝的。张定浩读出的意味是，友情还是淡点好，能坐在一张席子上"说彼平生"当然好，堵车见不了面也无妨。

中年的好处在于，残留一些少年激情，却不挥发；体验到了人生之不易，人身之难得，友谊之珍贵，却无老年的有心无力或静如止水。所以还能读诗，写诗，还能把情谊化在评读古诗中。张定浩常说他走在人生中途，假《停云》而说，"朋友之间，恰又是不需要朝夕相处的，因为彼此已镌刻在对方生命的年轮里。所以要回头把'安得促席，说彼平生'这句轻读一次。"不过他说的"设想以后相见，把自己收藏的生命，交还给对方"我却不大同意。因为有些事情一说便俗，还是"中心藏之"为妙，要说，也是独自"愿言怀人"的好。如此，即便是异性朋友，也"保险"了。张定浩用"携手上河梁"感叹金克木和他一辈子的异性"保险朋友"的故事，悟出"男女之间，最难的不是情爱的发生，而是将这烈火隐忍成清明的星光，照耀各自一生或繁华或寂寥的长夜"。若没有一个遥不可及的读者，遥远的她，我们怎能读诗读得如此动容，张定浩又何以如此笔笔深情？

一本评论古诗的书，我愣看出通篇怀念来，当真是"岂无他人，念子实多"。张定浩并非似我这般狭隘。他于诗，兴观群怨，事君事父，乃至俯仰天地，或议论古诗好坏得失，颇有见地。比如谢朓的名句"澄江静如练"，张定浩从"静"与"如"的原意、引申义说起，联系古诗修辞惯例，结合上句，"开出新的意思"，否定了通常"江水平静得像白练一般"的解释。的确令人耳目一新。但这种读法，他并不赞同。游国恩把楚辞分为训诂、考据、义理、音韵四派，张定浩"看来看去，哪一派与自己都不相干"，以做学问的态度读诗，失掉了趣味，"那可不划算"。

真的那么读，不仅是张定浩一个人不划算，我们也就读不到《既见君子》这么冲和且深情的文字了。至于别人从中看出的史观、诗论以及它们对当代的影响，非我所能谈及，我也不愿意谈。在这个暖冬，佳节来临之际，读一两首古诗，怀念一两个朋友，云胡不喜？

临书但有惆怅

　　散文这东西，不避柴米油盐，不拒高蹈虚空，拼的便是真性情。即使文字不好，有真性情在里面，文章也不会差到哪儿去。然而性情的成熟又与年龄有关，所以好散文，多是作者中年以后所写。读散文，也常是中年人居多。少年血气未定，激越跌宕，宜写诗。"长安无缓步，况值天景暮。"中年了，改为"当缓步"，脚步放慢，文字跟着缓缓花发，好散文就出来了。诗人年纪大些，兼写散文，得天独厚，也快成文学规律了。

　　前日读台湾人舒国治《理想的下午》。他在国外游荡已久，文字有一些圆明园的风格。诗人车前子的散文，完全是中国传统的砖木结构，诗人气质使文字"有亭翼然"，他的古意，一下子活起来了，不动的东西，读着感觉也在动。是不是散文一定要有古意呢？诗人钟鸣的散文，西洋味儿甚浓，我还是喜欢。不过，若喜欢散文，喜欢中国古典文学，车前子的《不寒窗集》是相宜的。

　　古人议论文章，"字句之奇不足为奇，气奇则真奇矣，神奇则古来亦不多见"。车前子自言欲作有丹田之气的文章而不能，车前子的文章偶有字句之奇。比如，"清代的水泡把张岱长在两侧的眼睛挤走了"。将明末清初的文学大家写成大眼泡的金鱼，奇。"这西瓜再也不会长了，给它多少热风和呐喊也没用。"嵌入鲁迅的书名，以喻季节和儿童的急切，奇。

古诗文读多了，未必能写好。车前子的散文，古意第三，句奇第二，见识第一。他写文人性情，揣摩诗句得失，颇有见地。也写近当代的作家与书评。论及中国学术，他说："中国的学术传统并没中断过，肝胆好像却不常见。"我不懂学术，但觉得他的话用在中国当代文学上也不错。他说周作人的散文好，是因为有见识在里面，也不错。整体看周作人，是波澜不惊一老僧，不如郁达夫有起伏。集子里的《郁达夫册页》，着眼性情。由性情见文字，由文字见性情。波澜不惊是性情，壮怀激烈也是性情，遣词造句反倒退其次了。周作人因侥幸逃脱暗杀，其人生为之大变。郁达夫为救人，不顾暴露身份的危险，用日语与日宪兵交涉，终被害。其为人，迥异也，其为文亦迥异。

《临书但有惆怅》，取王羲之致友人信中的一句话为题，从胡桃写到自己童年的胡桃林，复又写物名之辨，中间穿插右军杂帖数条。整篇意象很美：北地的风动白杨似雨，江左的雨落黛瓦如梦，伴着右军情真意切简短意赅的杂帖。"这一切就像老厂区反反复复放映的露天电影。"整篇字句谈不上奇，但气足意满。最后一句，"砸开了，新鲜的胡桃肉好似茅屋积雪，路上的人跑得真快，王羲之的一生就在怀友、生病、醉酒、家事、行乐……之中过去了。"车前子并没写右军"书法"，也避开了右军悲愤满腔的《丧乱帖》。是不是换成车前子本人，也不会有"吟诗"呢？总之，这篇读起来亦满足亦惆怅，恨不得自己的一生也这样过去了。

临书但有惆怅。但，就是稍微转折一下。惆怅，就是留有憾意、余地。临书，就是花谢的头一晚，读六朝文章明末小品英国 19 世纪的随笔，或者给故人写信。

此王羲之不是东床袒腹的不羁少年了，不是醉意挥毫在兰亭的士大夫了。六个字，写尽了中年人。不寒窗下的车前子，亦到了花谢结果的中年。

不需锦上添花的生活，便好。

第二辑　以火向火

也许，写作和图书馆才是他安身立命的所在，与女人恋爱，不过是他偶尔出去散散步而已，最终，他会回到文字当中，回到他想象中的"图书馆一样的天堂"。

侦探女王的后花园

英国人喜欢把阿加莎·克里斯蒂叫作女王，因为她被英国女王授予"侦探女王"的称号。而中国的读者则觉得叫"阿婆"更亲切。现在，约翰·克伦无疑让所有的阿婆粉丝们嫉妒，他在阿加莎的格林威寓所逗留了整整一个月。他可以随意坐在阿加莎最喜爱的扶手椅上，可以翻阅整套侦探女王签名的英美首版书籍，以及与女王同时代的大牌作家亲笔签名的赠送给她的图书。读累了，约翰便弹弹《借镜杀人》里的钢琴，在《死人的殿堂》中的网球场打打球，或者去《啤酒杀人案》的犯罪现场——炮台矮墙上俯瞰达特河的美丽景致。阿婆当年也是这样，在她写累了的时候，房子周围的一切事物都令她放松，她也毫不意外地将它们写进书里。

但约翰绝大多数时间都待在保存女王所有的档案的"传真室"里，他知道什么是真正的宝贝：七十三本大小、质地不一，有的甚至是阿婆女儿的练习簿的笔记。世界侦探女王在上面写下她认为该记住的东西，当然不全是与侦探小说的创作有关，比如早期的笔记上写着稚气盎然的童诗："从前有头小母牛／也是一种漂亮的花／她又哭又笑把脾气发／只为要一件蓝袍褂。"童谣历来都是侦探推理小说家的最爱。范达因的《主教杀人案》、东野圭吾的《白马山庄杀人事件》都以英国著名童谣《鹅妈妈》为主线来展开破案。到了阿婆手底，把笔更从容，将童谣的魅力发挥到极致的便是那本不可不读的《无人生还》。约翰在本书的第四章有详尽的阐述。在阿婆第六十五号笔记上，她曾经列入十二个人物，而不是成书中的"十个小黑人"，并且读者能在笔记上看到女王写作时的细微修改，她放弃了笔记中拟定的"监视人"。这些摇摆的思路，让字迹潦草的笔记更加具备推理小说的悬疑的魅力。

为了使读者能够看到女王原汁原味的笔记，约翰尽量保留下笔记中充斥着每一页的标点符号，他甚至没有修改女王的拼写错误。但他也删去了很多，从书的插图上看，女王的涂鸦若不是经过约翰的整理，我们很难看懂。约翰此时充当了女王的私人秘书、责任编辑以及管家的角色，七十三本啊，上面还有与小说无关与女王本人有关的，可以归到私生活范围内的记录：消费账目、礼物清单、第二任丈夫的考古算式与女儿的学写字，还有记着一家人打牌的输赢……

约翰筛选作品时，"有意避开按照字母顺序和时间顺序编排作品的原则"，他"按照主题将不同的题材进行合并，同时对主题开发加以说明"。否则，读者很可能会彻底晕菜。

"拾起草枝——搜集线索。一个男人来钻穴——挖掘花园——又一具尸体发现埋在花园里——不是鞋扣的主人？闺中少女动情丝两名少女肥母鸡的继承人？——或者可能跟肥母鸡的丈夫有关系——勾结女仆。"这是典型的侦探女王的笔记形式。当女王进入到逻辑推理严密的侦探世界时，我们会看到构成那些叫我们着迷的案件的要素：杀人动机、行动地图、作案工具、犯罪嫌疑人的性格特征和他的古怪相貌以及波洛探长、马普尔小姐的奇思怪想，它们的最初面目是怎样呈现在侦探女王那颗匪夷所思的大脑中的。

"我会把绝妙的构思在练习簿上草草写下"，就像埃科在密涅瓦火柴盒上，将四处飞散的灵感固定。女王会重新审视当初的记录，"有些情节都记不住了，但却经常激发我的创作灵感。"细心的读者能在笔记中看出相似的记录，事实上，女王的小说里经常用到类似题材。令人惊讶的是，通过笔记可以发现，她时不时地自我挑战一把，在改编扩写中改变了凶手，或者提出新的凶手。我们亦可看出有些作品之间存在着藕断丝连的关联。有一个有趣的八卦，和女王同时代的美国侦探小说家奎因至少有两次因为看到阿加莎爵士的小说而不得不放弃他正在写作的作品。尽管如此，还是有人认为奎因的《皇家血统》与阿加莎爵士的《无人生还》有"血统"关系。

另外，给读者带来意外惊喜的是，约翰在笔记中发现了两部女王从未发表的作品：《制服恶犬克尔柏洛斯》和《狗球事件》。前者因为有影射纳粹首领希特勒的内容而被出版社拒绝，她如此描写那位"伟大的元首"："一位脑袋像子弹、留黑色小胡子的小个子。"后者则被女王扩写成了长篇小说《沉默的证人》。探究事情的本来面目是人类的秉性，这也是侦探小说长盛不衰的原因之一。能看到阿加莎·克里斯蒂的传世作品的雏形以及她在女王笔下渐渐丰满，最终长成我们现在看到的样子，也是一种幸运。笔记也泄露了在小说中、自传里看不到的情形，比如在第三十九号笔记中，女王当时的状态一定极好：她一口气想出了六种小说题材！而在第四十七号笔记上，出现了以前少有的情况：阿加莎·克里斯蒂非常完整地规划了一部新小说，她还明确地写出了小说的字数。可惜我们永远看不到这部计划写七千字的小说了，笔记从此翻了四页，女王开始构思另一部作品了。

需要事先声明，要是你还没读过女王的诸多小说，那就请先绕过这本书吧，里面有太多的剧透。"想要在不泄底的情况下巧妙讨论一部作品或将这部作品与笔记本中的记载进行比较，是不可能的。"但更需要明白约翰这本探究世界侦探女王的秘密后花园的可贵之处，约翰写完了《秘密笔记》，他既满足又遗憾地说："阿加莎·克里斯蒂的笔记本已经不能查看了。我们希望几年后对笔记本能有一定的使用权，但目前这是不可能的。"

"闪电小说"或"突然小说"，莉迪亚的游戏

　　首先，篇幅长短不一。短的比微博还短，让我忍不住挑短的先读。我想，和我一样的读者应该不算少。直接的后果就是我不得不在最心静的时候才能读完那些长的小说。要知道，现在的人，睡觉还在瞎寻思。

　　其次，第一篇《无趣的朋友》，一百五十字左右。《与苍蝇合作》只有两行："我把那个词写在纸页上，但他加了那个撇号。"有的小说更像诗歌。例如《关于记住的例子》：

　　记住你本是尘土。
　　我要将它放在心上。

在我的阅读经验里，还是头一次分不清小说和诗歌。

　　再其次，莉迪亚·戴维斯玩文字游戏，例如《修剪过的草坪》。这种文字游戏，中国古人玩得很顺溜，藏头诗、回文诗啥的。《旅馆房间里的关于现在完成进行时的例子》是个题目长于内容的文字游戏："你的女管家 has been 雪莉。"我特意求助读英语专业的女儿。女儿解释了半天英语时态，并画了一张图：past → now → future 。我还是不懂。《我该怎样悼念

他们》，连女儿都读不懂了。最后她说，你干脆绕过去得了，你们写书评的不是一直这么干的吗？这句话我懂了。

戴维斯的游戏，你英文好，才能加入。中国当代作家也有这么写的，比如车前子，但后者将那些文字归为散文。

然后，有些颇像段子的小说。例如《两种类型 容易激动的》："在丢了一支笔以后，一个女人忧郁难过了好多天。她会因为一个鞋子打折的广告而激动万分，开了三个小时的车去了芝加哥的一家鞋店。"如果非说这是段子而不是小说的话，那也是一个很高明、很让人似乎能觉察出点什么的段子。幸亏莉迪亚有些小说像高个女人的短裙，否则编辑会疑心我多赚稿费。

然后，我得老实承认，有些小说我的确读不懂。我不能再举例了，因为例子长得足以让编辑起疑心。读博尔赫斯，有时候我也不太确定我真的读懂了，读格非、陈村的一些小说也是。但他们的小说富含小说特质，无论形式、语言，还是内容，而莉迪亚的小说好像没写完，或是写完了故意只给读者其中一段。莉迪亚是允许读者最大限度发挥想象力的小说家。这个集子里最"像"小说的是《玛丽·居里，如此值得尊敬的女人》，居里夫人光芒四射，莉迪亚的小说又在她身上加了一道文学的光芒。这里有个私人经验，小时候我看过黑白画面的小人书《居里夫人》，有一页画着居里夫人为御寒而在被子上放了一把椅子。莉迪亚写道："她把箱子里的所有东西都拿出来盖到了床上，外加一把椅子。"和莉迪亚有一样的印象，为此我激动了一下。

以上困惑之外，它令我无法选择阅读时段。有些会使我坐过站，有些则一闪而过犹如车窗外的风景。所以，她的小说——如果你承认这是小说的话——评论家又叫它"闪电小说"或"突然小说"。像闪电一样，突然晃你一下，旋即消失。布克奖评委会认定："我们从未读过的东西，一种短篇小说的新形式。"

该正式介绍一下了：莉迪亚·戴维斯，女，1947年出生，美国小说家、翻译家，已出版七本短篇小说集和一部长篇，翻译过福楼拜、普鲁斯特等作家的名作。她获得过古根海姆奖、麦克阿瑟奖和法国艺术与文学骑士勋章。2007年《困扰种种》入围美国国家图书奖的决选名单。2013年获布克国际奖。不过我认为莉迪亚最应该获FISM奖项（国际魔术联盟魔术大会奖项，世界魔术最高专项奖）。

大多作者都是话痨，文字话痨。如果一个作者很珍惜文字，那么写出来的，至少他自己得认为字字珠玑。莉迪亚比较长的小说，精彩需要你去仔细辨认，因为莉迪亚让它无所不在而显得普通，短的则像刘谦（刘谦得过FISM亚洲奖项），"下面，见证奇迹的时刻到了！"

《住惯城市的人》写一对夫妻搬到乡下，是无奈还是向往乡村生活，莉迪亚并没说明。环境变了，两人的关系似乎更恶劣了。最后一句写道："我们是住惯城市的人，"他说，"但你一个可以住的城市都找不到。"我觉得这是对居住在城市里的人的最好描述，而且莉迪亚没有刘谦那么夸张。

她的小说用遍了文字可能的形式，文字在她笔下，可以压缩、抻长、团成团、掰两段、首尾相连……生活有诸多可能，文学比生活的诸多可能更多。对一些作家来说，这是一种困惑；对于莉迪亚·戴维斯，是轻而易举的现实。

在"北漂"生涯中写童话

一个年轻人，离开故乡奔赴首都，鼓鼓的行囊里，除了少量的钱，装的都是梦想。他白天穿着父亲留下的最好的衣服（当然极不合身）四处找工作，晚上租住在一个没有窗户的小屋里。他发誓要成为一个戏剧演员，每天为自己打气，"一个人必须先经过一番颠困后，才可享受盛名。"完全可以料到，他吃尽了苦头，见识了各种人的白眼，钱也很快花光了。这样的人，你身边是不是有很多？甚至就是曾经的你。这个和你有着相似经历的"北漂"，你一定想不到他就是世界上最伟大的童话作家汉斯·安徒生。

安徒生的"北漂"生涯比你早了近二百年。他从小爱好戏剧，制作了很多小傀儡，自编自演。他后来在《欧登塞：梦开始的地方》一文中回忆：有一年，首都哥本哈根的皇家大戏院来家乡欧登塞演出，他义务为演出跑龙套，视那些皇家演员们"如帝王一般"。"哥本哈根才是我兴奋的目的地"，十三岁的少年暗自下定决心。第二年（1819年），他便决定去哥本哈根实现梦想，妈妈阻拦不了，只好请女巫给他算命。女巫推算后断言："这个孩子必有成就，他的故乡将因为他而荣耀。"

这个被女巫预言了的孩子与今天的"北漂族"并无本质不同，就连刚开始的遭遇也如出一辙。初生牛犊的丹麦少年贸然拜访了他"心中的女王"萧尔夫人，想跟她学歌舞剧。女王的答复是："去吧，你一定是疯了！"在举目无亲的首都，安徒生"所希望做的事，没有一件成功"。万般无奈下，他只得贸然去求助皇家音乐学院的监理。监理被他的才艺表演打动了，于是，安徒生寄住在监理家中学唱歌。然而，命运再一次打击了他，"六个月后，他最报以希望的嗓子忽然变了声"。恰是这青春期的变化，使世界诞生了一个无可替代的作家，要不然，丹麦也只是多了一个出色的演员罢了。上帝总是照顾有准备的人。皇家剧院的主管很欣赏安徒生，并将他的情况告诉了当时的国王，国王爱惜人才，便送他去离首都不远的初等学校免费读书。安徒生对自己的际遇没有感到惊讶，"我以为奇异常常会变成真实"。

1835年，安徒生的第一本童话集出版，其中包括著名的《打火匣》《小克劳斯和大克劳斯》《豌豆上的公主》等。然而，他又遭遇到习以为常的打击：丹麦文学权威媒体《文学月报》压根儿没注意到这本童话集。有个评论家甚至公开批评："《豌豆上的公主》不但无趣，而且罪不可赦。"如今看来，所有的孩子都要感谢这位多嘴的评论家，因为安徒生在《1835：踏上造梦之路》中写道："我本来不想再写了，经他这么一说，我偏要多写些。"

读《安徒生的童话人生》，我总会想到自己和朋友。每天，有多少年轻人和安徒生一样，离开落后的家乡去大城市寻找梦想，又有多少梦想在幻灭、在变质呢？大城市宛如一个巨大的漩涡，投入其中，不仅要有才华、好运，更重要的是你必须坚持。安徒生面临着比我们还要严酷的现实，在他的时代，鞋匠的儿子要被上层社会接纳，简直就是童话。安徒生和我们一样，除了精神上的梦想，也有名利心。十二岁时，他就知道在上层社会家庭的栅栏外唱歌以引起他们的注意。起初，他就是另一个"外省青年于连"。

我们读安徒生童话，会发现里面充满了不安全感和失去根基的漂泊感。那只长大了的丑小鸭，虽然变得漂亮、与众不同，但还是会清晰记起自己当初的经历。安徒生童话里那些孩子们的幸福和愁闷，不正是安徒生多愁善感的灵魂的真实写照吗？他在自传里曾把自己比作一条被剥了皮又放回池塘里的黄鳝，敏感、易怒而又天真。安徒生始终是一个小孩子，他害羞地承认自己喜欢听到别人的赞扬，以此获得再次写作的勇气。"那种本真的虚荣心简直就像一个穿了新衣的孩子！"毫无依靠的异乡漂泊，使安徒生自动过滤外界的批评，只剩下赞扬，他也曾因为批评而流泪，但马上就忘了。你对我好，我就对你好。我不管你在别人眼中是什么样的。丹麦国王本是昏庸无道，但他对安徒生赞誉有加，安徒生便在文章里说他好的话。这种不成熟的心智（安徒生发表过很多关于社会和政治问题的不成熟的见解），在童话中却得到与众不同的想象。"从前有个豆荚，里面有五颗豆，豆是绿的，豆荚也是绿的，所以它们就以为全世界都是绿的。"（童话《豆荚里的五颗豌豆》）和他的混淆"奇异"与"真实"一样，严丝合缝地接驳了他的天性。从他十四岁外出闯荡，甚至更早些，在他为自己的小玩偶缝制衣服的童年起，他便将生命看作一种奇遇，总觉得前面有不可思议的、美妙的事情在等着他。
"我看到的世界是绿的，全世界便都是绿的。"即使在最悲情的
《卖火柴的小女孩》里，我们也能隐约感受到安徒生的稚气，
那是一种儿童般的优美的悲剧，悲惨得美轮美奂、毫无杂质，
从而更有力量冲击读者的心灵。

　　一般来说，格林兄弟的童话基本上是从民间收集整理而
来的，而安徒生则善于在人们发现不出诗意的地方，看出诗
化的可能。安徒生的作品有百种变像，却并非只具备传统故
事的简单特征，它们已经通过安徒生的细腻笔触变得个性十
足，且明显具备了一种不容混杂的特质，那就是诗意的创造。
他将旧衣箱、缝针、雏菊、阳光看作有喜有悲的生命，就像
一个被椅子碰疼了头而去打椅子的小孩子一样自然。

一些闪光的东西藏匿其中

　　英国小说家、戏剧家萨默塞特·毛姆在他近似于"自供状"的作品《作家笔记》里，提及的第一个作家不是我们熟知的那些文学巨匠，而是一个在法国居于二三流的叫列那尔的作家（毛姆把自己归到"二流作家的前排"）。毛姆对他的一部描写悲惨童年的小说印象深刻。天可怜见，我们的毛姆肯定想起了自己，因为他的童年也如此"叫人心碎"，"连一丝黯淡的希望之光都没有"。

　　毛姆不满十岁就失去了双亲，寄养在伯父家。不幸的童年形成了他孤僻、敏感的性格，他极端地认为："对男孩子来说，有一个真正疼爱他的母亲是最大的不幸，后果相当严重。"毛姆一生特立独行，他很少顾及别人的感受，与人交谈往往直言不讳。一个希望儿子成为作家的贵妇人请教毛姆，他的建议是："每年给他一百五十镑，给五年，叫他见鬼去吧。"即使面对他所景仰的托尔斯泰或陀思妥耶夫斯基，他的笔调也不乏刻薄。在他的作品里，他同样讥讽着那些与我们并无二致的小人物，笔底却荡漾着一股令人温暖的暗流。这是毛姆的伟大，他从来没轻视、远离草头百姓。仔细阅读读者来信，然后逐一回复，毛姆的晚年基本上就干这事了。文学品质上，他更像契诃夫，而不是托尔斯泰或陀思妥耶夫斯基。1917年，毛姆来到俄罗斯，得以更感性地认识这个民族及其文学。虽然毛姆通过写作获得了富裕的生活，但他对苦难仍有特殊的认识和深刻的记忆。在论述俄罗斯文学时，他批判了陀思妥耶夫斯基的"苦难论"，"痛苦能使人完美、高尚，这纯属杜撰"。"苦难会压抑活力，有时的确会教人学会忍耐，但忍耐不是一种美德，只是达到目的的一种手段"。独自奋斗一生的毛姆深有感触，他认为要看清苦难中的俄罗斯人，就要去阅读契诃夫："契诃夫告诉你的远比陀思妥耶夫斯基的要多。"

毛姆十八岁进入医学院学习，他开始有意识地积累对生活的观察与体会，他的第一部小说《兰贝斯的丽莎》即来源此间的所见所闻。埃科把他的观察、冒出的灵感写在著名的密涅瓦火柴盒上，毛姆则"随手写在纸片或信封背面"。从《作家笔记》中可以看出，年轻的毛姆刻意追求文笔的深度。诸如"美德总是随好运而至，好运却不追美德而来"之类的短小洗练的警句。慢慢地，关于女性和爱情的文字越来越多，当然这毫不奇怪；他一边怀疑爱情，一边赞美爱情（即使你没读过《刀锋》或《人性的枷锁》，读《作家笔记》也会察觉到），当你得知毛姆一生中从没有成功、美满的爱情后，也会毫不奇怪。

毛姆身材矮小（大约一米六〇），他对此很自卑，"身高五英尺七的人认识的世界与身高六英尺二的人是完全不同的"，而且严重口吃。这个比"三级残废"糟糕多了的人谈到女人除了挖苦，"女人是童话中的公主，只要在七层被褥下有一粒干豌豆，她就睡不着"，还是挖苦，"女人有本事详细准确地向你复述若干年前同哪个朋友无关紧要的一番谈话,而且更叫人郁闷的是,她们总是这么做"。对于喜爱毛姆的女性读者来说,她需要时时记住毛姆自幼丧母与爱情失败的悲剧。也许女性读者还得有几分坚强,毛姆承认:"我是四分之一正常,四分之三同性恋。不过我尽力想说服自己是四分之三正常,四分之一同性恋,但那是我最大的错误。"

虽然毛姆严重口吃,但他结结巴巴说出来的话,并不比他那些著名的戏剧和小说人物逊色。有人问毛姆是否认识纪德,毛姆说不认识他,但曾和他在一节车厢中待过。为什么不自我介绍一下?毛姆说:"我们的对话可能会是这样的:'纪德先生,我是萨默塞特·毛姆。'纪德先生马上反问:'谁?'我可不想冒这个险。"他也从没放过自嘲的机会。1900年,有了社会历练的毛姆对那个热爱警句的医学院学生说:"你真是满腹警句啊,真让人觉得应该来几撮鼻烟,好让你喘口气。"

毛姆一生获得荣誉无数,著作等身,按照身高来说,他好像比别人更容易做到。他也确实聪明、勤奋。《作家笔记》里记录了大量写作素材,很多是他并没有写进小说而是拿出来共享的。可能我的评论过于八卦了,若要读毛姆,还是他的小说,《作家笔记》只是一鳞半爪式的片段,然而它直白、真实地记录了一个伟大作家的心灵。这本书没有连贯的故事,一些闪光的东西藏匿其中。比如使我动容的这句:"我很高兴自己并不信仰上帝。当看到世界的困苦和辛酸时,我觉得没有什么比信仰上帝更可耻。"

有人问毛姆,出名的感觉如何?他说:"感觉就像人家给你一串珍珠。珍珠链子很漂亮,等过一阵子,如果你还能想起它的话，你也不过是想知道它到底是真的还是人工的。"我想，无论是读毛姆还是别人，总需要一点鉴别真伪的能力，这大概也是毛姆将其煌煌十五卷手稿删减成你现在见到的这个样子的原因吧。

床上的宝剑

　　关于博尔赫斯的传记与文学评论的数量早就超出了他本人的作品，后人往往用汗牛充栋的方式向伟大的前人致敬。相对来说，撰写传记要比文学评论枯燥、刻板得多，博尔赫斯的一生简直像你身边无数文学青年中的一个，还是那种书呆子类型的——假如他没取得那些文学成就的话，他的生活无论放在哪个国家，都是传统意义上的读书人，尽管他绝非两耳不闻窗外事，但要在他生平中发现类似海明威等人的传奇性的故事，我想你还不如去读他的作品。

　　文字中的博尔赫斯与现实中的博尔赫斯往往混淆不清（这是广为人知的），有人在街上问他是不是博尔赫斯，大师回答说："有时候是。"在马拉多纳之前，他是阿根廷人民的偶像，在马拉多纳之后，他仍是。与热衷名利的球王不同，博尔赫斯时刻都想逃离他的名声。"我渴望成为其他人。"博尔赫斯在给他的老师爱默生的一首诗中这样诉苦。没有一个中国读者不认为博尔赫斯与庄子有着本质的联系，庄子化身蝴蝶和鲲鹏，博尔赫斯则努力使读者相信其本身"也许一开始就是另一个虚构人物"，我们完全可以视他的名篇《特隆、乌克巴尔、奥比斯·特蒂乌斯》为《黑客帝国》的潘帕斯版本。单就后者，已为众多文学博士提供了足够的论文素材。一个美国诗人曾感叹："他的每句话，都值得我们花好几张纸去细细体味。"

虽然谈论博尔赫斯离不开文学，但我们还是试着从他的文学传记中发现形而下的博尔赫斯，在某种意义上，这也是他的意愿。博尔赫斯喜欢散步、研究地图，和巴尔扎克一样酷爱咖啡，也和我们一样，喜欢街头巷尾的八卦。当然，博学强记与惊人的阅读量，我们无法望其项背。另外，博尔赫斯常常沉湎于镜子、梦境和"老虎的金黄"一类与神秘主义相连的事物。我觉得，博尔赫斯若生在古代中国，最次也是魏伯阳、郭象之流的人物。事实上，博尔赫斯对道家文化的着迷（对包括中国、印度、阿拉伯在内的东方文化亦感兴趣），同样令人惊讶。只是《博尔赫斯》这本传记只字不提，只能说作者威尔逊的眼界不够宽广。

按我们的说法，博尔赫斯家学深厚，其父是律师，也是作家和翻译家，其母亦精通英语。他继承了父母酷爱读书的遗传，也继承了眼疾的家族病。更为遗憾的是，博尔赫斯的"成人礼"在其父的教导下，极为失败。父亲带他逛妓院，还试图让他与自己的情妇发生关系，这导致了博尔赫斯成年后的柏拉图式恋爱倾向。

在巴勒莫的童年，博尔赫斯有一个"百草园"，和妹妹诺拉玩耍之余，他便泡在父亲的书房。"我有时会认为我从来就没离开过那个藏书室"，这个治安混乱、生活贫困的地方激发了博尔赫斯的文学想象力，他也爱读当地的犯罪小说。九岁时他翻译并在报纸上发表了一篇文章，使人们误以为是他父亲的手笔。他曾说过将所有的故事背景都放在19世纪末期的巴勒莫的话。

博尔赫斯青春期的性教育导致"博氏模式",即博尔赫斯会爱上异性,与她分享精神生活,但通常不会有身体接触,一旦两人关系破裂,他就会"反复奚落"她。博尔赫斯先是爱上了一个红头发的女诗人,后来又喜欢上她的姐姐。女诗人爱上了博尔赫斯的文学对手,与后者的关系则以博尔赫斯在其合影上自题"一只受伤的貘"而结束。一位法国编辑认为博尔赫斯总是在恋爱,总是不尽如人意。没有人怀疑,情场失意的博尔赫斯会以浸淫在阅读中或将此隐晦地写入文字为方式疗伤。有一段时间,就像金岳霖走进林徽因家一样,博尔赫斯坦然走进女诗人家聊天,"如树木和石头,成为现实的一部分"。这大大慰藉了胆小、拘谨和崇尚柏拉图恋爱的博尔赫斯。

博尔赫斯有过一段著名的恋爱。小他十八岁的坎托答应成为他的情人,但要上床,博尔赫斯则坚持先结婚。坎托披露过他们只接过吻。有关的花边新闻是两人在公园有亲热的举动而遭到警察的干涉。博尔赫斯将名篇《阿莱夫》献给了她,如你所知,两人的情感并没有善终。像中国时下电视剧一样喜感的是:当博尔赫斯成为国家图书馆馆长时,坎托还会幽灵一般出现在图书馆的台阶上,恐吓这位已双目失明的老者,"你说过要娶我的。"博尔赫斯的母亲很不满意坎托,她找了一个寡妇作为博尔赫斯的妻子,"因为她是寡妇,懂得生活。"真不知道老母亲是怎么说出这个理由的。这场婚姻完全是个灾难,"寡妇"不懂他的文学,很少读书,作为对婆婆的报答,她严禁博尔赫斯看望母亲,也从不邀请母亲来家里。

当时阿根廷不允许离婚的法律使博尔赫斯的反抗充满了行为艺术，他在美国翻译的帮助下跑路了，妻子等回来的却是丈夫的律师和三名搬运工，他们受命搬走博尔赫斯的藏书。让喜爱博尔赫斯的读者和他本人欣慰的是，这场错误的婚姻仅存在了五十三天。

博尔赫斯有过众多的情人，他将她们安置在不同的文字里，这样，她们便永久地、隐秘地与博尔赫斯在一起了。发掘她们与博尔赫斯文学的关系，也使后来的研究者乐此不疲。他始终是位不断地在作品中再现自己的诗人。即使在现实里，博尔赫斯也经常逃脱，不仅仅是爱情逃离肉欲。博尔赫斯的一位朋友回忆，在动荡不安的庇隆时期，博尔赫斯在酒馆中陷入哲学思考，压根没觉察有人在附近的酒桌上被谋杀了。

后人无数次模仿博尔赫斯的写作方式，但没人羡慕他的情感生活。陪他走完生命最后十年的是他的女学生玛丽亚，他们的婚姻有重婚之嫌。尽管博尔赫斯声称和她在一起感到快乐，他还是不可避免地爱上了另一个年轻女子，同样的，他把后者写进了诗中。博尔赫斯的情感总是岌岌可危，正如他墓碑上所铭刻的，来自他的小说《乌尔里卡》的引文："他把出鞘的宝剑放在床上两人中间。"

全世界读者对博尔赫斯的认识，几乎都来自他的文字，这也包括为他写传记的作者们。博尔赫斯也认为他"精心营造的线条迷宫和小径分叉的花园"描绘的正是他自己。也许，写作和图书馆才是他安身立命的所在，与女人恋爱，不过是他偶尔出去散散步而已，最终，他会回到文字当中，回到他想象中的"图书馆一样的天堂"。

隐匿中的人性与道德

　　在众多文学名著或非名著但很正经的书籍旁边，摆上任何一本安吉拉·卡特的小说，其情景就像当初好莱坞正片开演前加映的不足四十分钟的 B 级片。恰好，卡特很多作品都是短篇。爱伦·坡的不行，因为他的作品早就是名著了——卡特也有这个趋势，但出于对她的尊重，我还是视其为 B 级作家，而爱伦·坡显然不是，即使他对卡特有莫大影响。

　　人们通常把表现性及性禁忌、血腥暴力、低俗恐惧怪异的作品叫哥特故事。和朋友说起哥特，有"装"的嫌疑，我觉得 B 级这个称谓更通俗。B 级作品与 B 级作家有什么不好吗？如此归类至少使他们写作的初衷实至名归。他们是一拨儿鄙视世俗传统伦理的作家。霍夫曼、亨利·米勒、麦克尤恩、布考斯基和恰克·帕拉尼克，都可以放进这个篮子里。中国作家曹寇的一少部分作品也可以。一些大牌作家，比如莎士比亚，或一些名著，比如《十日谈》《聊斋志异》，我们都能轻易从中发觉 B 级的蛛丝马迹。事实上，无论古今中外，民间传说、故事、寓言，都或多或少地涉及这些见不得天日的东西，有的干脆就是纯粹表现这些东西。讲的人与听的人，都以为自己躲在别人看不见的地方，在阴暗的角落里窃喜。

我把这类变态的作品叫 B 级，因为如今它们能堂而皇之，像 B 级电影一样公开上映。

我们当然可以从社会民俗、人性与心理诸多方面去探讨。我不想读卡特时，还携带一本弗洛伊德或荣格，我只想从文学角度说说"令人不安"的卡特。

在一些国外评论家眼里，卡特是个毫无宗教信仰，满嘴粗话，热爱肮脏童话，性格直爽且不乏幽默的女子。这也太像她的作品了。她的文字典雅中包含不堪的粗鄙，晦涩不清的隐喻里夹杂着毫不掩饰的直接。也许阅读卡特不会愉快，但必定让人印象深刻。比如《染血之室》里，她在"熟裂的无花果"前面加了一个在我们出版界一定要删掉的单字，而这个比喻却使得这个一定要删除的字充满了美感。卡特的语言绚丽夺目，有时用大段长句来渲染气氛，比如《精灵王》的开篇，以及在长篇《霍夫曼博士的魔鬼欲望机器》《马戏团之夜》里随处可见的纤毫毕现的细节描写。有时却如钻石般地小巧，同时价值连城。比如《狼人》的开头："这里是北地，天气冷，人心冷。"

《染血之室》是卡特短篇中的钻石。故事发生在 19 世纪末法国的圣米歇尔山。一个十七岁女子嫁给了富可敌国的侯爵，在侯爵城堡的密室中发现了被他害死的历任侯爵夫人，而新娘亦面临着同样的厄运。这篇重口味的小说，你当然可以看作卡特对女性性心理（渴望与封闭，自虐与施虐以及获得性的解放）的认识。她给小说设置了一个颇为正能量的结尾，母亲及时拍马赶来，杀掉侯爵。新娘自由了，却失去了欲望的激情。在两性战争（婚姻）里，女性始终处于被动。

就算在 21 世纪的今天，大部分女性还承认或默认这种传统，即使有时看起来她们更像女权主义者。卡特在《染血之室》里明明白白地写道："女人在世界上没有立足之地，没有地位，反抗之心被自怜自艾日益吞噬。"

很容易看出《狼人》与格林童话《小红帽》的亲戚关系。"小红帽"是流传欧洲几个世纪之久的民间故事，版本多达几百个，一度叫"血红帽"。从名字就可看出其原始风格。今天我们对暗黑性质的小红帽不再陌生了。可是，如果你读完卡特的《雪孩》，打死也不会相信，它脱胎于格林兄弟决定不予出版的《白雪公主》的一个版本。卡特的《雪孩》是洛丽塔情结、乱伦强暴、原配与小三之间的战争的集大成者，而卡特仅用了不到一千字，写得美轮美奂。

读卡特，中国读者可能有些吃力。卡特作品涉及了大量女巫狼人吸血鬼等欧洲传统民间传说故事（卡特在大学攻读的正是中世纪文学）。卡特故事中的典故与引文，我们更不可能一一知晓——"为《染血之室》作注可能要花上你五年时间"——但在文中占主要地位的背景，比如上面提到的女巫狼人吸血鬼，我们大致了解。《染血之室》的发生地欧洲城堡，我们也不陌生。佩罗、萨德都详细写过，大量的欧美日本推理小说，也不会少了这个建筑符号。在到处都是霉菌，因死亡而富有神秘美丽的城堡密室中，《染血之室》（与其他作品一样）颠覆了纯洁与邪恶的正统判断（她的长篇《霍夫曼博士的魔鬼欲望机器》尤为明显），让读者在震惊里，久久不能自拔。有些人继而掀翻桌子，这种小说怎么能允许出版呢？

《染血之室》甚至引起了接受性最强的大学生们的抗议。

然而，你不得不承认，就像有人有嗜痂之癖一样，人性不可捉摸，不可放到阳光之下的一小部分的确存在。性幻想、暴力倾向、乱伦欲望，诸如此类，等等，作家有权利写这些，只不过形式不同而已；读者亦有阅读和评论的权利，只不过有些人习惯把它放到枕头底下，有些人把它摆在名著旁边而已。

卡特更乐意把她的短篇作品称为故事而非小说。她进一步解释说："故事跟短篇小说不同之处在于，故事并不假装模仿人生……因此故事不会让读者误以为自己了解日常经验。"（引自《焚舟记·别册·导读》）很多人以为，卡特重写了格林童话、民间故事和寓言。但正如她本人所言，她只是借用这些古老的外衣，装扮了一个独属于卡特的身体。披着成人童话外衣的卡特，把人类内心深处的幽暗，暴露在文学殿堂上，使其获得了美学意义，而非其他的诸如口口相传与专业论文的狭隘。正因为如此，卡特独树一帜，容易遭人误解和歧视（她坦言，"并未受到文学界人士正眼看待"，引自《焚舟记·烟火·后记》），同时又蛊惑着我们，逼迫我们正视内心。

在医学上，变态是中性的，比如花粉过敏其实就是常见的变态反应之一，它不带有道德判断。而在文学上，变态也渐渐向中性靠拢，这代表了人们对人性的宽容、勇敢以及接受。

安吉拉·卡特在1990年为《精怪故事集》撰写的引言里说："这本书里的故事几乎毫无例外地来自工业化之前的时代，来自对人性朴素的理解。在这样一个世界里，奶就是奶牛产的，水就是井里打的，只有超自然力的干预才能改变女人和男人，尤其是女性和自身生育能力的关系。"

人性也许不会变化，但道德一定会变化，且变化更快。

卡特不过是用文学的形式表现了人类的天性在一定历史环境下的海上冰山的一角。我们今天这些隐匿中的人性和道德伦理观念，或许千百年后，人们会习以为常。我们今天读卡特，必定有些不适，但至少，如果我们真的在现实生活里不幸碰到了这些事情，我们的接受不会太过仓促和狼狈。

暴力在减少，警报却未解除

"书籍是人类进步的阶梯"，相信很多人都知道这是高尔基的名言，也相信其中的道理。但很少有人知道他的同胞、著名音乐家斯特拉文斯基竟然说过"战争是人类进步的阶梯"。大家别着急惊讶，还有很多著名人物发表过类似言论，例如左拉认为战争是生活本身；托克维尔认为战争能提升人的品质；黑格尔认为战争有助于国家从僵化中走出来。甚至一些明确反对战争的思想家也说过不少战争的好话，例如康德、尼采和亚当·斯密。名人们疯了吗？显然没有。19世纪时，这种言论一直很有市场。战争在客观上的确能激发民族自豪感，调动英雄主义，促进物质生产，这些表现在德国最为突出，但很不幸，包括德国在内的全世界人民，无论对战争持何种态度，都为此付出了巨大代价。

今天当然没人这么对战争抱有好感。在麦克卢汉所谓的地球村里，打开报纸电视电脑就能看到几千里外的村子战火纷飞，谁还有胆量说出斯特拉文斯基那样的话？即使是发动多次局部战争的美国，白宫外面也总是竖着反战标语。在《人性中的善良天使：暴力为什么会减少》一书中，斯蒂芬·平克将二战后的世界总结为"零"：美苏及大国间交火为零；核武器使用为零，主要发达国家战争为零；通过战争而扩张领土为零；因战争导致灭国为零。从19世纪后半段到今天，世界迎来了一个大环境条件下的长期和平阶段，也造就了所谓的地球村的信息社会，以至于很少有人觉得"和平是一个现代发明"，而战争正相反，"同人类一样古老"。

美洲发现的9400年前的肯纳威克人，骨盆留有一枚石弹。欧洲发现的5000年前的奥茨人，肩膀埋着一个箭头。个例不足为证，史前文明留下的材料太少，但通过对现存土著人的人类学研究表明，原始时期的部落会毫无征兆地屠杀另一个部落。除了物质利益，"先下手为强，后下手遭殃"的中国古训，被普遍"接受"。且看文字诞生后的情景，《圣经》充斥着杀戮、惩罚，《荷马史诗》写的就是战争。据人类学家的研究与统计，非国家形态社会，即原始狩猎采集时期人类平均暴力死亡率为15%；而国家形态时期，即从国家诞生到20世纪末，平均暴力死亡率为0.5%，即使算上发生在个体间的凶杀案。而且，按照平克的论述，历史越往后，暴力下降的趋势越明显。另一方面，种族歧视、性别歧视、同性恋歧视以及强暴、家暴、凶杀等暴力案件也呈逐年下降趋势。

这对不得不持有历史这只股票的人类无疑是利好消息，然而其结论却与我们的直观感受和印象大相径庭。第二次世界大战恍若昨日，"9·11"尘埃刚刚落地，本·拉登阴魂借IS复活，如是等等。平克含蓄地告诉我们，你们被媒体骗了，"不论暴力死亡的比重有多小，都足以填满媒体的晚间新闻"。

按历史发展顺序，平克将历史分为平靖进程、文明进程、人道主义革命、长期和平、新和平与权利革命六大趋势，分别详论，主要集中在心理学、伦理学、社会学和经济学方面。他借用林肯的名言，把移情、自制、道德感和理性赞誉为人性中的四位善良天使。加上利维坦（国家和法律）、商业、女性主义、世界主义与理性这五种历史力量，把"在历史的长河里，暴力呈现下降趋势"的结论夯实。

数据上我是相信平克的。冷兵器时代结束后，无论是国家间的战争，还是地区冲突，造成的死亡一定远远高于冷兵器时代，但人口数量的增长使得死亡比例下降。文明的进步，也让人祭陪葬、猎杀女巫、残杀异端和宗教战争以及酷刑消失，即平克所谓的人道主义革命。然而在分析某些具体缘由上，平克给出的解释就不像他列出的数据那么无懈可击了。他承认"人之初并非性本善，亦非性本恶"，但他更看重"生来就具备某些动机，引导人类离弃暴力，趋向合作与利他"的四位天使对暴力的反向作用，不惜大量采用心理学、生物学、基因学、地理环境学的材料加以佐证。但这却与他之前的论述，即人们在技术极端落后，特别需要通力合作的原始社会时期所表现的情况相悖。人性本善还是本恶？或者是白纸一张全凭后天教育熏染？这是个相当令人恼火，迄今尚无定论的古老问题。即使最新的研究结论却仍属片儿汤话："道德深植于婴儿大脑，也经历进化，我们有自私基因，也有追求高尚的本能。"（引自布卢姆《善恶之源》）

"启蒙运动最重要的思想成果之一，就是交易可以将零和的战争博弈换作正和的互利博弈。"平克进一步说，"当人们进行商业活动时，人际间的紧张关系会得到缓解。"他认为商业在减少暴力上起的作用不逊于其他四种历史力量。而我所不解的是，暴力的确减少了，其他麻烦出现了。高度发达的资本主义国家（例如美国）也好，发展中国家也好，都面临过经济飞速增长带来的社会问题。在我们这里，该不该扶摔倒的老人，被认为是道德沦丧、信任危机的具体表现以及商业社会急剧发展所必须付出的代价。依照平克惯有的举例方式，我们随手可以举出，经济发达地区，比如北京，亲人因房产而打官司的案例远超二三线城市，电视台甚至专门为此设立了栏目。

平克特别相信利维坦的建立从根本上遏制了人类大规模、大面积地死于暴力，减少了恶性伤人案件，亦即他声称的平靖进程与文明进程。这在原始社会向奴隶社会与封建社会演化中，在封建社会向资本主义社会过渡中，尤为明显。在被史学界公认的"史上最黑暗的20世纪"，死于国内战争、侵略战争、种族屠杀、殖民扩张的人数达到巅峰。我们不提顶级殖民国家的"伟绩"，即使是比利时这种次轻量级的，在殖民刚果期间，造成死亡人数多达千万，有时整个村子一次性被屠，仅仅因为上缴的橡胶不够。（引自赫拉利《人类简史》）至于中国之饱受外族蹂躏，历历在目，无须赘言。平克用间谍卫星的高度看待历史，得出暴力日趋下降的结论不无道理，需要提醒读者的是，历史从来就不是书本，而是我们过的每一天。利维坦一旦被滥用，前人的遭遇会变个形式大驾光临。

制度性（国家）暴力的烈度，往往比原发性暴力大数十倍。平克站得太高，有广度无深度，而且是西方发达国家军事卫星的角度。有些批评者指出："这本书之所以获得各方好评，其实也反映了该书所传达的信息正好符合美国当前的主

流舆论。"（引自《人性中的善良天使·导读》）

平克的论述很容易给读者造成"明天会更好"的错觉，因为暴力随着时间的推移而逐渐下降，总有一天，世界会零暴力。如今并不令人满意的时代，"对于我们的祖先而言都是无法实现的乌托邦"，也容易让人们无形中调低了对历史的期盼。难道我们只有降低暴力这点追求吗？诚然，如平克所论，大多数人只能在影视剧、小说里看见弥漫的硝烟。物理性质的暴力在日常生活中越来越少见了，可是我们是否忽略了冷暴力、软暴力呢？暴力的降低并不完全等于幸福的增加。既然平克在论述中十分倚重心理学（他本人就是心理学家），那么他无论如何也无法否认，心理创伤的危害与肉体创伤至少是平起平坐的。

我们不要只看见他的乐观。我们可以不同意平克的某些历史观点，但他列出的数据、资料，却是硬邦邦无可置疑的。历史的发展，亦如人类个体的成长，我们不能因为一个孩子不尿床了而高声赞叹，无视他在青春期的暴戾。历史的进步亦绝非平滑的线性发展，个别时期的反动与倒退绝非偶发。平克也承认，二战的残酷，60年代的高犯罪率，一些国家在非殖民化过程中的内战，皆属历史逆流。

当数据以百万计，当时间在千百年前，当生命消逝于柱形图表，我们很难想象彼时的情形，亦难以感同身受。我不知道平克是否出于增加读者感性认识的目的，在书中大量引用，叙写了关于酷刑、强暴、屠杀的细节资料。称之为人类暴力史亦不为过。2015年12月21日新华社报道，来自叙利亚、阿富汗和伊拉克的难民，已有百万涌入欧洲，超过 3600 人死于途中。150 年前，达尔文发出让人类在和平中寿终正寝的呼声，在今天的某些地区仍是奢望。

要走过多少路，才能抵达内心

"头四天阴雨绵绵，几乎看不出自己身处何方。雨停后，我看清在我小屋前的草坪和附属房屋之外，是一片片田野。田野四周立着光秃秃的树。伴着微光，远方有隐隐闪动的小河……"文章一开始就让我思绪万千。我想起了某次走在乡村的砂石路上的那个静谧下午，阳光灿烂，天地间唯有行走发出的沙沙声，以及偶尔拂面的微风。虽然天气与奈保尔《抵达之谜》里"杰克的花园"一章描写的正相反，但那种独自身处陌生环境而带来的新鲜与不确定性，却出奇地一致。

奈保尔写下上面的句子时，已经功成名就，不再是当初那个印度裔穷小子了。其时他暂居在英国一个乡村。似乎厌倦了周游世界的奈保尔，用冬雨般的缓慢节奏与令人沉迷（同时也令人无力自拔）的笔调，描述了英国乡村景色、风土人情，记录他的时时反顾与思考。

奈保尔出生在移民家庭，他的祖父从印度来到中美洲一个很小的、名字很长的国家谋生。祖父的"流浪基因"在奈保尔身上尤为明显，成为记者后，他几乎走遍全球。异于常人的阅历与观察力，使他的作品在宽阔的视野下，亦呈现一草一木的细致描述。而无法消除的，仅存于文学与想象的思乡情结，在这本"半自传性"的散文（也有人叫它小说，但这根本不重要）里，弥漫如英国多雨多雾的天气。

"虽然在空旷中这是一句如此简单的询问；我从未忘记第一天问路的事情。我问的是杰克吗？我没有记住那个人；我更关心散步途中的陌生，我自身的陌生以及我那句询问的可笑。"被世人公认为"无根"作家的奈保尔，无法忽视这个标签，它甚至比诺贝尔文学奖获得者还要引人注目。奈保尔关心"陌生"，因为他本人根本就是"陌生"的。在陌生的环境里，寻找陌生，实质是在逃离陌生。当一切都陌生了，陌生与熟悉便没有了区别。

在"常春藤"一章里，他以为"菲利普夫妇是英国大宅子中的仆人或雇工的代表"，"几个月后，我失望地得知，菲利普夫妇比我早来庄园也就不到一年时间。他们的生活方式不能代表仆人或帮工，那是他们自己的生活方式，是他们在这庄园中安之若素了"。他们没有房子，没有计划，年近五十，"他们其实是没有根基的人，比山那边的杰克更没有根基"。

不是幸灾乐祸，而是找到了和自己是同一种人的心理暴露无遗。其实奈保尔知道，菲利普夫妇也好，杰克也好，表面上看，他们和他都属于"没有根基"的那种人，但后者世代居住在一个国度，即使他们像飘蓬一般居无定所，脚下的这片土地始终是熟悉的，连着血脉的。而作为作家的那个旁观者，与他们生活在同一个村庄的奈保尔，却无法获得他们的"安之若素"。

奈保尔说："我是一个殖民地人，在新大陆的殖民地上旅行，作为一个访问者，在新大陆的浪漫背景里，观察那些被掠夺的土地上半被遗弃的社会，就像从远处观看我自己成长的那个地方。"

写这本书时，作为一个出生地与印度远隔万里的印度裔，奈保尔已经在英国生活了二十多年，他依旧是那么茫然。他深深迷恋大英帝国与后工业时代阴影下的英国乡村文化，潜意识里又试图摆脱这种影响，试图找到抵达内心安宁之路。

人总是渴望回到自身的最初，也容易走向宗教。苏格拉底称之为"认识自己"，乔达摩·悉达多叫"觉悟"，老庄叫"天人合一"，王阳明叫"此心光明"，耶稣叫"肉身成道"。对于奈保尔来说，他首先注意到身份带来的干扰和困惑。乡村生活把这种干扰、困惑放大了。"常人与作家原本是同一个人，但这是作家的伟大发现，认识到这一点，要花去多少时间——进行多少创作。"正是不间断的创作和思考，让奈保尔意识到，"生命和人是谜团，是人真正的宗教，是灰暗和灿烂。"

奈保尔写过"印度三部曲"，又定居于曾是印度宗主国的英国。他一生都在"寻根"。要走过多少路，才能抵达内心？在《抵达之谜》完稿后，他似乎找到了答案，又似乎并没有像书中写的那么确定。英国是个多雾多雨的国度，奈保尔的文字亦有着雨雾般的湿润，让人沉迷，亦感到生命其实有那么一丝凉意与悲哀。

为自己写下谶语

　　猜测菲茨杰拉德的小说中有多少真实成分早就成了俗套，读者热爱八卦，文学研究和批评者更甚，要不然哪来那么多"介于虚构与自传之间"的小说？菲茨杰拉德擅长调配混淆现实与虚构的迷魂酒。的确，无论是菲氏本人，还是他小说里的主角，都离不开酒，有人讽刺他的生活像"一时难以散场的鸡尾酒会"。兜售自己，是作家的第一桶金。读过《美丽与毁灭》，不禁叹道：安东尼不就是另一个吃祖宗饭的汤姆（菲茨杰拉德小说《了不起的盖茨比》中的人物）么？他的妻子分身有术，一个在《美丽与毁灭》中，一个在《夜色温柔》中。关于他自己？去读所有的菲氏小说吧。

　　菲茨杰拉德，一个酗酒的虚荣的文学天才。他的生活和小说几乎重叠：《美丽与毁灭》中的安东尼和葛罗丽亚这对夫妻，到了入不敷出的地步，还在惦念每周一次由他们开支的酒会。仅有四元现金时，安东尼在酒馆一气儿喝光。写《美丽与毁灭》的菲茨杰拉德正处于人生巅峰，没想到，八年后，自己就因酗酒而精神崩溃，写作也从此一蹶不振。

　　菲茨杰拉德是打造"爵士时代"的主力。他生于美国中西部，是个"祖上也曾阔过"的孩子，打小立志要出人头地。

二十四岁以《人间天堂》一举成名，从此过上觊觎已久的上流生活。婚后两年，完成了《美丽与毁灭》。菲茨杰拉德夫妻和书中的安氏夫妻都是酒精瘾君子。受过菲茨杰拉德提携的海明威曾痛惜地说过，菲茨杰拉德和他的笔早晚会被酒精泡软。"他的才华像蝴蝶的翅膀，自然、耀眼。但是他不知道从何时起，翅膀折损了，他只能记得当初飞翔在天空是多么地轻而易举。"评论家们说起菲茨杰拉德，总会提到美国上世纪20年代的美国梦以及它的破灭。是呀，繁华过后是空虚。安东尼和他的朋友在酒会上唱道，"我们——已——陷入——恐慌。"看看这本书曾拥有的译名吧，"美丽与该死的"、"美丽的不幸者"、"一个美丽的毁灭者"，等等，针锋相对，仿佛撞上反物质，轰然一声，神形俱灭。

就像电影《美国精神病人》的开头，豪华公寓、高档家具、衣柜中数不清的西装与"可以把恋人相片挂在浴盆前方"的宽大浴室，安东尼，这个靠遗产生活的帅哥，在酒会上挥洒自如。他也想过干点正经事，差一点成了图书馆馆长，他觉得他更适合当作家。实际上，当朋友卡拉美写作成功后，他在书桌前坐了两个小时，就去喝酒了。安东尼和妻子、朋友，都是好孩子。可心理承受能力差的往往都是好孩子。饱食终日无所事事的时光远比为生计奔波要漫长难捱，这大概是生活对相对论的最好的解释。犯罪、暴力、吸毒和酗酒，便成了抵抗空虚的方式。比如前面提到的《美国精神病人》。幸好，菲茨杰拉德与安东尼选择了温和的一种。

柯裕棻把菲茨杰拉德小说的寓意喻为冰激凌，不小心就沾满手，非常不堪。毛尖则持反对态度："他从不甜蜜，排斥一切甜腻腻的美国性。"老天，菲茨杰拉德笔下的东海岸不是美国式的放浪浮华之地么？也许，毛尖指的是另一面，比如菲茨杰拉德小说《本杰明的奇幻旅程》的"冷酷质地"与好莱坞据此改编的电影的媚俗截然相反。我觉得菲茨杰拉德小说像醉人的美酒，就是有块不肯融化的冰，沉在杯底。那是他的标记，菲茨杰拉德式的清醒。在《美丽与毁灭》中，我们时常感到胸口拔凉拔凉：祖父的虚伪、妻子的虚荣和朋友的假意。安东尼困窘时竟找不到一个可以开口借钱的人！"卡拉美的作品如尸体般被可耻地缓慢拖曳过每个报纸的副刊，他被指控为电影撰写垃圾剧本而赚取暴利，成了笑柄。"菲茨杰拉德在自嘲么？他也这么干过。如果好莱坞把《美丽与毁灭》拍成电影，结尾一定是葛罗丽亚回来了，两人重归于好。遗产官司也打赢了，安东尼挺过了生活的考验，一切皆大欢喜。然而菲茨杰拉德偏不。这点，像极了《包法利夫人》。

受菲茨杰拉德影响很大的村上春树说："菲茨杰拉德小说的一处魅力，乃是把种种相反的感情，逼仄挤压在一起。"我以为这倒不算什么，独特的是，菲茨杰拉德通过小说，为自己的命运埋下了伏笔，我们有理由感到惊讶：这实在是文学史上最长的谶语。

臆想中的莎士比亚

外国文学我读得很少，所以，臆想某某外国作家的命题作文倒适合我来写。莎士比亚于我，一开始却是实实在在、鬼气森森的。上世纪 70 年代，我有幸看了黑白电影《王子复仇记》，虽然看不懂，情节基本上都已忘掉，但老哈姆雷特的鬼魂形象依然清晰。也记得电影散场后，我一人有些害怕地跑在回家的土路上，耳边呼呼风响，眼前的路竟然呈黑白色。然后这个北中国乡镇男孩在纷乱的成长中，将它迅速忘掉。

很多年后，我才知道，那句著名的"to be or not to be"就是出自这部作品，也知道了那是一部最著名的改编自莎翁作品的电影，配音演员也很有名，孙道临。我获得的有关莎士比亚的信息，仅仅如此。

缪哲、黄灿然等我喜欢的当代作家不止一次地提到约翰逊与他的字典。约翰逊博士编字典与众不同，他饱读诗书，字典大量引用名家名著，莎士比亚占了相当大的部分。我迄今未睹《约翰逊字典》芳容，连窥略大概都不能。

其实这之前，我失掉了更好的机会。初中时我办了校报，组建文学爱好小组，因之七拐八拐地认识了几个外校同好，其中有个女生，在一次活动中畅言莎士比亚。作为活动的牵头人，我自然不甘落后，虽然我从未读过莎翁原作，但我有一点文学常识，所有大牌作家都略知一二，所以就莎翁的生平与代表作两方面略作补充。就这样我俩慢慢熟悉起来。

她曾带我去过她母亲单位的图书馆。我还从来没有看过那么多严肃的书——也许并不是书籍本身严肃，而是那个图书馆和书籍的摆放与书店不同的原因——它们安置在暗红色的带玻璃橱窗的高大柜子中，像一位年级教导主任。我几乎带着敬畏心情仰视它们。女生的母亲反而和蔼，问我想看什么书，我哪里敢回答，含糊说我再挑挑。最后一本书也没借。过后也没有入宝山而空归的感觉。我那时书读得不多，人情却自以为练达，因与那女生的关系，自觉不是很亲近，所以在一开始就没打算借书。参观她母亲的单位图书馆，亦是聊天时随口答应，找机会相处而已，可惜那时我不知道钱锺书关于借书的名言。莎翁善写爱情悲剧，他若写这种很微妙的小男女间的故事也一定很耐读。但这只是我的臆想。所谓莎翁四大悲剧或其他著名作品，现在不是读不到，而是我失去了阅读的心境。

我暗地里喜欢彼时那个女生，但如你所知，整个中国的那个年龄段的人都不懂爱情，不懂怎么处理这种关系。女孩的容貌我都记不清了，却记得图书馆里那套烫金字的《莎士比亚全集》。我以为只有马恩列斯毛才具备烫金全集的资格，特意问了女孩的母亲。我有很多机会，想问问女孩对我的感觉，但亦如你所料，我终于没有勇气开口。我觉得女孩有时像莎士比亚一样陌生，有时觉得她像莎士比亚一样高傲，遥不可及。如今想来，这是青春期面对喜欢的异性固有的自卑罢了。那女孩是不是也怀有同样的感觉也未可知。初中毕业后，我与她很正常地断了联系。在以后的岁月里，我遇见过很多好姑娘，也喜欢过很多好姑娘。这样短时期的说不上深也说不上浅的无疾而终的小感情，想必很多人都经历过。

某些书籍是不是和别的人事物一样，需要一种机缘呢？喜欢或厌恶是一种缘，不咸不淡也是一种缘。莎翁以后的作家，都以之为圭臬，尤其是写戏剧的。然而有另一巨匠托尔斯泰者，深恶之。有意思的是，托翁为了批评前者，认真研读过莎剧。这好比欧阳修读屈原，王阳明读老庄。奥威尔在《李尔王、托尔斯泰和弄臣》一文里，中肯地评价了两位文学巨匠。末了，奥威尔说，四十年后，莎士比亚岿然不动，而托翁要不是有《战争与和平》《安娜·卡列尼娜》撑腰，那篇批评莎翁的小文早就被人忘了。在我看来，奥威尔并非褒此贬彼，莎翁有名，托翁亦有名，盛名之下谤亦随之很正常，一个人有一个人的阅读嗜好也没啥可厚非的。

我闺女的书架就有一套上下两册、兰姆姐弟编辑的《莎士比亚戏剧故事集》。我从来没碰过。或许是下意识地回避，或者是真的没兴趣。我不打算探究此事。在不算长也不算短的四十多年里，必定有甲乙丙丁发生，它们不会重要到影响人生的方向，也不会渺小到根本记不得的地步。它们是一个阶段的痕迹，隐喻着某种心境，常常在不经意中打扰我们。再次记起，没了当初的激动、惶恐或期盼等等情绪，只有平静，就像人到中年，在菜市场遇见初恋情人。

也许某天下午，我会去读莎翁的悲剧，甚至朗诵他的十四行诗，也许我这辈子不会碰他的著作，本来我就不太喜欢外国文学。但于我来说，莎士比亚从来就不是写戏剧写诗歌的莎士比亚，他是暗恋中的莎士比亚，是舞会中罗密欧看见朱丽叶的第一眼，是一个男孩成长中的不可言说的小小证据。这个小事，别人一定不以为有啥稀罕，我却敝帚自珍。

作为一个完全合格的怪蜀黍（我闺女都十八了），按理说不该写这类伪文艺的东西（好在无甚细节）。我恰巧在查莫维茨的书中，读到他引用莎翁《麦克白》的句子："据说石块曾经自己转动，树木曾经开口说话。"有些小事物，就如不起眼的石块和树木，在人的一生多姿的风景里，静默而立。机缘一旦来临，就会自己转动，开口说话。于我，莎翁的机缘，在不经意中开启，在无遗恨里消失。

身为社会志愿者的契诃夫

契诃夫说自己第一职业是医生，第二职业才是作家。但人们忽略了他的另一重要身份：社会志愿者。契诃夫出生在一个普通家庭，他读大学时就已发表文学作品，稿酬成为家庭的主要收入。实际上，契诃夫的医生职业几乎没有收入。在巴博基诺，当地农民没有余钱看病，契诃夫基本上是无偿接诊。

为了获得写作素材，契诃夫预支稿费，做了一次艰苦的萨哈林岛（即库页岛）之行。该岛以流放政治犯和刑事犯而闻名于世。据说契诃夫此行，启发了索尔仁尼琴写作《古格拉群岛》。岛上小学很少，教学环境恶劣。契诃夫组织为儿童征集教材的活动，回到莫斯科后还不止一次地邮寄过书籍。

1891年，俄国中部闹饥荒，农民低价出售马匹换取食品。契诃夫发起募捐，由一个在县里任地方官的朋友将农民的马匹买下，喂养一冬，开春时无偿还给原主。翌年冬天，契诃夫坐雪橇亲自去了一趟乡村，其间迷路，找不到地方住，他为此患了重感冒。除了解决马匹问题，契诃夫还出钱为饥民办食堂。要知道，那时契诃夫为了结束居无定所的状况，借了很多钱买房子。

定居后，契诃夫进入了文学创作的黄金时期，但也在这宝贵的时期，经过契诃夫的努力（他承担建校部分资金，农民负责运送建筑材料，其余由地方自治会出资），历时两年，建立了塔列日小学。农民依照风俗，为他献上神像、盐和面包表示谢意，塔列日小学成为全县最好的小学。不久，又按同样办法建立了第二所小学。

契诃夫喜爱儿童，在节日前总要为孩子们订购礼物。他在国外时也没忘记，特意给妹妹写信："你打听一下塔列日小学有多少男孩和女孩，给他们买一些圣诞节礼物。要给最穷的学生们每人买一双毡靴。我衣柜里还有些去年没送完的围巾，也可利用起来。给女孩们买点漂亮东西，不要买糖果。"

契诃夫身兼两个小学的"督学"，又是免费国民图书馆的负责人，同时担任县长在管理小学事务方面的助手，还要给农民看病。当然，这一切都是无偿的，妹妹为此发牢骚："他本该用这些时间从事文学工作。"

对于身边的人，契诃夫总是想法教他们学习文化。父亲在日记中写道："我们家开了个学校，家仆正在读书认字。老师是安托沙（家人对契诃夫的爱称）。"有一个饭店服务员，在契诃夫的教导下，"竟然学会了写诗！"

契诃夫参加了1897年全俄人口普查工作。他主管一个区，包括十六个村子。契诃夫时常说头疼，因为农民家的门楣太低了。有一次他严肃地和妹妹说："你该把我的衣服剪短，我获得了一枚奖励勋章，好让人瞧见我戴的勋章呀。"

1898年，萨拉玛省严重歉收。契诃夫在报纸上报道饥荒情况。他建立专门的募捐账单，按时公布善款来源去向，非常透明，契诃夫在这年冬天成为俄国红十字会雅尔塔委员会会员。

出于健康的考虑，契诃夫一家不得不搬迁到雅尔塔这个契诃夫戏称"鬼岛"的地方。他希望建一所结核病疗养院，穷人只要交极少的钱就能得到较好的疗养与治疗。必须说明的是，契诃夫就是因为患有结核病才搬家的。那时契诃夫的名声如日中天，很快就募集到了钱款，建好了一个拥有二十张床位的疗养院。后来在契诃夫再次呼吁下，又建成一所拥有四十至五十个床位的大疗养院。它至今还在发挥作用，名字也改为"安东·巴甫洛维奇"（契诃夫的名字）。

契诃夫在雅尔塔期间，由于身体的缘故，已经不再行医了，但仍然有很多人慕名而来。有一次，一个人坚持支付四十卢布，契诃夫开始很生气，但很快他就给那人开出了捐款的收据。那人是个富翁，此时不劫富济贫，更待何时？富翁起初拒绝拿收据，不过他也很快改了主意，他低声说："啊，不过，这毕竟是大作家的墨迹呀。"

迟暮之年的情书

　　《加西亚·马尔克斯传》入手时，马尔克斯尚在人世，书没读完，斯人已逝。本来是感伤的事，我却忍不住在读的时候发笑。一般来讲，传记记叙传主生平，不计好孬，但求真实。而马尔克斯"为老不尊"，好开玩笑、吹牛，经常篡改自己的故事。无论是萨尔迪瓦尔的《追根溯源——加西亚·马尔克斯传》，巴尔加斯·略萨的《加西亚·马尔克斯：一个弑神者的故事》（又译《弑神者的历史》），还是他的自传《活着为了讲述》，读者都能从中找到同一故事的不同版本。对于号称马尔克斯唯一授权官方传记《加西亚·马尔克斯传》，读者最好也等同视之。官方传记？省省吧，咱们权当小说，我相信马尔克斯很高兴他的读者会这么做。

　　马尔克斯对世界意味着啥我不知道，我仅知道他是现当代最负盛名的对中国作家影响最大的令中国读者印象最深刻的外国作家之一。文学（主要是小说和诗歌）在中国得到罕见礼遇的上世纪八九十年代，其作品以非法形式（即当时他并没授权给中国任何一家出版社）给中国读者带来惊艳，也给中国作家带来福音。就算你没读过他的任何作品，对"上校与冰"的那段文字也不会陌生。

这本比《百年孤独》多二十万字，比《霍乱时期的爱情》多二十二万字的大部头传记，如果你对马尔克斯不感兴趣，就不要自讨苦吃了。需要说明的另外一点是，马尔克斯家族的关系差不多和"贾王史薛"那么复杂，我们习惯叫的"马尔克斯"其实是他母亲的姓氏。

　　作家把他的家族史或个人史写进小说天经地义。更有甚者几乎一辈子都在写自己，比如菲茨杰拉德和海明威。马尔克斯虽然比不上前两者那样执着，但几乎所有的小说里，都可以找到他或其家族的影子。相关文章网上有的是，这里不再赘言。马尔克斯每一部作品诞生的前前后后、恩恩怨怨，我以为除了该书，再也找不到更详尽的描述了。比如《百年孤独》，"他写了一千三百页，寄了四百九十页给彼鲁瓦，抽了三万根香烟，欠债十二万比索。"马尔克斯对此书的感觉是，"不是大红大紫就是跌个狗吃屎"。也许我们更该重视他在完成前者后不久的一篇创作谈，"写书是个自杀性职业……作家到底为何而写？答案无疑既感伤又真诚：作家之所以成为作家，就如同他之所以为犹太人或黑人……一个好的作家无论如何都会写，即使他的鞋子需要修补，即使他的书卖不出去。"马尔克斯当然不用担心他的小说卖不出去，他只担心有没有足够的钱把文稿寄出去。事实上，马尔克斯典当了各种小家电才寄走，并且分了两次。

　　对马尔克斯小说的熟悉程度会影响你对这本传记的态度。我特地找了两个朋友，一个热爱马尔克斯，一个可有可无。前者看了不到一百页就兴奋地来电，"《恶时辰》原名叫《这个狗不拉屎的小镇》呀。这名酷！"另一人则在我的催促下有点不好意思地回复，"看得我直困，马尔克斯年轻时够风流。"我也喜欢看马尔克斯的韵事和写作轶闻，反感他与政治走得太近。不是吗？你不得不担心他变成第二个博尔赫斯，因为过多介入政治而给自己带来伤害。他的老友——两人的恩怨类似周家兄弟——同是南美文学象征、诺贝尔奖获得者略萨讽刺他是"卡斯特罗的走狗"、"政治投机分子"（其实他比马尔克斯狠，他甚至想当秘鲁总统），虽然有些过分，亦说明马尔克斯的政治热情。但总是这样，一个作家不扎根底层，就没有痛苦和悲天悯人，不接触政治就不会了解肮脏与反动。为了抗议祖国的军人独裁政权，他"罢写"，被迫流亡国外。他曾说过，"我人生中的行为没有一项不是政治行为"——马尔克斯惯用夸张的语气——他对美国、古巴、苏联及祖国哥伦比亚的政局与对外政策有着复杂但清醒的认识。他反对帝国主义，同时也不认为苏联是真正的社会主义。他对古巴的建议（充满文学家的天真乐观）同时也是对所有国家的建议："我希望古巴考量自己的状况，创造一个像古巴自己的社会主义——人道、富有想象力、喜悦、且没有任何官僚的腐败。"马尔克斯加入了清算越战罪恶的"罗素法庭"，发表一系列政治时评文章。越伟大的小说，越离不开政治。《百年孤独》里的香蕉园屠杀事件、《格兰德大妈的葬礼》里关于哥伦比亚国会体制的臧否……这在《迷宫中的将军》一书完成后达到高潮。该书仅写了拉丁美洲伟大解放者玻利瓦尔一生中的最后六个月，引起包括很多国家政界要人在内的各界人士和媒体的关注，他们出于自己的目的发表评论，赞美或攻击马尔克斯。但无论如何，玻利瓦尔的那半年旅程，在文学里永远不会结束，"他给后代子孙的任何形象都离不开此书"。

　　我们还是回到文学上吧，虽然谈论政治未必不是对一个作家的尊重。马尔克斯的名声达到顶峰后，他还会写下去么？他曾说"这两本书（《百年孤独》和《霍乱时期的爱情》）之后完全掏空"了自己。他销毁了一部分手稿，这个卡斯特罗为其庆祝七十大寿、与克林顿共进午餐、为保罗二世出访古巴而不遗余力努力、买下哥伦比亚最有政治影响力之一的期刊、罹患癌症……的老头子，还有时间、精力和心境继续写作么？他用一部回忆录和一部小说给出了答案。

　　《活着为了讲述》据说三周内卖了一百万本，而小说《苦妓回忆录》却是贬多于褒，与纳博科夫的《洛丽塔》相近但名气相差悬殊。厄普代克评论此书说："马尔克斯以他如常的严肃表情和无出其右的幽默，写了一封给迟暮之年的情书。"与其说是献给生命尾音的情书，不如说这是马尔克斯临死也不愿放弃书写的行为。他写了一辈子，为人类贡献了至少十部伟大的小说。七十七岁的他问马丁（《加西亚·马尔克斯传》的作者）："读者不能期待我再写了，对不对？"

以火向火

　　《梵高生活》给人的第一印象似乎是本画册。外封为梵高的《有丝柏树的麦田》，内文配有大量梵高画作，印刷极好。说实话，我停留在插图上的时间要比阅读文字多。内封别出心裁，封面是传主不同年龄的照片，封底是作者丰子恺照片。从装帧到内文，很配两位艺术大家。

　　我的个人经验里，梵高好像一下子就出现在眼前。他的《向日葵》太著名了，小时候我就有只有梵高才可以画向日葵的错觉。人生天地间，令人仰止的高山总是突然到来。而丰子恺则是我阅读弘一法师后，才知道他也是一座高山，虽然并没有前二者那么瞩目。画家为画家作传再合适不过了。两人一个拿油笔，一个持毛笔，对艺术的理解却是相通的。梵高在西方绘画史上的地位无与伦比，丰子恺则多才多艺，在绘画、书法、文学及翻译、音乐等方面皆造诣颇深。丰子恺一眼就看出梵高的绘画里有东方艺术的影子。梵高受日本浮世绘的启发在艺术界早已有定论，而浮世绘的源头当然是中国传统绘画艺术。

　　梵高传记有很多种，美国人欧文·斯通的《渴望生活》在我国影响最大。斯通花费大量笔墨描述梵高的世俗生活，给读者以沉重、艰辛和困苦的印象。作为传记，《梵高生活》当然要再现梵高的一生，但丰子恺有意淡化梵高的郁郁不得志，至少在笔调上不像前者那么令人压抑，丰子恺也没有我预想的那样用同行的眼光去过多审视梵高，而是在行文中间或插入自己的艺术见解，偶尔给予梵高画作寥寥数语却极有见地的评价，视梵高各种离谱行为只能是艺术家在疯狂状态下才能做出的行为。他认为艺术家只有两种。一种纯粹，我们鉴赏他的艺术作品，只需看他的作品，不必知晓他的人格和生活；另一种不仅是艺术家，更是一个活生生的人。要理解他的作品，先须理解其人格和生活。他的作品与他本人无法割离。

梵高无疑属于第二种人。丰子恺正是这样为梵高作传的。例如，他写道，（梵高）"终于嫌巴黎自然风光的刺激太弱，不足以抽发他的热情，又引领向南，而为太阳的恋人了"。这里说的"南"即是阿尔地区。梵高为阿尔的烈日而疯狂。我总以为是阿尔过于强烈的阳光加重了梵高的病情，但正是在阿尔，他给我们留下了大量的杰作，其中就包括著名的向日葵系列。丰子恺将此描述为"以火向火"。他如此写道（这时我们能看到丰子恺的文字带着画家特有的色彩与激情）："夏日的阿尔，每天赤日行空，没有纤云的遮翳。生于北方的梵高感到苦痛与疲劳。然而他总到城外的全无树影的郊野中，神魂恍惚地埋头于制作。他呼太阳为王！制作中把帽子脱去，表示对太阳王的渴慕。"梵高内心的火焰与太阳的火焰相互纠缠，发出照耀世界绘画历史的光芒。它们也相互吞噬，"不久将要把他烧尽了"。

梵高对底层人民的同感、同情和无私奉献，如他对绘画的热爱，几乎源自本能。物质上的捐献（他本来就是穷人，靠家里的资助生活）不能满足梵高，很自然地就落到画布上。人们对梵高的宗教信仰一直争论不休，在笃信佛教的丰子恺看来，梵高对基督的信仰是一种特殊的艺术家式的信仰，已经超越了宗教，正如丰子恺认为佛学是人的哲学、生活的哲学一样，摆脱了偶像崇拜与宗教教条的桎梏。无论从艺术上，还是精神信仰上看，丰子恺对梵高的认识都有着常人所不及的深刻。这也是《梵高生活》的最大特点。丰子恺认为梵高打破了生活与艺术的界限，（梵高）"在以艺术为生活的艺术家里，可说是一个极端的个例"，"他的生活日记完全等同于他的作画日记"。

梵高像太阳一样，一旦燃烧起来就不遗余力；像向日葵一样，即使割下头颅，也要留存果实。丰子恺用"以火向火"定义梵高，很传神也很本质地再现了梵高的整个人生状态。

文学在追求什么

　　我不同意村上先生把《无比芜杂的心绪》称为杂文集。大概村上考虑过我这种斤斤计较的小气读者，偶尔会在杂文的后面添上"（随笔）"。村上春树的理由是该书内容芜杂，序、解说、致辞，对文学、音乐和翻译的见解，外加短篇小说。我不知道日本读者对杂文有何感性认识，我眼中的杂文，时效性强，篇幅短，有浓烈的感情色彩和坚定的主观判断。这是鲁迅先生的功劳。今天很少见自称杂文写作者了。随笔则灵活、漫漶得多。可以写成查尔斯·兰姆那样的悠长细腻的文章，也可以寥寥数语如《记承天寺夜游》《湖心亭看雪》。可以背负沉重、宏大的主旨，例如韩愈、柳宗元，亦可像知堂老人翻字典，看到什么词，就写什么那样随意。

　　所谓芜杂，村上春树的意思是他的"精神世界由各种芜杂的东西构筑而成。人心这东西，并不单单是由协调的、系统的、可说明的成分组成"——其实谁都如此——这也可视为随笔集的特点和优势：最大限度地最自由地呈现自己。当然，这里有个关键，即，需要诚实地呈现。不是说只要诚实地去写，便能写出好文章，而是好的文章必然包含诚实，尤其对随笔类的文体而言。

说到村上春树，最典型的例子便是他的传世文章《高墙与鸡蛋》。2009 年，村上春树获得耶路撒冷奖。当时国际舆论一致抨击以色列政府对加沙地区骚乱事件的态度，很多人反对村上去领奖，认为领奖是对暴力政权和行为的支持。村上也问过自己同样的问题，最后他决定服从内心的真实想法，他说："即便是我，一年中也有几天不说谎的日子（说谎，是指作为作家的从事虚构的工作），今天（指耶路撒冷颁奖的日子）正好赶上这样的日子。"在这篇致辞中，村上说出了一句值得我们每天都有必要默诵一遍的话，"假如这里有坚固的高墙，而那里有一撞就碎的蛋，我将永远站在蛋一边。"这就是诚实，遵从内心；这就是良知，遵从道义。我有时候觉得"不应以人废文"有一定道理，但在感情上却很难接受。比如秦桧的书法，胡兰成的文章。一个在做人与道义方面失去了底线的人，书法文章写得再漂亮又如何呢？希特勒和他的纳粹高级军官们在德国音乐厅里被感动得流泪，但你能对一个边听着交响乐，边屠杀人类的人产生好感么？诚实符合宇宙规律，是向善的。不是说我看到了人民币，很想拥有它，伸手便拿，就是顺从内心的诚实之举。正如一个惯犯，很痛快坦白了犯罪行为，出狱后接着犯罪。我们无论如何也不能认定他有诚实的品德。诚实所导向的一端必然光明，产生温暖。有一段历史，村上不愿提及，但他终于在这篇致辞里明确说出："我父亲读研究生时被应召入伍，去中国参加了战争。"战争结束后，他父亲每天早餐前都要祈祷，为所有因战争死去的生命。我想，假如村上父亲再次回到那段噩梦里，他绝不会做侵略战争的帮凶。否则，他的祷告便不是真实流露，他就不是一个诚实的人。

　　遇到不可回答或无法说清的问题，村上春树痛快地承认，而非煞有介事地去解答。要知道这对一个小说家来说（尤其是村上这种级别的小说家）并不难。他有时会主动说明。例如他承认对婚姻中的"好些事儿也不太明白，不过结婚这东西，好的时候是非常好的。不好的时候呢，我总是去考虑别的事"。我很欣赏村上的这种态度，"好的时候非常好，不好的时候去考虑别的事"。婚姻对于男人，是枷锁还是加油的港湾，大多取决于男人的态度。村上的婚姻我不了解，但我了解更重要的，即村上对生活，或者说是对生命的态度与认识。有人问他可否用不足四页稿纸描述自己。村上认为这是"几乎不可能的，毫无意义的提问"。他说："用不足四页稿纸描述炸牡蛎却是可能的……炸肉饼也行，炸虾丸也可以。"描述自己，属于涉及哲学终极问题的大哉问。村上的回答并非避重就轻而是举重若轻。事实上，炸牡蛎之外，他谈到了小说家的定义、任务，小说创作的方法论与文学的意义，谈到了臭名昭著的奥姆真理教及其他极端邪教组织的陷阱。该书收录了村上专门采写奥姆真理教的三篇文章，其中一篇篇幅很长。他认为正是极端宗教声称拥有"何谓真正的自己"的解答，才吸引了众多年轻人。但奥姆真理教剔除了人之外的所有东西，把人从世俗中抽离，只剩下光秃秃的单纯的个体，并且永远隔离，那么教徒产生厌世、仇恨社会等念头便"水到渠成"了。这就回到了村上所说的"人的精神世界由各种芜杂的东西构筑而成。人心这东西，并不单单是由协调的、系统的、可说明的成分组成"芜杂，是丰富的另一种形式。

我理解为"水至清则无鱼"的反面。人以各种形式存在,甚至是炸牡蛎、打牌或睡懒觉。用村上的话来说,就是"我来者不拒地将全世界的炸牡蛎、炸虾丸、地铁银座线、三菱圆珠笔统统接纳进来,作为物质、血肉、概念、假设,利用它们制造出我个人的通讯装置。什么都行。什么都行这一点至关重要,对我来说,对真正的我来说"。这亦是村上对文学丰富性的看法。文学是无力的(正如个体的微不足道),但文学催生与战争、屠杀、诈骗和偏见抗争的某种东西。"文学追求人类尊严内核中的事物,在文学里,有这种(唯独)在延续性中才能阐述的强有力的特质。"此种强有力的东西芜杂、丰富,难以细分。它是"巴尔扎克的强劲,托尔斯泰的恢宏,陀思妥耶夫斯基的深刻,荷马的想象力和上田秋成(日本江户时代后期的小说家、诗人)的美丽"。

村上谈音乐,回答读者提问,写朋友,写他熟悉的作家,或小结创作,或者别的随笔集,如《当我谈跑步时,我谈些什么》《悉尼,悉尼》,等等,我都视之为村上对什么是生命(生活)的"炸牡蛎"式的描述与解答。说实话,我没有太多资格评论村上,我只读过他的三本随笔集,外加浏览过《海边的卡夫卡》。或许正因为我只读过他的随笔,才敢壮起胆评论他的随笔。不读小说家的小说而读随笔,那样的话,额外的干扰就少,第一印象对于判断初识者很重要,只读村上的随笔与此差不多。可是我又想,所有的小说家,不仅仅是村上,他们的小说又何尝不是在回答"何谓自己,何谓生命"的问题呢?所以还要简单谈谈小说。况且,这本随笔集收录了村上的两则短篇小说。

村上是雷蒙德·卡佛的专业粉丝，他翻译出版了后者的全集。在《仅此一回相逢留下的东西》一文中，村上认定卡佛的作品从不自谦，"毫不客气地笔直杀入我们心中"。我也爱读卡佛。我记得卡佛写过一个瞎子看电视，而且这个瞎子有两台电视，一台黑白，一台彩色。此种荒谬给阅读者带来一丝苦痛，一些悲哀，但不多。在不多的负面情绪里还会奇怪地感到另有一缕温情。村上的短篇《柄谷行人》写一匹会看柄谷行人（日本现代文艺批评家，代表着当今日本后现代批评的最高水准）著作的马，确切地说，是写老太爷与一头熊议论马看书这件事。这与瞎子看电视一样，荒诞、幽默。但村上从不"毫不客气"，至少在随笔写作上，他学到了卡佛"用普通但准确的语言，写普通事物，并赋予它们广阔而惊人的力量"，舍弃了后者的"写一句表面看来无伤大雅的寒暄，并随之传递给读者冷彻骨髓的寒意"。

仅凭作家的一个短篇、一两本随笔就足以评论他，我想，村上会同意的。如果一个人能够通过一件小事就足以证明自己，那么他做的这件小事一定真实地反映了内心，这件小事和这个人都处在诚实的状态。我深知，自己做到的时候很少，但在写这篇评论的时候做到了。这不能说是村上的功劳，但同时也可以说，这源于阅读古往今来的伟大的包括村上在内的文学作品。

本雅明魔法盒

就像是瓦尔特·本雅明的模样，或者是黑白老电影，童年时光在忧郁的眼神与灰蒙蒙的布景下，略显沉重。我想这是本雅明的特质，欢乐固然在每件被记住的事物中，但时间仿佛使欢乐凝滞，加之成年后的反顾，令他时空混淆，童年的回味愈发羼杂三十八年后的思索。在《捉迷藏》中，作者写道："我屏住呼吸，被物的世界围得严严实实，这个物的世界对我来说变得可怕的清晰，而且无以言状地与我靠得这么近。只有一个被施以绞刑的人才会如此这般地明白绳子和木头究竟意味着什么。"很难相信，一个孩子在玩捉迷藏游戏时会作此联想。写作时，他离开已陷在狂热的纳粹泥沼中的祖国五年了，"我有意唤起我心中那些在流亡岁月里最能激起思乡之痛的画面——来自童年的画面。"

在这种状态下，本雅明于 1938 年完成了日后被誉为"20世纪最美妙的散文"的《柏林童年》。（书稿最初叫《柏林纪事》，成书后叫《1900 年前后的柏林童年》，上世纪 80 年代，随着书稿的第一稿与最后一稿的发现，《柏林童年》一书可谓是展现本雅明最完整面目与魅力的版本了。）此时，离他自杀之日只有两年。

之所以说它是 20 世纪最美妙的散文，完全来自本雅明对童年独特的感悟与细腻的描写。《柏林童年》自始至终弥漫着一种梦幻般的迷雾，童年和少年的时光以及事件停留其中，逐一看去，又那么清晰。每一篇都精雕细琢。与本雅明相知甚深的阿多诺说："那种包裹着一晃就纷纷飘扬的雪景的玻璃球，作为他最喜欢的物品之一绝非偶然。这些如遗物盒般的玻璃球所要从外部纷繁世事中保护的，可能正是作为隐喻家的本雅明对未来而不是对过去的描述。这些玻璃球，酷似 1900 年前后柏林童年的经历以及蕴含其中的袖珍画像。"玻璃球中的雪景是一种可以把握的动态，它是典型的本雅明式的象征，"融合着梦幻和反思的回忆"。整个回忆中，冬天、雪、夜、月亮与灯光，构成了本雅明的时间；城市广场、街道、抽屉、针线盒、藏猫猫躲避的旧家具，构成了本雅明的空间，而分不清究竟是童年还是成年的对其敏锐的感觉与细致的状述，使得 20 世纪 30 年代的柏林，成为最具本雅明个人风格的城市。

有时候，本雅明和我们一样，惊讶于他回忆中发现的"意外"，我们有理由相信，本雅明在写作过程中，并没有注意或是有意寻找这种意外，他的赋予事物的意义仅来自他的敏感，过后，我们才觉察到他的贡献与影响。例如在《少年读物》中，他这么比喻阅读："外面的暴风雪有时会这样向我无声叙说，虽然我根本不可能听懂，新雪迅速而稠密地覆盖了旧雪。我来不及和一团雪好好亲近，另一团就闯入其中，以致它不得不悄然退去。可现在好了，我能通过阅读去寻回当初我无法听清的故事。我遭遇过的那些遥远异邦，就像雪片亲昵地相互嬉戏。当雪花飘落时，远方不再驶向远方，所以巴比伦、阿库和阿拉斯加都坐落在我的心里。"正是本雅明的"有意回忆"和"非意向性"写作，扩大了世俗世界的空间。如苏珊·桑塔格所说，"本雅明喜欢发觉无人问津的东西"，读者得以通过他笔下的"无人问津的东西"去探寻"那个不经意地主宰我们思想的隐秘世界"。

很多事情发生了，留给我们印象的并不是事件本身，而是与其相连的别的东西。本雅明回忆他五岁那年，父亲告诉他堂兄病故时的情形。"我想父亲不愿意这样做，况且堂兄年纪很大，跟我也不怎么相干。我对父亲的阐述有些心不在焉，然而对于那天晚上我房间里以及床上的气氛却无以忘怀。就像人们清楚无比地意识到了往后的某一天不可避免地会由之唤起已忘却事物的场景一样。"虽然有人指出本雅明的散文"以如此隐秘的方式从事的意识形态批判指向的是当时德国的现代主义社会"，但我更愿意将其视为作为优秀的文学家的本雅明的纯粹文学作品。在这部散文集中，孤独、敏感与近乎病态的细微观察，让我们看到了我们习以为常的事物背后所隐藏的寓意。这些寓意在柴米油盐面前是那么的无关紧要，又是那么的不可或缺，就像你一个人独自看着发黄的老照片。正如毛姆评价梭罗的《瓦尔登湖》："很无聊，同时很出色。"

回忆童年，是作家们乐意写也容易掌控的题材。但如此连篇累牍、不厌其烦地描写童年细节，尤其还有大量心理描写的写法，至少在中国很罕见。以我的寡闻，只有残雪的《趋光运动》类似《柏林童年》。很多人把本雅明和卡夫卡联系在一起，细腻、敏感和脆弱是他们共同的特点，本雅明虽然有些暧昧，但比起卡夫卡来一点也不晦涩。巧的是，残雪与卡夫卡的禀赋相似得像一对兄妹。残雪的读者算是小众化了，本雅明闻名已久，北京还有以他著作命名的书店，但认真说来，真正去读他们的人并不多。就像一个针线盒，除了本雅明，谁会去描写它，且保留当初"因为针线对我的无与伦比的控制而升起对抗和愤怒，如此这般地不考虑我的感受而在我身上动来动去，与针线盒里的东西一点都不相称：那里有色彩斑斓的丝绸，精致的缝衣针，大小各异的剪刀。我开始怀疑这样的盒子本来是否是用于缝纫"的感觉呢？一个普通的针线盒，在本雅明的摩挲下，开启了它蕴涵的秘密。

　　如今，即使你熟知本雅明的寓言式的写作，再一次进入本雅明的文字，依然会保持初读时的新鲜和意外，如同他拿出来的针线盒，已变为本雅明魔法盒。《柏林童年》里，这样的魔法盒俯拾皆是，亦叫人想到东方古老的哲理：任何微小的东西，都装得下宇宙。感谢本雅明的童年回忆，他使一些喜欢发呆的人，有了慰藉，并产生了独自探索自己童年的想法。

把一生浸泡在酒里

　　杂种、恶棍、酒鬼、流氓、混子、惯犯……这些不堪的称谓，只有布考斯基能将它们发出别样光彩，因为布考斯基是诗人、小说家。如今那些混账事已成传奇，和他的作品一起被人们津津乐道。

　　酒量有多大，才华就有多大。布考斯基一次能喝三十瓶（啤酒），也能三十九天写一部长篇小说。可视为自传的长篇小说《邮差》就是这么出来的。布考斯基1920年出生在德国，其父是美国大兵，其母是有芬兰血统的德国人。他三岁来到美国，至少在六十岁之前，一直过着穷困、放荡的生活。他喝酒、干活儿、睡觉或者跟女人睡觉，鬼才知道他啥时在看书、写作。但的确，布考斯基二十三岁就开始写诗了。如你所知，上帝绝不会让他在这个时候出名。于是布考斯基继续喝酒、干活儿、睡觉或者跟女人睡觉，间或打架、出入局子，借此调剂单调的日子。让人惊讶的是，这厮居然写了数千首诗，数百篇小说，读过契诃夫卡夫卡海明威劳伦斯艾略特，以及我们不太熟悉的克努特·汉姆生、罗宾逊·杰弗斯，等等。

　　布考斯基的文字和他的日子一样，干脆、痛快，毫不掩饰他所经历所耳闻目睹的一切，充满了酒精、性和暴力以及之后的空洞、忧郁和绝望。"总有一些事情，会毁了我们的生活。威廉，这只取决于什么，或哪一个先找到我们。"（诗《毁掉》）他在诗中把自杀者、酒鬼、疯子比喻成厨房里的剑兰、飓风和空虚。在父亲的葬礼上，李与父亲的女友搞到一块儿。任凭邻居搬走家具，他只关心浇花。（短篇小说集《苦水音乐》。以下引文，如不特殊说明，均引自该书。）与父亲的女友（这时候变成了他的女友了）做爱后，他马上忘了她，想去赛马场赢点钱。这是个混蛋么？混蛋，并且混乱。布考斯基既享受又痛恨这种生活，但他无心改变什么。他只是写下来。这是他与海明威或菲茨杰拉德的最大不同。若干年后，《时代》杂志给了他"美国社会底层人民的桂冠诗人"美誉，布考斯基会接受么？我很怀疑。他的诗歌像短篇小说的节选，他的短篇小说是他不算长也不算短的一生里的一天。如同速写般地呈现生活（桑恩斯在写布考斯基的传记《囚禁于疯狂生活》里说布考斯基的本质是"诚实"），他酗酒、乱性、斗殴、赌博，毫不在意像贫民窟一样岌岌可危的日子。他写的是他自己，也是他认识与不认识的屠宰场工人、看大门的、搬运工、刷盘子的、贴小广告的、看车的、电梯工、邮差（这些他都干过），甚至妓女。

布考斯基写作的目的，一要挣钱，他为色情刊物写过，也在小报上开过"猥琐"专栏；二要把这世界上"所有的亵渎，一览无遗"。评论家通常认为，现实生活文学化，就具备了意义。与众不同的是，布考斯基从不在乎美学或文学，他就那么直接写出来。例如，他写一个男人迷恋电梯艳遇，最终变成了强奸犯。我们可以解读为小说揭示了男人普遍的中年危机，为了缓解危机，主人公选择了犯罪，从而使沉闷、抑郁的生活得到了暂时性解放。《邮差》描写一个美国小镇里的邮差的工作和生活，反映了美国上世纪五六十年代底层劳动人民"活地狱"式的生活……但这些陈词滥调式的评论，躺在地下的布考斯基若听见，一定会站起来，狠狠地砸过几个啤酒瓶来。

　　对于文学的好坏，布考斯基自有判断。与诗人西恩·潘的对谈中，他说莎士比亚已经过时且乏味了。人们觉得某样东西很可靠（比如莎士比亚），就把自己和它扯上关系。告诉他们真相，他们就要抓狂。布考斯基欣赏李白（他几乎所有的小说人物都叫 Chinaski），说李白把许多现实和激情的感觉都糅进只有四五行的诗里，比那些动辄十二三页的狗屎强多了。这不仅是酒鬼间的戚戚然，也是诗人真性情的表露。怎么活就怎么写，让别的都见鬼去吧！他给潘举过一个例子：有人告发他写了强奸幼女的小说（疑指《好一场宿醉》），人们质问，"你很喜欢强奸小女孩么？"布考斯基说，"当然不是，我只是在记录生活。"他将写作比喻为吸烟。写作是吸，出版是把烟灰弹到烟灰缸里。"我只为自己写作。"布考斯基如是说。我手写我心需要极大勇气，并非人人能行。布考斯基似乎喷着酒气问读者，伙计，你所谓担负责任的生活，有多少是为自己活着的呢？过康德式生活，写载道文字，布考斯基才不想呢。对于批评家或者传统道德，布考斯基说："也许没有地狱，但搞评判的人可以创造一个。"我们议论布考斯基，可不想给这个酒鬼兼诗人制造一个地狱。他的大半辈子够糟糕的了。

布考斯基快六十岁时，在欧洲火起来，被誉为"美国当代最伟大的小说家之一"，也彻底告别了拿爆米花充饥的日子。但并未得到美国社会主流的一致认可。他死后十多年，作品才流入中国。给我寄书的朋友，声称布考斯基会考验我的阅读极限。其实布考斯基的作品，性描写不及劳伦斯或米勒的十分之一，基本上是"进去、出来、结束"这种干巴巴的描写。暴力和变态方面与恰克·帕拉尼克根本比不了。布考斯基讨厌繁琐，惯用简洁、直接的语言。这点有些与卡佛相似（两者的人生经历也很相似）。但后者温和多了。因为直接，所以震撼。《邮差》开篇写道，"开始即错"，与他的墓志铭"不要尝试"交相辉映。《邮差》译者杨敬说这是 great opening。这样的伟大开篇很多，比如，"我父亲的葬礼像个冷汉堡。"比如，"我沿着落日大道开车。某个深夜，我停下来等红绿灯，在巴士站瞥见这张头发染成红色、面容狂野的脸，这些厚粉跟装扮在说：'这就是生活的代价。'"布考斯基很少描写心理活动，即使替他们发感慨，也是点到为止。我喜欢这样的小说，一切尽在不言中。结尾也有很多 great ending。比如，"洛杉矶真是非常奇怪……但是此时凌晨三点，全世界的酒鬼都躺在床上，想要入睡而徒劳，他们应该得到休息，假如他们做得到"，结束得既干脆又感伤。

穿西服出入高档社交场合者不易接受布考斯基的作品。他的人，他的文字，是牛仔裤与廉价烟，是劳动之后去小巷酒吧里的买醉，是街头流动妓女唇上的劣质口红。阅读布考斯基，其实就是在深入我们知道但从来没有去体验过的社会底层人民的生活。布考斯基的写作不是针对这种生活的升华，更不是救赎，仅是"展现那些工人们的日常生活，比如当他回到家里见到的尖叫的老婆"。你可以厌恶布考斯基的人生观、生活方式和作品，但所有的人都不能否认，地球上每一个大城市里，都存在着布考斯基所描写的阶层。在国内，如布考斯基一般持不合作态度，酗酒，自顾自写作的人，我唯一能想到的只有狗子。但狗子属于知识分子主动脱离体制在社会上晃荡的闲散人士，所以写的东西就是另一回事了。

　　如果给布考斯基盖棺定论，那么没有比他自己的话更恰如其分的了："我总是一手拿着酒瓶，一面注视着人生的曲折、打击与黑暗……对我而言，生存，就是一无所有地活着。"或者简短一点，布考斯基的一生，就是他的一篇小说：《杯酒人生》。

双面侠库布里克

　　大师级导演斯坦利·库布里克获得的奖项、荣誉称号就不必拉单子了，他对世界电影的影响也不必赘言。库布里克是地道的美国佬，却长期住在伦敦达二十五年。相关猜测很多，他在一次访谈中给出了人们意料之中的答案，他认为拍英语电影最好的地方，世界上有三个，伦敦居其一。库布里克生前并不喜欢接受采访，所以他的访谈集《我是怪人，我是独行者》便显得珍贵。你若想探究这位大师的电影思想，可以看此书；若是想看他的传记或从中获取点所谓的正能量，此书也是不坏的选择。我只对他异于常人的事感兴趣，谁让这本书叫"怪人""独行者"呢。

　　有本事的人往往拥有特权，或者脾气极大。他对演员的苛求是出了名的。拍片中，他可以停下来等待更好的拍摄条件的到来。这个时间往往长于整个拍摄时间。比如《全金属外壳》就中断五个月之久。库布里克严于律人，也严于律己。当他准备拍一部惊悚片，会翻看成堆的小说，把不满意的，一本本砸到墙上，直到他发出惊叫，他找到了斯蒂芬·金的《闪灵》。对于库布里克来说，拍电影是小 case，找到好故事才是关键所在。他说："要是我没有对一个故事真正着迷，我是不会试图将其拍成电影的。"

"导演电影的过程就像在碰碰车里创作《战争与和平》，但当你最终完成影片时，生活中没有多少欢乐可以与之相比。""拍电影最好的教育就是自己去拍一部。"库布里克说了很多拍电影的传世名言。但很多时候，自己认为对的事情，需要你自己去争取、去做。电影制片公司投入越大，对影片的控制也越大。在好莱坞上世纪六七十年代，只有导演一人观看了按照他本人意愿而剪辑的电影的可怜事件并不出奇。库布里克坚信，只有摆脱大电影制片厂，导演才可能获得选择剧本的自由与拍摄的独立。然而首先，必须，你得筹到足够的钱。其实不仅在好莱坞，从电影诞生那一刻起，全世界有多少胸怀大志富有才华的欲在电影事业上一展身手的人，因为没有筹到原始资金而被埋没，就此消失。库布里克无疑是幸运的人。他最初的两部作品，《搏击之日》和《飞行的牧师》来自家人和朋友的赞助。前者的纯利润为一百美元，后者不赔不赚，成绩还算可以。它们确定了库布里克的电影之路。

库布里克年轻时曾在华盛顿广场摆棋摊，一天可赚三美元。下棋时他对外宣称他的职业就是拍电影——当他能够去拍的时候。最初的动机很简单，也很自信："我觉得我拍出的电影不会比我每周看的那些电影差。"拍完《杀手之吻》他就破产了，又回到华盛顿广场。不久，他遇上了贵人，一个影视发行公司老总的儿子，两人成了朋友，一起创作了三部片子。其中《光荣之路》被视为库布里克的第一部真正的电影。

与从做杂役、跑龙套起家的导演不同，库布里克几乎从一开始便拥有足够的自由与独立。这在世界范围内也是罕见的。从前期策划选材、剧本创作到后期制作，库布里克全程指导监控，这种霸道保持了电影的库布里克性质，也保证了质量。库布里克电影充满了学术味和哲学味。科幻片《2001：太空漫游》、越战片《全金属外壳》、伦理片《洛丽塔》和《大开眼界》、X 级片《发条橙》，等等，都带有强烈的哲学思考与反思精神。看他的电影，会掉很多头发，还是不太懂，忍不住看第二遍、第三遍，接着掉头发。当你看懂了，震惊了，带来的满足感远远大于头发的损失。我惊讶于书中库布里克显示了导演不该具备的一面：对宇宙和生命的极深的看法。记者不是在采访电影导演，而像在请教一个科学家或哲学家。也是，拍于 1968 年的《2001：太空漫游》至今仍常看常新，比起 21 世纪的各种科幻大片，它的视觉效果与思想深度毫不逊色——事实上，后者无不从中受益——这种电影的导演，没有两把刷子，是不会对科学或哲学问题发表看法的。

《奇爱博士》完成后，库布里克有资格向世人宣布："我是怪人。"人们需要好电影，也需要电影之外的传奇。库布里克不修边幅的外形（我怀疑张纪中的大胡子是在效仿他），近似受虐狂的工作态度（很多演员都受不了）及他的时作惊人之语（你可以在该书中找到），是诞生八卦的最佳土壤。所以，库布里克的辟谣没有一点作用，即使他在访谈中正式解释他真的没有雇用直升机给他的花园灭虫。但以下几个轶事我确保是真的：库布里克从来不坐飞机，但他考取了飞机驾驶证。《2001：太空漫游》时长一小时四十分钟，他和克拉克共花了两千多个小时才写完了剧本，还不算拍摄过程中的修改时间。他好像每分钟都沉浸在电影里。有一次经过一个警示牌，上面写着："危险 11500 伏！"库布里克说："为啥是 11500 伏而不是 12000 伏？如果在电影里设置这么一个牌子，观众会认为是假的。"我觉得库布里克不怎么怪，独行侠倒是真的。大师级人物往往都是特立独行的。

那些不断在巴黎找房、租房的世界文豪

 大概从 18 世纪起，巴黎就引领着世界商业与文化的潮流。作为一个读书人，你不可能不知道塞纳河左岸在世界文化史上的地位。实际上，以商业著称的右岸也不乏文化艺术气息。达利、梵高和毕加索都曾在右岸蒙马尔特高地生活过。与奢华右岸呈显著差异的左岸，十分安静。数不清的咖啡馆、书店和画廊伫立街边。即使最轻浮的人到了这儿，也会被浓郁的文化气息熏染而放轻脚步。一所不起眼的公寓，也许就住过巴尔扎克；你随意走进的小酒馆，也许海明威就曾在此高谈阔论。

 "生活只能在巴黎，换个地方只是浑浑噩噩度日。"别怪格勒塞说话太夸张，他是诗人。法国早期浪漫文学奠基人夏多布里昂也说过类似的话："我感到我只能在巴黎生活。"三百年来，无数作家学者艺术家涌向巴黎，就像我们涌向北上广深。大文豪们对巴黎并非都如前二者那样热爱，而是类似于我们对北上广深的爱恨交织，难以言尽。

 1786 年，这个十八岁的土豪富二代终于摆脱父亲，只身来到巴黎寻找梦想。他适应不了大城市，就像他单独面对女人时总是手足无措。应召入伍后，经人介绍，夏多布里昂居然当上了路易十六的侍从！对，就是那个死于自己批准使用、自己参与改进的断头台的法国国王。然而，虚荣的上流社会的日子他过得并不舒服。他在《墓畔回忆录》里把这段日子形容为服苦役，或者面临死刑判决。

想知道夏多布里昂靠什么杀时间么？翻译《奥德赛》！他哥哥认为这小子完了，毫无出息。"万千华厦之下，我没有一个朋友。"孤身一人来到陌生的大城市，只有同事、熟人，不会有朋友。城市有多大，孤独就有多深。每一个漂到大城市的年轻人都有文学青年的潜质，无论是否爱好文学。孤寂是文学最好的土壤。与他的粉丝维克多·雨果有些不同，夏多布里昂似乎是因寂寞与无法融入这个城市而"被迫"投入文学创作的。他居无定所，如大革命期间的巴黎一样风雨飘摇。他甚至在伦敦客居八年之久。1800 年，夏多布里昂的散文集《基督教真谛》受到拿破仑的青睐，到罗马当外交官去了——这就是文学的功用。但不久他便辞去公职回到巴黎，在米罗梅尼路上的小旅馆住下。一年后，小旅馆有幸被画上了很多白色圆圈，里面写着我们熟悉的一个字：拆。夏多布里昂只好在路易十五广场上的一个公馆租了个房间。后来搬到巴黎西郊装隐士去了。

很难理解的是，成名后的夏多布里昂也没实现财务自由，一直在租房。即使在担任外交部部长期间，他还抱怨过，"财富的局促和贫穷的不便如影相随。"1848 年，他终老于巴黎会考路的公寓。由于手头资料匮乏，我不能判断他是否购买了会考路公寓，但按照他的一贯行径，我倾向于他是租住。佐证之一是，这房子以前是一所修道院。

斯丹达尔——就是大名鼎鼎的司汤达啦——却不怎么喜欢巴黎，作为一个法国人，他甚至直言不讳地说："我绝不会定居法国。"他极为反感法国人性格中的"闷闷不乐、疏离、讨人厌，还看不起人"，说他"想到这些就起鸡皮疙瘩"。这难道不也是看不起（法国）人么？关于这位大文豪名字的翻译，有很多争论。有人说"斯丹达尔"是旧译，现在公认的是"司汤达"。罗新璋译本的《红与黑》作"斯当达"。有人说法语规范的发音是"斯当达勒"，所以"斯丹达尔"更准确些。斯丹达尔是一个德国小镇的名字，他在那儿爱上了一个女人，以此为笔名纪念爱情。

　　司汤达来到巴黎的原因不怎么光彩，作为意大利警方的通缉犯，司汤达藏在巴黎黎塞留路的布鲁塞尔大楼。在这种情况下，他居然勾搭上了来巴黎演出的一个意大利女高音。后者负责司汤达的赌债，我们的大文豪每天玩扑克到天明，不输得毛干爪净绝不罢休。赌博之余，司汤达出版了《论爱情》。但他一个子儿也没拿到，卖书的收入刚刚够出版费用。

　　在包括雨果在内的各种名人举办的文学沙龙中，司汤达逮谁咬谁，"毒舌"之名一时无两。"比起无聊的朋友，我更喜欢敌人。"他有点敏感过度，总觉得别人在鄙夷他的旧衣服以及没有马车。

　　1822年，司汤达做了《巴黎月刊》的记者。这下好了，毒舌终于用到了正地方。他大肆嘲讽政府和机关，包括政客和文人。

　　司汤达的不智之举很快得到了报应。《阿尔芒斯》出版后不久，他兴冲冲地前往他热爱的意大利，却被驱逐出境。司汤达灰溜溜地回到巴黎，住在瓦鲁瓦大楼，在这里创作了《罗马漫步》和《红与黑》。1837年，他又搬到法瓦尔大楼。你不必深究这些大楼的位置，总之，你若在外地打过工，对搬家、跳槽一定不会陌生。之后他又至少搬了四次家。他换过工作，也曾外出旅行。你只需记住，大文豪去世时住在南特大楼。此楼一度被叫作"巴黎上流社会"。

比较悲催的是，司汤达死后也曾搬过一次家。生前他流露过想葬在罗马新教公墓与雪莱做邻居的愿望，可惜他最终归宿在巴黎蒙马尔特公墓，墓碑上刻着我们熟悉的、他生前拟定的铭文："写过，活过，爱过。"1892年，小仲马等人募捐，修缮了坟墓。1961年，人们再次募捐，将其转移到公墓中一个他们认为较体面的位置。司汤达在天之灵不会赞同人们的善举，因为他不像巴尔扎克那样爱慕虚荣。

当初，司汤达被警方通缉，巴尔扎克则被债主追得如丧家之犬。父母相信儿子的文学潜力，为巴尔扎克在巴黎莱迪基耶尔路租了一个阁楼。小牛腩奥诺雷在六层阁楼里发奋苦读，并以克伦威尔为题材写了一部诗剧。一位法兰西学院院士看完后，给出贝利式的人生忠告："除了写作，你干啥都行。"

冷嘲热讽根本打不倒野心勃勃的年轻人。巴尔扎克拒绝了父母让他回家住的好意，在图尔依路租了一间小公寓。在比他大二十一岁的情人贝尔尼夫人的资助下，巴尔扎克搞出版，又花巨资买了印刷厂。可惜，他不够幸运，出版生意不死不活，工人追着他要工资。

为了躲债，巴尔扎克跑到一个兔子不拉屎的地方隐藏起来。卡西尼路的小楼外表寒酸，内里却别有洞天。巴尔扎克购置了豪华家具以及一套高档行头。都是赊的。即使如此花费心思，亦有人拿他当土鳖屌丝，说他长得像面包总管——小牛腩的确又矮又胖，谈吐像鞋匠，举止像倒腾服装的，穿着嘛，像苍蝇馆老板。

这个地方很快被追债人发现——实际上，他的债权人远远多于他的朋友，供货商、洗衣工、屠夫、花匠都是他的债主……你不得不佩服巴尔扎克的融资本事——巴尔扎克又先后换了几个地方，依旧装潢奢华，不定期举办宴会。想来？你得说出暗号才行。而且他还有了贝尔尼夫人之外的第二个和第三个情人。别以为小牛腩不务正业，他一个晚上写出了《无神论者望弥撒》，三天写出了《禁治产》。四十天内完成了四卷书，还抽空参加各种社交活动，出席了雨果在法兰西学院的就职典礼。

1842年，俄国情人汉斯卡夫人的丈夫终于挂了。巴尔扎克欣喜若狂，开始为筹集路费加班加点。

汉斯卡夫人给了巴尔扎克一万金法郎，让他在巴黎购置房产。小牛腩头脑一热，拿钱炒股去了。结果如你所料，买啥啥跌。万般无奈下，用余钱在福尔蒂内路买了一所房子。如今这条路叫巴尔扎克路了。该路位于香榭丽舍大道与夏多布里昂路之间，堪称巴黎黄金地段。遗憾的是，巴尔扎克并没在这儿住多久。高强度的工作与过度饮用咖啡的恶习，摧毁了他的身体。去往俄国迎娶汉斯卡夫人的长途奔波以及糟糕的天气，让小牛腩不堪重负。回到巴黎不长时间，在一个中国人看来非常吉利的日子，1850年8月18日，与世长辞，享年五十一岁。

我想，要是巴尔扎克不在巴黎买房子，而在俄国定居，也许会活得更久。往返巴黎的路途简直就是噩梦，让他几乎失明，这是导致巴尔扎克去世的直接原因。

夏多布里昂、司汤达和巴尔扎克都出生于资产阶级或者叫中产阶层家庭。巴尔扎克家族姓氏中还拥有代表贵族的"德"字。他们经过个人的艰苦奋斗，为富二代正名。

维克多·雨果的父亲是位将军，他与维克多母亲离婚后，给雨果兄弟和母亲的费用并不高。维克多很争气，在法兰西学院成绩优异，更因为一篇悼念贝里公爵的文章把路易十六感动得眼泪哗哗流，因而得到五百法郎奖金。没错，正是夏多布里昂为其当侍从的那个倒霉的国王。对一些中国人而言，路易十六是一种满足虚荣心的高价酒。

雨果决定献身文学。经人引荐，见到了偶像夏多布里昂。不拘小节的子爵大人有一次居然赤身裸体地接见文学青年。

梅济耶尔路的房子太贵，雨果与表哥合租了一个小阁楼。国王又一次施以援手，给了雨果一份年薪一千二百法郎的工作。经济有了保障，雨果结婚了。实际上，维克多的岳父一直在接济小两口。两年之后，《新颂诗集》大卖，雨果得以租下沃日拉尔路上的一套小公寓。第二个孩子的出生，使雨果不得不再次搬家，租赁了较为宽敞的房子。此时雨果已成为法国文坛领袖。

这回轮到下一代文学青年觐见维克多了。这也导致业主的反感，雨果拖家带口地再次搬家。1831 年出版《巴黎圣母院》。次年搬到皇家广场。一千五百法郎的年租金是不小的负担，参加雨果晚宴的朋友甚至被告知，请吃饱喝足再来。

维克多·雨果有了情人，一个叫朱丽叶的演员。他俩互称对方"朱朱"和"多多"。1848年欧洲革命，雨果投身政治，旋即流亡海外，直到1870年才回到巴黎，租住在圣莫尔路的一间公寓，后来搬到克里希路。1881年，巴黎用他的名字命名了一条马路。至此，寄给雨果的信件只需写上他的名字。雨果在这里居住到去世。

1857年，十七岁的都德离开令中国小资无限艳羡的家乡普罗旺斯，投奔在巴黎做记者的哥哥。哥俩租住在图尔依路上的参议院大楼。此处等同于北京的宋庄、圆明园村，聚集了大量"巴漂"艺术青年。

誓言"文学是我此生的唯一目标"的外省人在巴黎无所事事。泡咖啡馆酒馆、逛书店、望着身穿蓬蓬裙的美女流鼻血，或者混在马拉美的粉丝中起哄。不久，他爱上了一个模特。两人在煎饼磨坊打情骂俏——就是雷诺阿名画《煎饼磨坊的舞会》中的餐馆。都德给她写诗，"穿过整个巴黎去睡你"。这是真的。哥哥被南方一家报纸挖走，都德无力支付参议院大楼的租金，搬到波拿巴路上一间更便宜的小屋。都德愈发频繁地穿过整个巴黎，到情人那里蹭吃蹭喝。

诗集《情人们》的出版给都德带来了名利，他趁势把一个女粉丝弄到了床上。

就在都德声名鹊起的时候，浪荡的生活送给他一件礼物：梅毒。都德不相信"梅毒也能刺激天才"，痛改前非，找到一份正经工作，与一个正经女孩结婚了。然而诗人本色让他与玛丽藕断丝连。很多年以后，在岳父家度假的都德得知玛丽的死讯，立即返回巴黎赴丧。

1867 年，都德夫妇搬离了在贝尔夏斯路的暂住所，租下了帕维路的房子。1871 年，搬到孚日广场，不久又搬到天文台大街。这期间，都德完成了他一生中最重要的作品。我们熟知的《最后一课》，创作于 1873 年。都德与福楼拜、龚古尔兄弟、左拉、屠格涅夫、雨果、马拉美、马奈、雷诺阿、莫奈一帮流浪在巴黎的文学艺术大师成为好友。不过，屠格涅夫对都德有点口是心非。此为闲话，不提。1885 年都德夫妇暂住在贝尔夏斯路 31 号。1897 年搬到大学路 41 号。该年年末，都德去世。

　　在巴黎度过一生，或者度过一生中重要时期的文学大师太多了。除了上述人物，还有福楼拜、普鲁斯特、福克纳、乔伊斯、亨利·米勒、海明威、菲茨杰拉德，创作《莎士比亚书店》的西尔维娅以及我们不太熟悉的保尔·法尔格、布莱兹·桑德拉尔、西默农，等等。

　　概括地说，他们的一生，是不断创作文学的一生，不断找情人的一生，不断找房子搬家的一生。

水是个什么玩意儿

　　"假期你怎么计划的？上哪儿玩？"这样的话，其实应该改成"你有多少天没出去旅游了？"更符合现状。但什么是旅游，旅游的目的是什么，谁也搞不清。有些类似"你不问我，我知道时间是什么；你问我时间是什么，我反而不知道了"。相对于中国人的自嘲顺口溜，"上车就睡觉，下车就撒尿，到地儿就拍照，最后啥也不知道"，有个叫华莱士的美国佬写了两篇极长的、极尽挖苦之能事的游记，来表达对旅游的意见。

　　1995年，大卫·福斯特·华莱士受一家杂志社邀请，怀揣大把美金，登上"七夜加勒比豪华游"的游轮，开启了"看到蔗糖色的海滩、湛蓝的海水，还见识了饰着翻领的全红休闲套装，防晒油闻起来就像重达二万一千磅的肉烧煳的味道"的旅行。这篇《所谓好玩的事，我再也不做了》的开篇，让我想起国内曾经流行、现在仍未落伍的广告风格。继冠以欧洲某小镇名号的房地产之后，诸如"某地双飞奢华三日游"之类的广告语风靡旅游业，正如华莱士所言，当代发达的服务业，在消费者购买之前，便极力营造这样的感觉："为你量身定做，让你觉得它融合了休闲和刺激，集尽情放纵和疯狂

190

的游览于一身。"商家将消费者捧到上帝的位置，然后背过身一边偷笑，一边数钱。

华莱士当然明白这个道理。从一开始，华莱士就没正经写一篇正经游记的打算，即使有人为此买单。实际上，这篇纷繁复杂几乎可以用冗长来形容的，辅以大量注解的，可以单独出一本书的文字，的确能够算作一篇极好的游记，但明眼人一眼就看得出，华莱士志不在此。

他先用大篇幅引用并评价了"七夜加勒比豪华游"的广告文案，随即话锋一转，"就如同先前宣传手册第23页所极力渲染的，我一踏上天底号，就马上动手（受宠若惊地）做一件已经好久好久没做过的事情：无所事事。""无所事事"当然是度假的一种方式，很多人也会将此视为享受，这符合上世纪90年代美国主流价值观。华莱士接着说："我会给每个人寄去一张明信片，希望他们也能来这里。"然而用不着读完全篇，读者便会明白，这正是华莱士独特而狡猾的表达方式。明明是反话，偏要一本正经地说。

邀请华莱士写游记的杂志社肯定后悔。普通人会被"白得像洗过一样"，"高27层，服务员与游客比例在1.7：1与2：1之间"的游轮吸引，会陶醉在七天七夜的狂欢中。而华莱士只是在那里"观看"（watch），始终与"被观看"（be watched）保持距离，并且时时反顾，"关照自身"（look at myself）。当别人在游轮的舞会上翩翩起舞，在赌场一掷千金，在餐厅大快朵颐时，华莱士却看到，"一座浮动的宫殿，威严而令人畏惧，它召唤着每个在夜晚的海面上漂泊的孤独灵魂，每一个困在孤舟里的人，甚至是那些连孤舟也没有，恐惧而又孤独地漂浮在水面上的人。"他不合时宜地想起了"几个星期之前，一个十六岁男孩从豪华游轮的甲板上纵身跳了下来"。别人在尽情享受，华莱士则感到"绝望"。另一篇游记《远离几乎已经被远离的一切事物》中，他也曾如此反观自身，在喧哗的博览会上看见自己的童年。华莱士写作时，"头脑总回荡着第二种声音"。几乎可以确定，华莱士生前没有接触过东方宗教式的内省，但他通过写作，达到了与后者某种程度的相似效果。也因此，华莱士的文章获得了与其他美国作家不一样的质地。

实际上，华莱士的确与大多数美国作家不一样。他本来是学理科的，由数学逻辑（他后来曾写过关于无穷大的数学科普书）转向哲学。他二十四岁写了大学毕业论文《系统之帚》，这篇论文同时也是一部极具实验主义的先锋文学作品，甫一问世，便大受好评。他的非虚构作品集《所谓好玩的事，我再也不做了》收录了七篇文章，其中任何一篇都足以代表他的文学风格。结构精致复杂如瑞士手表，表面看上去却散乱无章；语言冗长笔调嘲讽态度玩世不恭，但内里沉重乃至悲观厌世。他的长篇小说《无尽的玩笑》（尚无中译本）被《时代》周刊评选为1923年以来世界百部最佳英语长篇小说之一。《无尽的玩笑》有一百多页注释，《所谓好玩的事，我再也不做了》注释也不少，某些注释，超过了被注释事物的描写长度。

《无尽的玩笑》与已经翻译成中文的科普书《无穷的跳跃：无穷大简史》暗示着华莱士的人生观。"无尽""无限"或者"无穷"（Infinite），在数学上成立，在生活中不成立。然而在悲观主义者看来，生活也许是灾难性的没有尽头的旅行。华莱士将其比喻为"玩笑",是要欲盖弥彰地表现这点。我们看不到《无尽的玩笑》原书,但可以通过《所谓好玩的事,我再也不做了》来证明。

在"七夜加勒比豪华游"游轮上,客房服务无微不至无所不在,一转身的工夫,就能把客房打扫得干干净净,"每一个懒汉都会幻想某人会来打扫自己的房间,然后就此消失,就好像一位不会让你感到内疚的母亲。"但华莱士马上发觉这种让你看不见的服务是建立在监视客人行踪基础上的。而且保洁员不是你的母亲,"她们惯着你,让你的屋子干干净净,这样做其实证明她们不想看到你。"所谓的至尊享受,顶级服务,并非出于诚挚。顾客就像《摩登时代》里被迫坐在自动喂饭机上的卓别林。如果卓别林代表人类,那么自动喂饭机就是命运。

不动声色的嘲讽中,华莱士也在不时地向名著致敬。用貌似以顾客为上帝的规定,向《第二十二条军规》致敬。华莱士想在行李堆里取回自己的旅行包,拿一点东西,被搬运工拦住了。游轮规定:"顾客总是对的",同时,"永远别让顾客搬行李"。于是一件很小的事就上升到"哲学境界"。用人与器械的相互影响,向《变形记》致敬。"这个俱乐部四周的墙壁全都装有镜子,让你不得不在众目睽睽之下盯着自己的身体看,这既让人痛苦,也让人无法抵抗。那些大块头的健身器械,长得就像一只只巨大的昆虫,用来满足有氧运动。"

华莱士是美国文学史上的异类。以散文里的幽默为例,他不同于欧文·华盛顿的温和,辛辣程度也比不上 E.B. 怀特,却让人过目不忘。他是唯一在豪华游轮上研究抽水马桶的人,

193

也是唯一数清了海明威纪念馆有一百四十五只猫（天知道是不是真有一百四十五只），并在别人瞻仰海明威时，被猫咪的气味所"倾倒"的人。华莱士不是第一个把各种数学公式、定理运用在写作上（详见《旋风谷的衍生运动》和一篇题目长得让人产生混稿费想法的散文），但他是最擅长此道的作家。他的语言华丽铺陈与文章重视注解，与雷蒙德·卡佛等作家代表的风靡一时的"极简主义"背道而驰。华莱士是如此醒目又特立独行，以至于英国艺术评论家威尔·贡培兹将华莱士列入艺术家序列，并表示向他学习（贡培兹《现代艺术150年》）。

但华莱士的文学，绝非像某些现代艺术那样哗众取宠，或者故弄玄虚。他的文学风格与文学主张无比熨帖。"我的每个需求都只能借助身为某物提供的必然选择才能满足——甚至这种选择都没有过问、了解过我要什么。"在物质发达、商业发达的现代社会——中国目前业已到了这个阶段，所以华莱士值得深入讨论——任何人任何时候都深陷广告之中，商品之中。发达的商业与服务业使人们渐渐丧失自我，忘记了生活的源本与究竟。华莱士之前，很多人说过人性的异化、物化；华莱士之后，还会有人不断地说。华莱士的表达必定是独特而让人印象深刻的。华莱士的才华在于，他知道如何将熟视无睹或大众追捧的事物且带嘲讽地状写出来，并在此基础上提出了对社会整体品位与社会主流价值观的质疑。

难以置信的是，写出如此嘲讽、挖苦文字的华莱士，从小就患有抑郁症，并最终因此而自戕。正如文章开头所说，在他的令人忍俊不禁的文章中，阴暗的乌云不时浮现，也侧面暴露了他的身体状况。华莱士坚信生活是由"百分之四十九的快乐和百分之五十一的痛苦组成的"。真可惜啊，仅仅多出两个百分点的"股东"决定了这个文学天才的命运。

　　华莱士去世后，他在肯扬学院毕业典礼上的演讲《这就是水》突然火了，被评为美国最具影响力的十大毕业演讲之一，排名仅在史蒂芬·乔布斯之后。华莱士的小说很多都没出中文译本，这篇不长的演讲却以《生命中最简单又最困难的事》为名，在中国出版了。演讲开篇说："两条小鱼在水里游，忽然碰到老鱼打招呼，早啊，小伙子们。水怎么样？小鱼继续游了一会儿，其中一条忍不住问，水是个什么玩意儿？"——华莱士所有的作品，以及世界上所有的杰出文学和艺术，都在问："水是个什么玩意儿？生活是个什么玩意儿？"

为女王陛下读书

　　谁是那位酷爱阅读的英国女王？贝内特给出的描述是，女王年至耄耋，在位五十年，经历过戴安娜王妃的去世，接见过爱丽丝·门罗、大卫·塞西尔，知道 J.K. 罗琳，但她不喜欢《哈利·波特》。但我们若要考证她到底是谁，显然有悖贝内特初衷，贝内特只是借助女王的身份，大讲读书的故事，当然，这个特殊身份会产生一些让人忍俊不禁的特殊事件。例如有一次，温莎城堡的警卫把女王的书当作爆炸装置给没收了。女王对此评论说："这倒对了，书就是点燃想象力的装置。"

　　包括英国在内，欧洲很多国家都有着悠久的君主立宪历史，所以国王、女王在民众心里的位置很高。我读过一本《为国王们烹饪》的书，人们以能为王室服务为荣，贝内特的这本《非普通读者》里就有"为女王陛下读书"的论调，虽然女王本人不以为然。

　　女王喜欢读书，一定会使这个在文化上也堪称帝国的国家锦上添花。可是她的丈夫、她的首相以及侍从却不这么认为。在规矩甚多、老朽不堪的宫廷里，人们早已习惯了陈规旧俗。比如城堡里的图书馆，"所有的书被锁在镀金栅栏后面"，许多价值连城的书，根本就不打算给别人读。就连女王对侍从的态度稍微改变（无论好坏）一点，他们都接受不了。整个温莎城堡无法理解女王会把所有的闲暇时间用来读书。这点也让我感到不可思议，充满艺术珍品的古老王宫，不能容纳读书氛围？

即使读，按照首相的意见，女王也该读点有关"国际形势"的书。给出建议的首相很快就后悔了，女王主动向他推荐书籍。宫中的工作人员叫苦不迭，因为女王真的会询问他们是否读过那些她推荐的书。

艾伦·贝内特是英国家喻户晓的文学家。有意思的是，他曾两度婉拒女王授勋，却写了一本女王读书的小说。他笔下的女王从不爱阅读到热爱，从阅读到萌发写作念头，是一个遵从本心、毫无功利的阅读者。

"读书最好别在专门读书的地方"，女王对那个拒人千里之外的王室图书馆非常不满，随后得出了自己的结论。我非常赞同。我读书很少在图书馆或书桌前完成，相信很多读书人习惯"三上"，厕上枕上车上。贝内特没写女王在厕所里读书，那样毕竟有些不雅，但另外"两上"女王是喜欢的。

女王，或曰贝内特有许多关于读书的妙论。读书不为消磨时间，"如果想消磨时间的话，我就去新西兰了。"女王认为"读书是为了乐趣"，"而在于了解他人生活和大千世界"。"女王过了一辈子与众不同的生活，现在她渴望这种普通生活。在每一本书里，她都可以找到这样的感觉。"作为一介平民，我读书正与女王相反。《非普通读者》的扉页写着：You don't put your life into your books, You find it there. 我觉得，多数读者在书中找到的是自己的"dream"而非"life"。

女王利用身份优势，得以见到大批心仪的作家。然而交谈却不尽如人意，甚至有些尴尬。女王得出了钱锺书式结论，"最好还是读他们的书，而不是和他们见面。"这让她的丈夫凯文爵士松了一口气。爵士认为，女王要是再次为作家举办酒会，就得为艺术家举行一次，紧接着还有科学家，那就没完没了了。

　　读书为了什么，每个读书人都有不同意见。太多的关于读书的书写下了太多的理由。你去问一个废寝忘食的读书人，与问一个在路边下棋而不回家吃饭的人，得到的答案很可能一样。此书出版后，有人问贝内特，真实的女王是否会看这本书，作者回答："大概不会，她没空读我的书。"从这个意义上说，我们在为女王陛下读书。

为作家该抽什么牌子香烟而操心的编辑

　　卡佛的极简主义原来是他的编辑戈登·利什一手造成的。《当我们谈论爱情时我们在谈论什么》被利什删减百分之五十八，《咖啡先生和修理先生》删减百分之七十八。卡佛生前并不认同所谓的极简写作风格，曾发誓"有朝一日，我必将这些短篇还以原貌，一字不减地重新出版"。两人也因此反目。但我们需要知道，正是利什发现了卡佛的才华。

　　类似卡佛与利什的故事，在出版史上很常见。麦克斯·珀金斯是利什的老前辈了，也是美国出版界大佬级的编辑。对待作品，珀金斯同样"心狠手辣"，却从来都是恰到好处，并没和作者闹什么"新闻"，相反，菲茨杰拉德称他为"我们共同的父亲"。海明威特意把《老人与海》的题词献给他。由此可见他与作者的关系。珀金斯曾将柯立芝（美国总统）十六万字的讲演集删减到不足十万字。珀金斯一眼看出《了不起的盖茨比》会留名文学史，同时专门写信给菲茨杰拉德提出修改意见，特别是盖茨比的模样、性格。如果没有珀金斯，我们将看不到盖茨比的神秘微笑。

　　编辑与作者的关系很微妙，甚至比恋人之间还要难以处理得当，有时也类似销售与客户的关系，最好是变成相互信赖的朋友。例如刘瑞林和陈丹青。陈丹青说，他只认人，不信机构，他的书只让刘瑞林出。

珀金斯比刘瑞林更"狠"。他发掘了菲茨杰拉德，并在后者"断粮"时，说服出版社前前后后预付了近万美元版税，这在上世纪二三十年代的美国可不是小数目。"未来许多年中，珀金斯成了菲茨杰拉德的财务监管人。"尽管菲茨杰拉德有着惊人的文学天赋，但在某些方面，经他推荐、小他三岁的海明威认为他很幼稚（参见海明威《流动的盛宴》），珀金斯的一大部分精力，消耗在清除菲茨杰拉德的酗酒恶习与抑郁带来的影响，他甚至为后者该抽什么牌子的香烟而操心。

珀金斯是个绝佳的好编辑典范。他几乎不写作，却可以针对别人作品提出恰当的意见，甚至替作者设计情节，编造故事。但这不意味对作者不尊重，相反，珀金斯说："不要一味听从我的判断。一个作家无论如何，必须说出自己的声音。"珀金斯谈到《啊，失去的》的开篇有段老鸨为手下姑娘买墓碑的情节时，尚未出名的托马斯·沃尔夫赶紧说："我知道这您不能出，我马上把这段拿掉！""拿掉？"珀金斯大叫，"那是我见过最精彩的短篇故事之一！"珀金斯经常说："当作者要破坏作品本色时，这就是编辑应该介入的时机，但别介入太早，一刻都不能早。"不知利什听没听过他的告诫。他认为好的编辑应当像将军（作家）肩膀上的小人，将军会听从小人的意见，但别人却只能看见将军。

珀金斯对书稿有着猎犬般的嗅觉，尽管如此，他也曾屈服。他的老板查尔斯看到有本书卖得火爆，问他为什么没搞到手，珀金斯说，我一年前就跟您介绍过，但您放弃了。查尔斯摇着手指说："可是珀金斯先生，您没告诉我它会卖四十万本。"

人们津津乐道的珀金斯的一些怪癖不知道是否与他的编辑风格有关。珀金斯相信颅相学，他规定自己的女儿，在家只能说衬衣而不是内衣。他认为蜂蜜必须装在透明容器里，如是等等。有一天，好几个人闻到烟味冲进珀金斯的办公室，发现他完全无视着火的纸篓。最著名的当然是他的帽子，也许只有睡觉时他才会摘下来，但没有几个人能看到他就寝。

编辑面对作者，好像还有那么一点权威，但面对出版社便立刻落了下风，毕竟端着人家的饭碗。我们知道，很多经典小说，或编辑不识货，或出版社、审查部门认为"不洁"而被拒多次，以至于几年、十数年不能出版。比如《白鲸》《查泰莱夫人的情人》甚至《包法利夫人》。关于《太阳照常升起》，珀金斯又一次面临查尔斯的反对，有传言说他会因此而辞职。幸亏《太阳照常升起》以"微弱优势，不无疑虑"地通过了，否则，包括海明威在内的很多作家的命运将不再是我们看到的这个样子——珀金斯"温暖的友谊和坚定的支持对他们来说和他的编辑意见同样重要"。作者无条件信任珀金斯不仅仅因为他的编辑天才，而是珀金斯可以成为他们的莫逆之交。弗吉尼亚·伍尔夫死前指定珀金斯为她的文学遗产执行人。菲茨杰拉德去世后，珀金斯帮助他的遗孀和女儿渡过经济难关。

在漫长的编辑生涯里，珀金斯发现和扶持了相当多的作者，还有很多渴望成为作家却写不好书的人。有个女作者连续几个月"骚扰"珀金斯。同事问他为何在一个没希望的作者身上花费那么多时间，珀金斯说："如不这样，我担心她会自杀。"

第三辑　品质主义

　　那里有棵叫作回忆的大树，借着浓密的树叶，我们记住了阳光投下的阴影。

晚清"战痘"史

1644年农历三月十七日，大顺军将北京包围。就在上个月，大顺军在宁武关遭到明将周遇吉的殊死抵抗，所以李自成对攻打北京没有十足的把握，他一度启动了和崇祯谈判的程序。闯王绝对想不到，"老鼠"早已帮他消灭了明朝帝都的有生力量。1643年，鼠疫使京城人口锐减或达五分之一，据说当时内城每五个城垛才有一个守兵，朱由检甚至把太监也派上了城墙。

后人提到这段改朝换代的历史，皆言政治情势、军事力量与人心背向，很少有人关注到一场大瘟疫在其中所起到的作用。据史学家曹树基的研究，正是这场发源于山西在华北大地肆虐了十多年的鼠疫让日益腐败的朝廷更加不堪一击。如果闯王提前几个月攻进北京，他也难逃厄运。

清兵最终入关。这个历史的大态势绝不会变，然而有人认为，清兵占领北京后迟迟不南下，听任汉人建立南明流亡政府的原因，正是满人出于对瘟疫的忌惮。从医学角度看，闯王进京恰逢腺鼠疫刚好平息，肺鼠疫因为天气转暖还没有流行开来，尚可解释得通，但其经过很多疫区，现有的资料并未发现大顺军有任何疫情的记录，这就比较吊诡了。从正史中我们很难找到明清易代之际的病疫记载，相关史料只能在地方志和个人笔记中发掘。翻天覆地的时候，谁能料到躲在屋角内的小老鼠会将历史的轨迹稍稍偏移呢。

而病疫并未放过觊觎中原的满人。大贝勒代善、努尔哈赤的孙子岳托和玛瞻、豫亲王多铎等皇胄先后命丧天花。生在白山黑水的满人对来自中原的天花病毒毫无抵抗能力。最著名的例子是顺治帝，《清实录》载，他前往南苑、西苑避痘有五次之多。但为了治丧董鄂妃，终染上天花而崩——这种情深不寿的死法，影视剧导演很喜欢。本来，顺治想立福全为储君，深受顺治信任的德国传教士汤若望只说了一句话便让清帝国的命运得以改变：玄烨出过天花。

成为康熙帝的玄烨，无论从哪方面都不会忽视防治天花，在他的大力支持下，人痘接种技术从宫中推广到民间。人痘接种法并不保险，有相当高的死亡率。现在我们打小就种的牛痘，是英国人琴纳（又译詹纳）受中国人痘法启发，在其基础上改良而成的。19世纪初，中国地方官僚已经接受了新的接种方法，但宫廷御医仍抱着祖传的人痘法不肯改变，这直接造成了同治帝的死亡。包括医学在内的自然学科与技术，宋代以前，中国领跑世界，至明朝时还没让欧洲落得太远，到了清代，已经没法和人家比科技了。最叫人扼腕的是，中国很多发明创造，让西洋鬼子给发扬光大了，回过头来用作侵略中国的工具。中国统治者这次的抱残守缺，害了自己。

历史的魅力在于，它如同一条巨流，平静或澎湃、顺流而下或突然转向甚至改道，都是任何事物所阻挡不了的。这条巨流由诸多支流汇成，谁也无法量化一条融入它的小溪从中起到的作用。在历史的进程中，我们不能假设如果没有发生"什么"，历史会"如何"，我们只能探究"什么"发生后，历史"如何变化"。灾难绝对是融入历史巨流中一支重要的力量，无论天灾还是人祸。中国人对此并不陌生。惨到易子相食的极端灾难，遍布中国史书，也常常是改朝换代的直接原因。在世界史范畴内，灾难亦在扮演重要角色。比如上面提到的天花，据说是具有天花免疫力的西班牙人在 1519 年把它带到了美洲，令印第安人几乎灭种。

《灾难改变历史》给出二十个对世界和中国历史有影响的灾难事件，包括战争、瘟疫、地震、火灾、天气骤变甚至谣言。可以说，人的因素在其中具有主导作用，即使是纯粹意义上的天灾，比如地震，如果人们反应及时，处理得当，就能将危害降到最低，而不是我们现在翻开史书看到的那个样子。据《中国救荒史》一书的数据看，从商汤时期到公元1937 年的三千七百多年间，水旱蝗雹霜雪等自然灾害平均半年即有一次。纵观历史，中国人的防灾减灾多是被动性质的，加之统治者的漠视与科技、人文的落后，先人在灾难降临时总是无奈、无助的态度，他们仅有的一点余力，却用在"不问苍生问鬼神"上了。1874 年，天花再次光顾中国的皇帝，这次是同治帝，他在一片"供送痘神"的喧嚣中命丧养心殿。这地方，正是当年他的老祖宗顺治帝驾崩之处。而因为同样原因死去的百姓，只在史书中留下或模糊或确切的数字。

清朝近三百年的统治史，也可看作是三百年的"战痘"史。结局有目共睹，养心殿与承德避暑山庄空余一声叹息。即使没有天花的"帮忙"，大清帝国也到了寿终正寝的时候，天花让这种在中国活得太过长久的体制更脆弱了。史书记载了皇亲国戚们遭受瘟疫蹂躏的详情，而不见于史书的老百姓却是最大的受害者。直到 1961 年 6 月，最后一个天花患者痊愈出院，天花的魔影才彻底从中国消失。

大清帝国的晚年心理

　　有报纸曾约我给高中生推荐三本书，我第一个念头就是王树增的《1901》。此书或能把青年朋友从电脑里拽出来。历史教材是大轮廓、粗线条的简略复述，像脱水的蔬菜，味道寡淡。《1901》则精彩纷呈，任何导演也想象不出 20 世纪初的中国，情节转变之突兀，任何名厨都无法做出这一道百味杂陈的大菜。

　　王树增表示，他怀着惆怅心情，写完献给当代中国的《1901》，我每每翻开书，好像一场百年前的大戏就此拉开帷幕，我端坐前排，看得不知何时入戏，你方唱罢竟已轮到我登场了。国家尚不能自主，若我生在当时，该如何把握命运？1860 年英法联军进攻北京，雇用了很多中国人。如果我是一个生活窘迫的农民，联军向我购买骡马，我能否将其与国家民族之兴亡联系到一起？事实上，联军驮炮的骡子正是山东人卖给他们的。天津商人也和联军签有协议，"只要不侵犯他们的利益，他们愿为联军提供一切帮助。"也许以民族大义去要求一个农民或一个小利益集团是不公平的，何况当时有些朝廷命官也无此长远眼光，当亡国祸事已经铺天盖地砸向京城的皇宫、王府和胡同里的四合院时，抱着"金人有狼牙棒，我有天灵盖"的心理的国人依然占多数。

我曾在夏夜散步午门前，紫禁城里游人稀少，倒是装着清洁工收集的饮料瓶的玻璃丝袋堆积如山。谁会想到，一百多年前，一个法国医生曾由此经过，进入中国最神秘的皇帝寝室。《1901》开篇写道："中国人严重忽视了中国历史上的这一天：西历 1899 年 12 月 19 日。"被慈禧软禁在南海瀛台的光绪帝的健康竟是外国人最关心之事。迫于东交民巷诸国使馆的压力，老佛爷恩准洋医生给当今圣上看病，她对太监们冷冷地说了一句话："你们小心着，别让洋人给皇上看出别的毛病来。"

这个东方权力最大的女人和帝国的臣民没有意识到，皇上与帝国早已"病入膏肓"。一个国家的经济、军事实力并非是决定其命运的绝对因素，从根本上来说，国民教育和精神素质至关重要。在帝国领导阶层，普天之下莫非王土的神话早就被坚船利炮打得粉碎，然而祖宗之法不可变仍然是根深蒂固的观念；在草头百姓阶层，议论洋人稀奇古怪之余，还是各扫门前雪与得过且过的态度。美国传教士史密斯忘不了中国人无所事事的沉默，他认为中国人忍受精神、肉体痛苦的能力是世界一流。但中国人却从没这么想过，相反，中国人——挣扎在死亡线上的占帝国人口九成以上的手工业者、游民和农夫——的生活稍有改观，便会津津乐道皇宫大内的传说与街坊四邻的家长里短。帝国官员的心态并不比在他们统治下的草民健康多少：当英国人逼迫清政府签订《南京条约》，将禁止中国人使用"夷"这个侮辱性称呼的字眼写进条约后（特别为一个字的使用而制定一条专门的外交条款，在国际关系史上是罕见的一例），他们在给朝廷的奏折中，"夷"字反而被大量使用。王树增写道："原来对洋人不用夷字的中国人也改称夷了，而且无论含义还是口气里，一律添加了鄙视和恶狠狠。当然，还有一点我说了你听不见的狡狯的乐趣。"全国上下如此阿Q精神，在大厦将倾之际，非但于事无补，而且雪上加霜。

对于晚清至民国的剧烈变动，当时及后来，有过无数种阐释。我以为国人心态变化值得琢磨。如今父母都盼望孩子能出国留学，甚至在中学时就开始想办法。在1872年，清政府决定官派留学生的消息传来，举国哗然，人们认为朝廷此举不啻贩卖孩子，政府官员亦不以为然，"中国不尚西学，今此幼童越数万里而往肄业，弗乃下乔木而入幽谷欤？"

风头一时无两的义和团更是让人难以捉摸。1900年，扶清灭洋的义和团进入帝都，醉后酒话居然成了"法律"，不听从者，以"二毛子论处"，将北京城闹得人心惶惶鸡犬不宁。他说烧香，"都城烟雾腾腾俨然成了庙宇"；他说挂红灯，则家家挂灯，"犹如节日"。"突然有令来，说高举红灯照迎仙姑。居民刚举起红灯，又说高举有碍仙姑的云路，放下吧，则命令又来，红灯低者乃奸细也。"如此反复，以至于随便在大街上喊一声"泼水"，大家就忙不迭地泼，"满街是水之后，相互问为啥泼水，谁也说不明白。"大清子民的心理已经脆弱到崩溃边缘了。

慈禧对义和团首鼠两端，致使攻打外国使馆的战事荒唐无比。而帝国最高领导人和官员的心理，尤过之。老佛爷永远分不清"家"、"国"，留下"量中华之物力，结与国之欢心"的"千古名句"。朝廷派往日本观摩学习的官员有如下行径：安徽官员李光邺半夜入娼家求宿，被警察抓走；苏州官员丁桥山当众在洗手盆里小便；江南官员杨某在宴会上强与艺妓裸露……此等心理，简直让人无法理解。莫非帝国的官员都是心理变态么？！帝国的知识分子的脑袋也不清楚。大家都知道戊戌变法的内容，但没人会想到康有为还给皇帝出了个移民巴西的主意："开巴西以存吾种。"康有为的理由是，美及澳洲皆禁吾民往，唯巴西经纬度与吾近，亚马孙河灌之，肥饶衍沃，若迁吾民往，可以为新中国云云。李鸿章闻听此妙计，竟表示"同意"，推说待巴西大使回来后再作商量。康有为考虑不可谓不周到，但他没想，人家巴西干不干？"慌乱的年头里，帝国的文人确实已经神经错乱。"

王树增还谈到中国人与戏剧的关系，"中国人很容易模糊戏剧的真实和生活的真实。"戏剧行为往往在现实中畅通无阻，可当一个人真正表达自己时却被看作奇怪甚至是有毛病的人。这其实是一个心理转变过程，"中国人只有在舞台戏剧里才能看到向往的世道，享受公正带来的快感。而在现实里，会成为梦想，一旦时机成熟，宣泄情绪的人无法区别到底处在戏剧和真实哪种状态中。"

惯于在封建制下过日子的人民，突逢外国列强的侵入，"中国人千年不变的面孔在那时突然表情急剧丰富起来，犹如舞台上夸张的戏剧表演。"这便是僵化的心理面临外力强迫后的被动改变。促成一件件比戏剧还要夸张、荒诞的事件正是一个民族的怪异、扭曲的心理和性格在起主导作用。《1901》"揭示并反思我们这个民族的性格特征，因为这些特征深深地融在我们每一个人的血脉中，影响或决定着我们这个民族的生存面貌以及命运沉浮"。

出版人张立宪极其反感中国人的"镜头感"。电视台采访，只要镜头、话筒一伸向某人，他立刻入戏，进入一种被采访或公共发言的状态。我觉得这种普遍现象，并不是某一时期形成的，而是与中国整体文化、历史有着千丝万缕的关联。白岩松有句名言："一个人的心脏功能四十岁像二十岁，但是他弱智，你能说他健康吗？"

相较晚清的积弱，民族心理的不健康更值得我们思考。

历史的镜子与黄药师的偏方

如果说《语词笔记》（七）这本书是一面映照现实的镜子——其实整个语词系列都是——那么，现在看来，它被敲碎了，以短句、语词的形式，细细地撒在读者心里，要么疼，要么愤怒，要么无奈。它太琐碎了，哪怕宏大的题旨，也被消解成黑色幽默，淤在快好的结痂里，痛痒而不得下手去挠。当然，也有大量的乐趣在里面，就像一个有抠鼻孔、剔牙习惯的人，别人看着别扭，自己却怡然自得其趣。我想，中国人的想象力和创造力并不输任何他国，也许高出很多，自然，未庄精神更如此，但笑过之后，并不愉悦。一个高考成绩不好的人，读《儒林外史》范进中举一段，莞尔之余，还是担心自己不第的将来。啥时候我们读黄集伟的语词系列，不再有隐隐的担心而发自肺腑地笑呢？

人多渺小啊，争来斗去的，上帝看了只好去打酱油。凡上帝不管的事，通归人管。记得上次我评黄集伟的《语词笔记》（六），说"有是时代，有是语词"，编辑把"是"字删掉了。其实"是"是指"这样"的意思。有这样的时代才有这样的语词。十年为一个年代，时代要比年代的范围大些。一年一本《语词笔记》固然是黄集伟的目标，但绝对是年景给

213

了黄集伟以信心。年景好，语词段子跟着丰收；年景不好，嘿，黄集伟的收成更好。好比一个人发牢骚时，才思更敏捷，更见其幽默。

有的语词，今天看，代表一个年代；明天看，有可能代表一个时代；等我们老了再看，或许代表着一个历史时期。然而它不是古董，越老越值钱，比如我们读叶兆言的《干校家书》、杨绛的《干校六记》，"干校"，够久远了——年轻一点的甚至不明白它是啥样的学校——就令人生厌，绝无把玩欣赏之意。黄集伟收藏语词的意义由此诞生：以最小单位的文字形式，一句话、一个词、一个字，记录一个时间、事件、心情，乃至一声弱于蚊蚁的叹息。它们分散，是一小块碎玻璃，尖锐、细微，貌似不影响整体。它们聚集，就成了反观历史的镜子。时间一长，想全面了解就需要阐释、描述、回忆。黄集伟此时就是名副其实的黄药师，他摆弄语词如草药，把一根山茱萸、一片牡丹皮、一块熟地山药泽泻茯苓、外加一匕首尖的砒霜扔在锅里，反复煎熬。历史也就有了酸甜苦辣、热凉温平。好像是一粒皆大欢喜的山楂丸，其实我看它是六味地黄。黄集伟悄悄地加了点虎狼之药，说它是伟哥，却不立竿见影，它要你耐心、乐观地长期服用，才有治本的补肾功效。功能主治：滋阴壮阳。用于头晕耳鸣不辨方向，腰膝酸软没有骨气，遗精盗汗丧失战斗力。生产厂家：中国百姓。生产日期：改革开放。有效期：终生。禁忌：尚不明确实际明确。不良反应：尚不明确实际明确。注意事项：一定放在儿童能接触到的地方。经销商：黄集伟。

在《语词笔记》（六）一书的结尾，黄集伟引用了狄更斯的《双城记》；这本《语词笔记》（七），黄集伟引用了《查泰莱夫人的情人》。读过这两本名著的人都知道，悲剧的成分大。黄集伟不仅是在掉书袋吧。年代剧、内心戏，合历史的辙，压个体的韵。真的常常是，就是，我们默唱自己的戏，看别人登台。啥时候能来个合唱呢？仿佛封面上的图案，把它整合起来，才能看出那是一张历史的脸谱。

《剑桥倚天屠龙史》题外话

　　在一次小型私人聚会中，新垣平博士向我透露了这本书的由来。众所周知，剑桥大学是极其松散的学院联合体，各学院都是经济独立核算单位，而他们的收入绝大部分来自社会与校友的捐赠。新垣博士所在的历史学院东亚及中国史研究分院近两年来，经一位不愿透露姓名的中国籍学生的牵线搭桥，由中国一家著名的房地产公司的董事长以个人身份进行资助。2007 年末，这家房地产公司宣布，该学院副教授级别以上的教职员工的薪水，将视其研究中国历史的业绩而定。新垣博士的授业恩师 Jean Pierre Sean 教授虽然一直是欧洲著名的中国史学家，但他最近几年把精力放在了蒙古史的研究方面，中国资助方政策的改变令这位老牌英国绅士大为恼火，同时不得不考虑吃饭问题。恰逢新垣博士刚好对元末明初这一段的历史有新发现，于是，"师徒联手"打造了这本轰动史学界的巨著。新垣博士说，他的老师当初很有顾虑，新垣博士解释道，论文署上导师的名字在中国司空见惯，比这更严重的问题，比如抄袭，也会不了了之，何况老师自始至终在指导自己的研究，"理所应当有老师的功劳"。逐一品尝了美酒后，新垣博士半开玩笑地对我说："这也符合中国国情。"

此书以英文形式最先连载于剑桥大学历史学刊上，新垣博士翻译成中文并发布于天涯网。《剑桥倚天屠龙史》令人眼前一亮，它揭开了中国官方钦定历史的不为人知的一面。

说到这儿，有必要解释一下中国人心中的"历史"。从古至今（至少到清末民初），大多数中华帝国的子民之历史观是从戏台上的戏剧、茶馆里的评书中得来。帝国子民纯朴天真，他们没有机会受到良好、完整的教育，一旦得到有关过去朝代的信息，便深信不疑，无论他是通过什么样的渠道。在中国民间，类似《三国演义》《水浒传》的通俗小说长盛不衰，人们从来没有怀疑过它们的真实性，甚至将其中的人物奉为神明。比如三国时期的关羽。从另一方面看，帝国子民的选择可以说是"正确的"，因为他们当中的幸运的少数人经过私塾教育而获得的历史知识，很大程度是被官方篡改过的。比之官方承认的历史（官方修撰的史书往往刻板且倾向于朝廷的执政策略），民间传诵的故事显得鲜活，更加接近史实。事实上，《水浒传》一类的书一度被官方定为禁书。帝国历代的知识分子不乏聪明者，他们发觉官修史书的弊病后（例如近代学者梁启超认为二十四史不过是二十四个皇族的家谱），便产生了个人修史的行为，于是产生了大量的以"旧闻、记、录、志、言、话"等为书名的稗史、野史。更有一部分知识分子为了躲避修史可能带来的灾祸，以匿名的方式将他们认为的信史略微改头换面，加入到民间艺术形式中去。此种做法，固然使历史信息的传播最大化，但也令历史的面目复杂不清，同一历史事件和人物，往往有不同的版本，结局也大相径庭。纵然如此，野史的地位在一些头脑清醒、具备历史洞察力的中国知识分子眼中还是有着相当的高度（在官修史书的实际操作中，政府史官依循或参考野史的做法亦常见）。现代中国文化、思想界最负盛名，同时也是官方最为大力推崇的周树人在论及读史时说："尤其是宋朝明朝史，而且犹须是野史；或者看杂说。"（鲁迅《读经与读史》）

《剑桥倚天屠龙史》论述的就是元末明初时期的历史。按照中国史书编撰惯例，前朝历史由接替她的朝代负责，但无论是《元史》还是《明史》，对具有中国特色的江湖世界和江湖的代表人物或一语带过或语焉不详，而正如新垣博士在书中的绪论中所说的那样，后来的历史学家越来越发觉江湖势力（亦即武侠势力）在历史进程中的作用之重要："蒙元帝国在中国统治的崩溃在很大程度上应当归咎于中国武术界的集体反叛。要勾勒出一个元帝国的兴衰史而缺乏对武术界的了解，正如要研究中世纪欧洲的历史而不知道骑士阶层一样荒谬。"出于对"游侠""武侠"势力的恐慌，历代史书的编撰者保持着令人惊讶的统一的缄默态度。在庙堂眼中，江湖势力不能落在纸面上供后人效仿。现实中，要么为我所用，要么扼杀勿论。比如慈禧与义和拳。相比之下，中国知识分子以一种绝妙的方式，躲开官方的出版审查，将江湖纳入笔端。古人称之为笔记、野史，今人则发明了一种叫"武侠小说"的形式，查良镛便是其中的翘楚。

查良镛以金庸武侠小说而闻名于世，但他实质是位地道的历史学家。在他主政《明报》期间，该报对中国乃至世界时局的评论和预测为世人瞩目。上世纪80年代，他曾受到领导人的多次接见。一个通俗小说家、报人，何以被政界如此看重？查良镛晚年入剑桥大学攻读历史博士，当是一个知识分子对知识的渴望，但一个功成名就、远离大陆政治体系的小说家何以做出修改原作、加入官方组织的吃力不讨好的事情来？或可从新垣博士的断代史著作《剑桥倚天屠龙史》中看出端倪。明眼人早就作会心一笑了。《倚天屠龙记》的"记"与野史，书中明教、明代与查良镛创办的《明报》系列出版物之关系，都在暗示查良镛的用心良苦。但系统、科学地论述武侠小说中的历史，新垣平博士是第一人。他甚至发掘了查良镛隐藏在武侠小说中关于现当代的政治、军事情报秘密。英国军情六处某位高官不署名地在《泰晤士报》上对此感叹道："我们每年花费大量纳税人的英镑，所培养出来的专业间谍，都比不上中国一个通俗小说家。"在剑桥大学进行博士论文答辩期间，《每日电讯报》记者采访八十六岁高龄的查良镛，问及此事时，后者顾左右而言他。

有关《剑桥倚天屠龙史》的题外话还有两个人值得说说。一个当然是此书的作者新垣平博士。新垣平并不是他的本名，新垣是个很少见的复姓，汉代倒真有个同名同姓的家伙，是个术士，以忽悠汉文帝为己任，最后落得"夷三族"的悲惨下场。新垣博士显然想以此名寄寓中国知识分子在以往朝代的境况，秉笔直书往往不得好死，姑妄言之也不见得好到哪去。毫无疑问，读者皆将此书当作恶搞去寻求阅读快感的根本原因，乃是遵循着他们受到的历史观教育："我们将自己的思想、意志和价值观投射到历史叙事和构造中去，反过来又将之视为客观真实并要求他人承认。"新垣博士在这里委婉地向读者发出质问："自己的思想、意志和价值观"真的是我们自己的么？

　　与之相映成趣的另一个人物是此书献词中提到的美国物理学家 Alan Sokal 教授，这位被读者忽视的教授在上世纪 90年代的西方学界掀起了轩然大波。美国杜克大学的学术刊物《社会文本》发表了 Sokal 教授题为《超越界线：走向量子引力的超形式的解释学》的文章（亦名《逾越边界：关于量子引力学的转化性阐释》）。该文引用了大量哲学家、科学家及其观点和著作，用严格缜密的逻辑否定了传统牛顿体系的物理世界。三周后，Sokal 教授又在另一家刊物发表文章，声称他的那篇论文纯属蓄意编造的"诈文"，目的是回击所谓的后现代主义思潮中的荒谬性。华东师范大学历史系教授刘擎在《回应后现代主义的挑战》一文中分析道："我们可以确认论辩双方的一致和分歧所在，《社会文本》一方承认客观现实的存在；Sokal 也同意事实本身不是'自明'的而必须服从于'阐释'，分歧在于，Sokal 及其支持者坚持认为适当的科学方法可以在发现事实的过程中'过滤'社会和文化的影响；而这种观念对于另一方几乎是'宗教式的信条'，因为任何方法都是在文化和语言中建构的，其中隐含了深刻的权力关系，无法保证其可靠的客观性。"由此我们可以看出新垣博士献词给这位浑身上下洋溢着幽默气息的美国人的寓意。

人类学并不忧郁

"西边的天空上，细小水平状的金黄线条仍然闪闪发光一两分钟，但北方则夜晚已经降临：那些小丘状的堡垒变成石灰抹过的天空底下一些白色的凸起而已。白天消逝夜晚来临，所经历的这样一系列几乎完全相同，但又无法预测的过程，是最神秘的事情。没有任何人可以预测任何一个特别的夜晚会采取什么样的形式降临。"

很难相信，我在著名的人类学家克洛德·列维 - 斯特劳斯的《忧郁的热带》里，看到这样优美、观察入微的文字。他竟然不惜笔力，用了近十页的篇幅，来描写海上落日。这部四十多万字的书，读着根本不像学术著作，倒接近游记。法国人的浪漫和科学家的严谨，被列维有效地结合起来，也许这是它畅销的最直接的原因。

列维又是结构主义人文学术思潮的主要创始人。人类学？结构主义或结构主义人文学术？我们大可不必理会这些吓人的专有名词，跟着列维去亚马孙河流域跋涉、钻进巴西高地森林深处，学习与世隔绝的原始部落友好相处之道吧。

人类最开始的生活是什么样子？我们为什么会发展成现在这样？自然与人与宗教，究竟是何种关系？人类发明的文化，对"自然人"是好是坏？也许，人类发明的东西都是"名相"，和"人"的本质无关或关系很少。你当然可以抱着猎奇的心态去读原始人群的故事，对卡都卫欧妇女脸上的花纹倍感兴趣，但别忘了列维的着眼点：一个现代人，比如你，身上武装着各种数码产品，和全身只把阴茎套住的吐比卡瓦希普族人，在作为一个"人"活着的时候，有什么不同？列维写道："短暂的中断蚁窝似的活动，思考一下其存在的本质和继续存在的本质，在思想界限之下，在社会之外之上，思考哪条道路使人类具有特权，使自己的存在具有价值。"

人类发展过程中，发明了无数工具，例如文字、宗教，然而列维认为文字的剥削作用要远远大于启蒙，而后者则"不但不比前一阶段更进步，反而看作是往后倒退"。列维激烈地说："人类除了在最开始的时候之外，从来没有能创造出任何真正伟大的东西。不论哪一个行业或哪一门学问，只有最开始的启动才是最完全正确有效的。其后的所有作为，都深具迟疑、多有遗憾，都是试图一步步、一片片地再掌握那些早已抛在脑后的事物。"

如果单纯关注学问，那这本大部头就太令人吃力了，读者很容易找不到北，就像列维在热带雨林中忧郁、迷路。而且人类学也太宽泛了，读者无所适从——列维把结构主义引入人类学，使所谓结构人类学几乎囊括了所有学科——就像列维拿他的坐骑、那头生气的驴毫无办法。"人类学家并不能回答一切问题。"人类学是"一种避难所或传教站"。也许我们既不需要避难所躲避什么，也不会在传教站停下几分钟，我们在读《忧郁的热带》的很早很早以前就知道自己需要啥了，尽管，我们的需要与列维是多么的南辕北辙。"我在抱怨只能看到过去的真相的一些影子时，我可能对目前正在成形的真实无感无觉。几百年后，就在目前这个地点，会有另外一个旅行者，其绝望的程度和我不相上下，会对那些我应该可以看见却没有看见的现象的消失，而深深哀悼。"列维想说的或许是，热带不懂忧郁，我们不懂生活。

人类学家是人类的一分子，可他想从极高远的观点去研究人类，那个观点必须高远到使他可以忽视个别社会和文明的程度。他的工作，使他远离自己的社会一段又一段长久的时间，由于如此全面、突然的环境改变，他染上一种长久不愈的无根性。列维是悲观主义的人类学家么？不，他活了一个世纪的时间，悲观主义者没有长寿的道理。但读到序言里称他为"当初五位结构主义大师中今日唯一健在者"时，我有些悲哀，2009 年，太多的人离开了。让我们记住其中之一，列维，一个著名的、关心人类自身的人。

如何成为一个品质主义者

　　吃罢元宵，本想去后海看焰火，怎奈女儿因雨雪霏霏而不愿去，我也只能窝在家里。不过伴着爆竹声声，读朱伟的专栏文字《元宵》正相宜。宋人诗云："星灿乌云里，珠浮浊水中。"朱伟猜测乌云即是元宵的芝麻豆沙之类的馅，星灿则有可能是猪油。馅够腻的，但读书，尤其是读朱伟这种多及古典文学的专栏文字却不腻。

　　朱伟说目前作家里，阿城和叶兆言最具文人习气。他自己也是。读他的专栏文集《有关品质》，记言载事状物叙人，传统文士气味颇浓。而他的叙人，可视为短小精干的人物小传，择其菁者传之，动静相映，夺纸而出，无论古人今人。譬如《王羲之字》，右军以为书法的最高境界是"明媚相承"，朱伟说"明"即"洁净——苍劲而为明净中的妩媚是一种姿态，魏晋风度总以这种有意的姿态构成而令我们神往"，一下子就由一人之论上升到一个朝代。至于今人，他的《接近阿城》我最喜欢，可惜这本集子没收录，如果没记错的话，在他的另一本书《作家笔记及其他》里。

　　当今写人的作家，我最得意的便是朱伟和张立宪。两位都是编辑出身，审读文章与人都别具慧眼。后者结交之流，狷介不羁者居多，写他们，传奇性强。朱伟则发掘了不少如今在文坛上赫赫有名者。朱伟写叶兆言，称之为"难得残存的江南文人"，说他"一直生活在自己的世界里，与现实世界越来越分道扬镳"。叶兆言也是我喜欢的作家，尤其是他的随笔。然写当代人存在尴尬的可能，叶兆言新作《苏珊的微笑》被讥有媚俗之嫌，不知朱伟怎么看。我同意梁文道"文如其人的古训最能适用在散文家身上"的说法，如此，我还是去读叶兆言的随笔吧。读到朱伟写刘欢，我就想，还好，他没写藏天朔。

"有关品质"是朱伟 2003 年在《三联生活周刊》开设的专栏。周刊上还有"生命八卦"和"生活圆桌"是我爱读的专栏。我买书日渐增加，周刊的定价也慢慢上涨，只得忍痛割爱。我买的最近一期还是 2008 年 43 期，已是十元一本了。这期"有关品质"写法国作曲家梅西安，我不懂音乐，而结集成书的《有关品质》恰恰略去了这一部分，正合我意。

何为品质？朱伟认为一个人、一篇诗文乃至时节、植物和食物，区别于其他者，正在品质之不同。比如涮羊肉，现在已经很少能吃到新鲜的羊肉了。不信你可以再去吃时试试，新鲜的肉，化后无血水，锅也是越涮越清，不会起沫。羊肉片也是机器切的了，70 年代之前东来顺的刀功，已成绝响。而人为之最，皆因外物勾连太多，变数也就太多，"守护着自己的品性，真是很难有人做到。"言及读书做学问，朱伟指出我们的通病是"疲于急用先学"，与"学以聚之问以辩之"相去甚远。我颇以为然，一则我浮皮潦草读书占半，再则我写字时若不能上网查资料，手指就感到地心引力的存在。

朱伟说"有关品质"开设的初衷，是逼迫自己读书，冀以积累辨别质地的能力，达到重心向下的目的。朱伟曾回顾他年轻时的读书生活："那时为了借一本书，常常要在雪路上来回走十来里地，回来时月光下的雪地上只剩下一个人的脚步声。书借回来，钻在被窝里就着手电的光亮读。"这基本上可以说是吃 70 年代东来顺涮肉的感觉了，如今难觅。读书是好事，就怕成了装饰和追随潮流。以前人们觉得摆个像样的书橱，家里一下就提升了档次；现在则包里随时有探头探脑的畅销书，里面不乏根本不读如苏珊·桑塔格者。

　　读罢《有关品质》，我感觉朱伟的品质是七分中国传统文人与三分现代知识分子的勾兑。他说"每个人的一生其实都在积累自己的品质。只有品质才是永远无法泯灭的"。如何成为一个品质主义者？朱伟的答案当然是读书。

一芽一叶总关情

沏一壶好茶，读一本好书，或者与三两好友对谈，是我觉得最为舒服的消遣方式。我所谓的好茶，不必名贵，适口即可；好书，不必皇皇巨著，有趣便佳；好友，不必学富五车，对脾气最妙。但如今各忙各的，约一次，得提前半个月预定。好书也不多，需用心寻找。只有茶，二十余年未曾间断。花茶，去张一元买；铁观音，去吴裕泰。以中档为主，偶有朋友送包装精美的茶叶，我自认无福消受，最后也是转送他人了。

具体到喝茶方式，我亦不太认同弄一茶海，一堆工具，五六个酒盅大小的杯子，真麻烦。古人更是，水、烧水的柴火、器皿，泡茶的壶，讲究太多了。讲究一多，就成了文化。至于茶叶，不仅博大，而且精微。现在茶道的仪轨，属于日本茶道，但究其本质，仍跳不出中国传统文化。我在东北长大，东北人习惯喝红茶，只认滇红祁红。那时候都穷，多喝不入流的，抓一把扔进搪瓷缸子，冲进开水，盖盖焖一会儿，开喝。偶尔遇到好茶，观汤色，闻茶香，最后再品味道，也走程序。现在条件好了，开始正经玩茶道了。六安瓜片、太平猴魁这类以前只在武侠小说里看过的茶叶也飞入寻常百姓家了。有一次在朋友家，一下午品了五种茶。

北人粗糙，喝酒如喝茶，喝茶亦如喝酒。南方讲究茶道，却也精兵简政。《茶之路》介绍讲究茶道的潮州人喝功夫茶，突出重点，不及其余："（喝功夫茶）程序的重点在于盖碗、茶杯始终要烫。潮州人认为水不开茶香就发不出来，什么公道杯、闻香杯，妨碍茶客品啜滚烫茶汤，皆属多余。"

喝了这么多年茶，其实对茶文化还是一知半解。比如，读了《茶之路》我才知道金骏眉是正山小种的一种，而且以前喝的，大半是仿制品。真正的金骏眉泡开后，茶叶底都是黄豆大小的独芽。

喝茶人都知道陆羽的《茶经》，那是一千二百多年前的唐代茶文化，事到如今，虽精髓未变，流迁亦多，仅茶叶的种类就不知增加了多少。《茶之路》名字恰如其分，带着读者一路看山看水看茶树，走遍南中国产茶制茶之地。种茶、采茶、炒茶，无不详备。状产地之地形、气候、风土人情，叙传说典故人物之事略，抒怀古追思之幽情，载制茶工艺之徇古与破藩，传承与创新，可谓一字一句有来历，一芽一叶总关情。

手工焙炒茶叶，历来是茶叶好坏的关键，也是茶农存身之本。近年常有茶商打着传统手工炒茶工艺的幌子，卖高价。事实上，机器炒茶已是王道。"如果没有机器，我这把腰早废了。"擅炒涌溪火青的朱师傅如是说。饶是如此，炒茶时，朱师傅还要每夜起来多次，观察火力，用手拨匀茶叶，才敢放心。总理用此茶招待过尼克松，并告诉后者，这茶叫"落水沉"。

许多古老的制茶工艺本已失传，但随着茶叶消费的增加，古代工艺渐渐恢复，很多茶人在发掘与探索中，亦有创新。

例如金骏眉就是梁骏德在传统工艺上摸索出来的新产品。金骏眉火了以后，有人问梁师傅怎么分辨真假，梁师傅说："你第一句就错了，不能说假，只有是不是桐木原产地的区别。"另一个例子，你在茶庄买的大红袍即使贵到天上去，其实也不"纯"。1964年，福建省茶研所以科研名义从母树上剪穗繁育而成，1985年10月，崇安县茶研所的陈德华私下从省茶研所搞到五棵大红袍茶苗，但同年9月小包装的大红袍就已推向全国。可以让大家放心的是，只要是正规茶庄的大红袍，都是正宗武夷岩茶。

茶叶是否正宗，当然直接影响口感。但随着时代进步，"正宗"的概念也在悄然变化。太平猴魁按古代工艺来说的话，茶叶要一一手工捏尖滚平，这道手工早在上世纪90年代就被弃用改机器加工了。太平猴魁只有太平县猴坑、猴岗和颜家村产的才是正宗，但以三地每年区区不足四万斤的产量根本满足不了市场，所以只要是太平县产的猴魁就可以了。

《茶之路》有篇文章说："明代茶人在书斋茶室里悬挂山水画幅，焚香插花布道，意图营造自然，但始终无法抵达真正的茶源，感受当地的风土。"我觉得在这点上不必苛求古人。即使是交通畅达的今天，我们也无法做到喝碧螺春就去太湖，喝花茶就去福州。

喝茶的心态才是茶叶好坏的关键。茶确有清身俭性之功用，但你在茶楼与客户谈合同，和你在斗室与朋友促膝，同样的茶，喝出来的绝对是两种味道。像我此时，闲来无事读《茶之路》，便新绿盈目，不时啜一两口三级茉莉花茶，便茶香齿颊。能长此已久，足矣。

月光在哪儿

　　六哥张立宪多年前受缪哲蛊惑，说什么你一定要读《费马大定理》，害得六哥心神不宁，进书店不找别的，最终在网上买到，连夜读完。缪哲是读书做学问的家伙，六哥虽然不专门做学问，却是出版家。行家里手之间推荐书籍，除了独乐不如众乐，还有一点坏心眼：甭想睡了您呐。有句话说得好，"好书不过夜，润物细无声。"然则缪哲又言之凿凿，"我所谓的好书，是谁都希望自己读了，又谁都不想读的书。"以我浅陋的推测，缪哲谓之的好，便是与娱乐、功利无涉的好了。想想也是，了解费马定理肯定没有看懂股票走势有用。缪哲视书如砥，磨多了，好歹也能有些收获，古人言"书读百遍其义自见"是也。但最要紧的是读书人的思维，不肯动脑，书读得再多，亦是榆木疙瘩，两脚书橱而已。

　　我呢，连两脚书橱都不是，盖因八卦心重，对北大出来的一干人等颇感兴趣，才子们的不在规矩内那些行事一直是我想做而不能、不敢或没有机会做的事。我常有尚未识荆之恨，故到处收罗老那、三七、缪哲、王怜花等人的文字，打牙祭。说到文字，缪哲"着读书十年，再来开笔"的训导犹在眼前，但我读他读出了滋味，不免"技痒"，忍不住瞎咧咧，顾不得是否"读书十年"了。

缪哲的这本《祸枣集》，其定性为"不可与言而与言，是谓失言"，所以"二十年来，写的全是淡话"。明知失言而言之，明知扯淡而扯之，为何？书中自有蛛丝马迹。他给师兄三七的书作序说他素重其文，堂而皇之"文明堕落的一阻力"。虽有爱屋及乌之嫌，但此乃人之常情，况乎三七担得住这么大的赞誉，以我之短视，北大总算没辱没了三七、缪哲这一批人，他们的见识、学问和文字功夫，原本该有更大的影响，该有而没有，只好扯扯淡。其实闲扯淡的文字最好了，除了能窥见作者的性情，作者的思想或主张也会"不小心"带出来。比如他议论杨绛对贫下中农的怨气，和三七的《为什么不能拿农民开玩笑》一样，说明知识分子与劳动人民从来不是一家人，真正做到杜甫为打枣老妇"鸣不平"，实属不易。杨绛先生未必是忘本的人，开心网上种菜被偷还愤恨不已，何况是干校期间的劳动成果。但"有知识的人，道义上有为无知识者代言的义务"，或许还要加上"有知识的人，有发表意见、指出社会缺陷的义务"一条，现在的人，不是没知识（或曰常识），而是有知识却不行动。大伙都知道该排队上车，该省水省电，保护环境，但偏偏就有一脸严肃的排队日、节电节水日，等等。写书著文，差不多相当于小旗、嗓子一块儿扯：大家自觉排队了。效果嘛……我忽然想到诸多名家当初的弃医从文和投笔从戎，总之抛弃一样选择一样，从当时、从他们本身来看，绝对正确。以深度报道和杂文见长的李海鹏辞职回家写小说，此为个人志向，不议。但我等深爱其文的人，亦深以为憾，若鲁迅先生作杂文与作小说颠个个儿，不会影响他老人家在文学史、思想史的地位，但我们却少了很多妙趣横生的杂文。像三七、缪哲者，连杂文都懒得作，"二十年煮字，仅得这薄薄一册"，读者难免"当奈公何"了。

缪哲两次引用霍尔姆斯论伊丽莎白时期的语言的句子："语言腐坏了。臭气还熏染了英国的良心。"他说："这是以语言的腐败，为文明腐败的祸首。"是不是祸首，尚无定论，但缪哲赞同奥威尔，语言的愚蠢源于思想的愚蠢。他写了很多关于学生与作文的文章，我也有同感。犬女写千字网文，立马可待，写学校留的作文，往往拖到最后，敷衍一篇了事。

二十年仅得一薄册，话题杂七杂八，编辑强分五辑，文章长短不一，其实长的也没多长。我们称之为文化随笔、文化批判，缪哲想必不愿担当，饭余谈倒是恰当，很适合这样"两个博士模样的人，站在尿池上，手里掇着老二，讨论螺纹钢的，新的、迄今犹未见终点的时代"。

书末压轴的谈艺论学的文字并不如缪哲自谦所言"是与书画界朋友的应酬，没什么意思"，他主攻美术史，又不惮在谈艺里夹带自家见识，比如他议论名士的野与雅士的伪；探微宋人书画里的党争，颇有见地。只是他好像守着电话写文章，那边朋友的酒局牌局催得紧，这边只好点到为止，止于大叩小发，不叩不发了。

北大盛产诗人，尤其是早夭的诗人，也盛产流氓与名士。缪哲先是做了一阵子诗人，避开天妒英才的厄运，然后慢慢地"名"起来，中间兼着好睡懒觉的流氓、拱猪种子选手。现在奔着翻译家去了，业余给媒体"补白、添报屁股"，但我总觉得他在杂文上下的功夫还不如在练字上下的大。他北大时期的主要光荣事迹见于老那《城市蜿蜒》，可惜这本《祸枣集》说他自己的事少之又少，仅可从他写别人的故事中猜测一二。按说诗人流氓名士啥的泾渭并不分明，整好了可臻"三位一体"的化境，为人可交、可艳羡、可以其行事做派为谈资笑料；为文则可观、可捧腹，然不可效仿。诗人的"愤怒"，为芝麻大的屁事、不认识的路人、毫不关己的某政策法规"愤怒"，外饶感时花溅泪的小心脏。合格的流氓首先得无甚多财产，会骂娘、敢骂娘，该出手时就出手。流氓气表现在文字里，便是瞪着眼珠子说"歪理"，狡黠、诡辩、兜着圈子忽然要横，若整篇气韵清脱、用词用典古雅的文字猛地这么来一下子，真有"意想不到的好"。比如前面引用缪哲写回母校的公厕奇遇，"掂着"某物件，夹于"尿池"和"螺纹钢"之间，前冠以博士，观者莫不喷饭；后缀以时代，闻者皆默然。缪哲当然是"熟读《离骚》"，看他作古文古诗就知道，"读《离骚》"与"熟读《离骚》"真不一样；"痛饮酒"是打发生而为人的无聊，或曰浇花浇块垒亦可，总之以名士、隐士收尾，可谓大满贯，没辜负在传统文化里打过滚。但缪哲、三七之徒中西学通贯，西学对他们的影响似乎更多一些，所以还在时不时地饶舌。比如他就着陈丹青先生辞职一事，谈论做学问与搞艺术的关系；比如他厘清国学的来龙去脉，用的多是西洋鬼子的逻辑和标准。将缪哲的文字拿去和陈寅恪比，悬鹄标高，也是读者爱意颇浓的表扬，然我读来读去，觉得缪哲还是倾向西学。我不懂任何学问，也不知道究竟哪种主义好，但讲清某些社会问题，找到解决的好法子，还是鬼子比较有经验。不过到了中国，传统与现代一结合，鬼子就蒙了。

缪哲与洋朋友去吃饭，看到诗情画意的菜单，外国友人对服务员说："不要书，请把菜单拿来。"缪哲以为，就是把菜名整出花来，也未必延长传统文化的寿命。张充和先生诗书画皆佳，"视为文人传统的绝唱则可，若视为传统文化可嬗变于现代的一证据"便有些自欺欺人了。更何况这样的老人不说硕果仅存，差不多也是寥寥无几了。反倒是字写得不咋地却满街题字，古诗背不出几首但踊跃改菜名之辈多得抬头不见低头见，躲都躲不开。

缪哲最早给《读库》补白的一篇妙文，叫作《荷塘月色》，也收在这本集子里。再读仍妙。妙的是"荷塘月色"宛如前些日子网上流行的"一枝红杏出墙来"的百搭诗句，可任意置换。兹录如下：

……其中就有这"荷塘月色"汤。什么东西呢？一坛子带汤的莲藕。

我心里一恼，就叫了服务生来。

"这玩意儿，"我用勺敲一敲坛子，"我就当是荷塘了。可你妈的月光在哪儿？"他一言未发，用手指了指我的头顶。

上面有一只新月形的吊灯。

有趣必有益

黄灿然在《帝国反写战》中说："数十年的中华文化，若去除港台海外华人的努力，则中原还剩下什么？就连沈从文、钱锺书、张爱玲、陈寅恪，也是由海外学者最早为他们恢复名誉和地位的。"我读张大春《认得几个字》、唐诺《文字的故事》，就心存疑惑，为啥大陆没人写出这样的学者、百姓都读得下、读得懂、读得有趣的文字学书籍呢？还有瑞典女作家林西莉的《汉字王国》。我倒不是说大陆缺乏这样的人才，有关文字学的高端读物大陆数不胜数，但是……

但是终于有了流沙河的《流沙河认字》可以与其分庭抗礼。这四本书，皆十六开本，页数三百五十上下，字数二十万字左右，犹可断言，欲说汉字，非此等条件不办。《汉字王国》没读过，不说。《认得几个字》从小学生识字的角度说起汉字，比较散，也更有趣。张大春的一双小儿女逮啥说啥，张大春也就顺势利导，几个汉字就在一个童趣盎然的小故事里讲明白了。唐诺是成系列地讲，汉字的产生、创造方法，等等。相对于《流沙河认字》，他们更感性。流沙河也讲故事，他围着汉字本身转得紧，不像前两者那么能扯。张大春讲着讲着，就跑到他的儿子闺女身上了，阿城说"这是一本有体温的书"，我想他指的即是张大春的父亲情怀。唐诺则如同中学老师，先忽悠，再讲课。他知道，如今都是能忽悠的受欢迎。比如他在第八章，先说日本大阪的街道，又说旅日歌手欧阳菲菲，再扯点银杏树的生存之道，这才不慌不忙地点到正题，原来在那条街道上，铺有刻着古汉字的地砖。流沙河的书呢，像大学的讲义，开门见山，由"一二三"的三到"山之多态"的山，直到三生万物。流沙河讲字，分门别类，举凡坐言起行、器物、自然人文，等等，均按字的相关性归到一起，基本上把人的一生所能牵扯到的字都讲了。

　　流沙河说："读出古音，写出古形，并能说清楚此字的古今演变过程，那就算完全认得了。"我说余老爷子（流沙河姓余），您这不是难为我等读者么？咱实话实说，这四本书，我认真读了，读得也痛快、长见识，可是，记住来龙去脉的汉字，还真没几个。要达到您的要求，恐怕我下半生都得用在背诵这几本大书上。不过，读了这几本书，咱最起码不会像某个大学者和大校长那样，弄错"致仕"与"七月流火"的意思。

　　汉字对普通爱读书的中国人来说，就像水之于鱼，平时尽顾着在里面瞎折腾了，没工夫去想源头的事。如今托诸位大师的福，可以轻松地一个个搬来研究，才忽然发觉汉字之美之讲究之珍贵。敢情天文地理历史人伦都含在字里了，最有趣的是中国人渗透到字里的哲学，读懂一个汉字，我们可以知道老祖宗是怎样看待世界的。古人对万物体察之细微，令我惊讶。流沙河讲到"進"字，繁体进字为啥从隹，隹就是鸟，"原来鱼能退游，兽能退走，而鸟不能退飞，只能前进。"还真是，没见过能挂倒挡的鸟。流沙河顺手揶揄了一下简体字，"隹简成卄，前去跳井？"

既然隹即是鸟，鸟即是隹，那么古人为啥费事造出俩字？《说文解字》回答，尾羽长者曰鸟，短者曰隹。后人多不赞同，因为从鸟的字也有短尾巴的，从隹的字也有长尾巴的。今人发现鸟的篆文甲骨文是张着嘴，隹则是闭嘴，于是认为善鸣曰鸟，不善鸣曰隹，可惜，反例也不少。流沙河有新解，他说："甲骨文里两字并存，中原华夏称鸟，南蛮称隹。虽皆象羽族，但读音各异，所以并存至今。"他举出鸡的两个繁体字"鷄""雞"，"其间并无是非，互为异体罢了"。流沙河顺藤摸瓜，考证"鸣"字本来是鸡在叫，不是鸟叫，而且是公鸡。有意思。他又说起自己养鸡的事，考证鸡笼鸡罩的本意。流沙河本就是很有意思的人，说到隹，他怎能忘了自己是蜀人呢。蜀人口语好称"锤子""椎子"，意指男根，盖以隹代彼物，正如北人称其鸟也。至于为啥南北皆以同物替代"那话儿"，嘿嘿，您看书，慢慢研究吧。

流沙河"自幼喜学认字，到中年才想起应该认个清楚明白"，于是历四十年研究汉字，伏案三年写出此书。我读《流沙河认字》，好像凭空捡了个大便宜。好多作者都说感谢读者花费时间金钱阅读他的书，我看倒是读者该感谢作者。都云作者痴，流沙河自问自答："认得那么清，有何益处？我的确答不出，但我坚信西哲之言有趣必有益。"

阅读，没那么复杂

　　我从来都认为阅读是件愉悦的事，不像唐诺说的那么复杂，他的《阅读的故事》都给我整怕了，我要唱唱反调。

　　没人会像古尔德严格按照生物学、物理学那样解读《格列佛游记》：比如小人国的人们一辈子只能穿一套衣服，因为身体太小，衣服产生的附着力将使他无法脱下。这么读书和古人篡改杜牧的《清明》诗一样无趣。唐诺将其视为书籍"分类的破坏或解放"，但它和"人性总有寻求秩序的渴望，却同时对秩序的不耐和不舒适，也想挣脱和超越"不搭边。

　　本雅明的书房是一个优质牧场，书如野放的牛羊。我和唐诺一样，喜欢伸手就能够到书。但要是书房乱得下不去脚，我宁肯躺在书上睡觉。反过来，家庭书房非要和图书馆那样分类严格有序么？如此还要学学目录学？唐诺也并非一味赞赏这两种极端方式，他其实在小题大做，整本书都是。"小题大做有时会是非常非常有意思的，人类一些动人的发现，常常便是从神经质的小题大做出来的。"我和唐诺唱对台戏，也是读书之余的"小题大做"。

　　如同初恋，每个人的第一本书都是宿命的，但下一本书"就藏在此时此刻你正念着的这本书里"么？除非你作系统的阅读，沿着"树枝状的阅读路径"读下去。唐诺"强烈建议对同一书写者进行完整无遗的整体阅读"，这便有些强人所难了。他承认在读者眼里，塞林格只有《麦田里的守望者》，纳博科夫只有《洛丽塔》的"一书现象"，"这当然不是真的"。但读者一辈子只读过一个作家的一本书倒常常是真的。以我为例，读过大半拉鲁迅，全部读完的，只有不被承认是文学的古龙和金庸。而且，"标准的业余性阅读是只读最顶尖的寥寥好书"并不容易达标，况且所谓的"二流书、失败之书"只是因人而异。公认的海明威的败笔之作《过河入林》，马尔克斯反而认为是他最好的作品。唐诺以为台湾应该到了大量阅读"二流好书"的时候了，如此，社会便能在灾难袭来时从容应对，不再是"落汤鸡模样的狼狈社会"。唐诺对读书的事功之乐观和期待，着实有着读书人的可爱。

阅读的终极目的是什么？"连博尔赫斯这样的脑袋也困惑"，我想这类似爱因斯坦的大一统之梦，或是老托尔斯泰梦想用一部《复活》给出人生全部答案。一定弄出个子丑寅卯，我觉得是徒劳的，唐诺笼统地归结为书籍给我们提供了"一个意义之海，一个用无尽可能性构筑的世界"。没错，书籍的确很多时候像国王十字车站的九又四分之三站台，"阅读者愈受书籍中更好世界的诱引，相对离开眼前的世界愈远，相对便愈容易看清眼前世界。"以唐诺对阅读的敏锐，他应当补上一句：阅读恰如沟通两个世界的桥梁，而不是令读者渐行渐远的车站。

至于卡尔维诺在《如果在冬夜，一个旅人》的开始，磨磨唧唧地劝告读者准备好读书的心态和姿势的段落，完全可以越过不读。天下没有比读书再随意的事情了，你甚至可以躺在浴缸里读书。千万别像唐诺那样郑重其事，牢记"逐二兔不得一兔"的格言，读书时不能抽烟、不可上厕所。天哪，要是这样规定，天下的读书人得逃掉一半吧？

人们常感叹"没有时间读书""读不下去"，照我说，这是伪问题，你见过抱怨没时间下棋的棋迷、不会踢球的球迷么？真读不下去《纯粹理性批判》，换一本阿加莎·克里斯蒂如何？阅读不需要机械地背诵，又不是拿毕业证。适合你的书，不知不觉你就记住它了，就像唐诺读马尔克斯的《迷宫中的将军》，不接受那条马格达莱纳河的真实荒败，只记住了书里描述的"璀璨的荒败"。这里我完全同意唐诺引用的博尔赫斯的话："我总是重读多于泛读，重读一本书要比泛读很多书更重要。"

《阅读的故事》无疑是本好书，但同时更是本专业读者、专业作者对阅读的经验总结。对于我们普通读者，直接开读好了。相信自己的第一感觉，读得下去就读。别相信书店的排行榜，更别信别人的书评，尤其是那个叫瘦猪的糊涂蛋。

不是城堡，是沙龙

　　饭局上，碰见敢于端起酒杯的女人，这时候你一定要小心。一老酒友如是说。走江湖，千万不要招惹乞丐、和尚和女人，尤其是女人。中原大侠段老爷子对段玉如是说。当一个女人拿起笔，而不是酒杯或越女剑之类令男人汗颜、胆怯的东西时，我们只有欣赏的份了，欣赏之余，也会小小地嫉妒一下，弄点好男不和女斗的宽心丸吃吃。

　　在中国当代年轻的女作家里，至少有两对这样的巾帼——方希和周晓枫、毛尖和黄昱宁——她们双剑合璧、独来独往，无论怎样，其文字，足以确立"江湖四女侠"的地位。双剑合璧，是说她们之间的私人关系和文风之间的相互感染，并不是指她们曾合著过什么。两对姐妹，前者在北京，后者在上海，正好一京派一海派。当然了，此京派海派非彼京派海派，不过是地域恰巧罢了。

　　单说后者。我刚放下毛尖的《这些年》，就捧起黄昱宁的《一个人的城堡》。把两本书里的句子或整个文章掺和掺和，怕是一时分不清到底是谁写的。

　　文字上有传承的像，有相互影响的像（传承说白了也是单向性的影响），有刻意模仿的像。仔细读去，还有区别。比如毛尖和黄昱宁，毛教授外向，文字有攻击性，如街头疾走的短裙少女，犀利，一旦搭上话，她幽默、不避忌讳的大路风格，适合大多数读者的胃口。黄大翻译则像养在深闺的大家闺秀，需要你用同等的学识教养，才能与之对话。尽管，黄大小姐也时不时地冲上街头，做一下不良少女的秀，但毕竟她还是在图书馆里或沙龙上感到舒服。都是耐读的美好的女性文字，方希和毛尖相比她们的搭档，有些雄性力量。"我要是男人，也想娶小黄当老婆"这样的话，毛尖可以说，方希可以说，但黄昱宁和周晓枫不可以说，这就是她们之间的小小的区别。

可是，在优雅的文学沙龙里，听一位淑女侃侃而谈，是多么享受的事情啊！黄昱宁在读者眼里，就是17、18世纪巴黎豪华会客厅里的女主人，周旋在艺术名流之间，谈音乐、电影、绘画和建筑，当然，最多的是文学，我们的温婉的女主人，是地道的外国文学编审，那些故去的和在世的，令我们眼前一亮的人物，仿佛安坐在她的面前，手边的咖啡热气腾腾。这等熟稔，我们自然嫉妒不了，比如她像老朋友一样地把 E.B. 怀特唤作安迪，为杜鲁门·卡波蒂写小传，调侃上海女文青的偶像小白，哦，天哪，阿加莎·克里斯蒂失踪的十一天，黄昱宁写得如此的"阿加莎·克里斯蒂"，叫人怀疑她是否以亲属身份阅读了阿加莎的所有推理小说。女主人不乏幽默，她用电影《大腕》的经典台词般的语言演绎如今的编辑的尴尬……说自己对文字的挑剔仿佛"化嗜好为职业，正如终于嫁了个情投意合的男人，再要一迭声地嗔怪抱怨，便是身在福中不知福，没来由地招人厌"。"招人厌"么？看看今天图书市场上那些烂书就知道是谁招人厌了！

黄昱宁谈起文学，温婉中也见犀利。虽然她一面小声嘀咕："评判这玩意儿，越是斩钉截铁，往往地，保质期就越短。"一面还是忍不住发表见解。无论读到菲利普·罗斯、多丽丝·莱辛，或者阎连科、莫言，照样"踩准鼓点"向她以为的命门敲去。至于那里是柔软的致命处还是护心镜的所在，就不能在黄昱宁的沙龙里一探究竟了。我喜欢的是她那种对文学的纵横四海、如数家珍的姿态，此时的她不是翻译家和小模小样的书评家，而是王语嫣论武学，天下各派，无不洞悉。稍微不同的是，王语嫣只是个理论武学家，而黄昱宁却是会一套咏春拳的练家子。

我更喜欢读"言如玉"这一部分。黄昱宁在此时，不再面对社会名流，而像是和老朋友聊天。甜蜜不乏小感伤的回忆，不分你我的调侃，纯粹自我的日记，黄昱宁散了长发，换上居家便服，聊天避不开文学，但口吻轻松多了。

《一个人的城堡》，拿集子里的这样一篇文章做书名，可见黄昱宁讲究文学见解的独立性和私人性。这一点和文章里的主角约翰·索恩相同。索恩是英国有史以来最伟大的建筑师，没有"之一"。他将自己的住宅辟为博物馆，留下不容毫厘置疑的遗嘱："必须将馆内的一切，尽可能保持约翰·索恩爵士生前的原貌。"这是否可看作黄昱宁的文学观？我们尽可能就一部文学作品和作者的一切构成要件去寻找、求证它所蕴含的意义和我们的主观见解，但决不可移动它们当初的位置，甚至去一厢情愿地改变它们的性质，这样，判断不同意见就有了客观依据，而不是"见仁见智"。看腻了呆板的文学论文，去读读黄昱宁是不坏的选择，因为以我所见，她的文章具备论文的要素：围绕着文学作品、作品中的人物和作家（大部分是国外的），黄昱宁在自己的评判里提供了大量第一手材料，这样的最大的好处是让没有读过她议论的书的读者，会在日后读该书的时候，能不费力地找到和该书有关的其他书籍与材料。当然，读者需有一点清醒，保持自己的判断力，别被黄昱宁优雅的谈吐给潜移默化了——那毕竟是黄昱宁"一个人的城堡"，不，不是城堡，是沙龙，高雅的文学的沙龙。

人和畜距离有多远

把钟鸣称为书蠹不准确，但他也不会怎么反对，他家里除了古董便是书。古人以为书蠹如果三次吃掉"神仙"两字，就能变成通灵的"脉望"，"以脉望仰天而祝，星辰便会坠落化为仙丹。"然而钟鸣不屑于神仙之流，他还要研究三星堆文化呢。

三言两语难以说尽钟鸣。早年他以诗人闻名，某天突发奇想，研究上了古董，为此变卖家产，跑废了三辆车，终于建立起中国民间最早的石刻博物馆（之一）。期间他还志于做一个文体家，《城堡的寓言》《畜界，人界》和《涂鸦笔记》，的确给中国当代波澜不惊的散文带来异样的罡风。这家伙差不多已经成功了。更有洋洋洒洒三卷本《旁观者》，甫一面市即告罄。偶于旧书店见之，价格惊人，再觅而不可得。只有去年的《涂鸦笔记》和今年的修订版《畜界，人界》令钟迷们一振。

因子不语怪力乱神，中国散文里不能载道的另类便若显若隐地活在高头讲章的压迫之下。孔子获麟绝笔，说明至少在春秋晚期，人们还可以一睹珍禽异兽之芳容。老子感叹孔子的好礼，认为凤凰一定出现在他的庭院。那时凤麟已经绝迹了。从黄帝时期开始，人们把凤凰当作鸡，吃它的蛋，后来吃起它的肉来。《海内十洲记》说人们用凤喙麟角做"连金泥"，用来粘接折断的刀剑。这与凤麟的祥和之意抵牾，所以它们不再降临人间。为此两语这些从前寻常的动物，后人只能在各种笔记、志怪小说中寻得一二，其余大部分则散佚了。

如今拜钟鸣搜集之功，我们见到了传说中，甚或无法想象的动植物、鬼怪与一些不可分类的物种。尽管钟鸣竭力发掘它们的出处，读者仍然被弄得七荤八素，合上书，喘息未定，精神还在那片匪夷所思的天地里往来。钟鸣要的就是这种效果。他"志在拓展作者和读家的想象力，此为新文学、唯物运动以来最需补短处，虚实之间，若得文字与思想的乐趣，便足矣"。

除了中国古籍，钟鸣还在普林尼、爱伦·坡、但丁、莎士比亚和博尔赫斯等一连串的智者身上"采气"。他于是获得了世界意义上的叙述。由此觉察到整个人类都丧失了一种宝贵的力量：这个世界不再产生神话。

神话与现实世界相左，却曾经紧密联系在一起。如今它们之间的距离越来越远了，神话，或者说是想象力，成为世界的"反环境"，钟鸣认为文学是沟通两者的强有力的媒介，为此他尝试过诗文并存的样式，也形成现在的特征，"挪用典籍、穿插附会、把所有能指引入图像社会学……"他批评《今天》的转变，批评作家们所擅长所津津乐道的"古洋不化的平衡感"。钟鸣的胆量够大，他宣称以《象罔》三部曲补民族想象力，正美感，生敬畏。《畜界，人界》正是第一部。

需要提醒读者的是，钟鸣真正想告诉我们的话，隐蔽在此书的《新版弁言：枯鱼过河》和跋里，但与奇妙、瑰丽的正文比起来，我们当然更爱读后者，那就请仔细读正文的每句话吧。比如随便翻到的这一页，"有种叫红彼得的猴子，每当他们做出一件事情，脸就会变暗，红下去。但这无助于改变现状，他们还会继续心痒痒地犯错，并欣赏自己的那块盛开的大红疤。红彼得还有个特征，就是用肚子思考。"

你读你的名著，我读我的八卦

　　《古拉格群岛》和古龙，只能选一种的话，我肯定读后者，虽然前者我从来没读过，而后者读过数次。在图书馆里，甚至站在我很少的藏书面前，我总有些无力感，像一个被食物包围的丧失食欲的可怜家伙。有时我还觉得无书可读，因为它们比安眠药神奇，我一边沮丧一边兴致勃勃上网玩游戏。所以我对一些诸如《假装读过》这类书话体的书更感兴趣。

　　我读书来源有三种：自己买，别人送，网上。少部分是图书馆借的。奇怪的是，我读得最多的书往往从来不买一本。武侠、悬疑、科幻之类为主，武侠是上学时租来的，同学间相互借阅的，后两种都是坐在书店里蹭。后来在我闺女"不买就不走"的威胁下，买过几本那多、大刘、阿婆和新本格的书。科普书倒是买了不少，一遍一遍地啃。我觉得有些科普书比科幻要过瘾。至于家里那些世界名著，一半是我闺女读，另一半是等着我闺女去读，没我啥事。至于贝小戎在《一年读完51部哈佛经典》里列举的那些大部头，我刚看了标题就很有信心地对自己说，别做梦了，你一辈子也不会读完。不是说那些书都不值得读，而是有些书实在提不起精神头儿去读。比如洛克的《论教育》。

如果你读书不是为了显摆，那么法国人的《如何谈论你没读过的书》，英国人的《如何真正地谈论你没读过的书》，根本没必要去读，还有那本很火的《假装的艺术》。朋友给我寄来《假装的艺术》，我翻了翻，"假装读过了"，便随手扔在一边，再也找不到了。身为文学教授，就是那个写《如何谈论你没读过的书》的家伙承认他有些书读过了却忘记它讲了什么。这还是比较好的结果。我读过《红楼梦》，不止一遍，但打死我也搞不懂四大家族那些人的亲戚关系。那为啥要读呢？因为里面有我感兴趣的男女关系、官场斗殴、花花草草和盆盆罐罐。

　　我读书首要条件就是是否有趣。这么高级、纯粹的追求我现在是很少有了，悲愤啊。贝小戎说有个叫谢伊的牛人用一年的时间通读了一遍《牛津英语大词典》！好家伙，这部词典共二十本，二万多页。前几年网上很多人都声称会带一本词典去孤岛，我想这些人只是随便翻翻词典，觉得有点意思才这么说的，我不相信其中会有个中国谢伊。通读词典也没什么好处，"没让谢伊更聪明，也没提高他的考试成绩。"小时候老师要求每人必备一本《新华字典》，红色的，小小的，无论怎么放，放在书包里都显得突出的那本，你肯定"曾经拥有、另有所求"的那本。我很少用。看书遇到不认识或不懂的字、词，我总是结合上下文去猜，直到我认为我懂了为止。导致现在我不敢在口头上用书面用语，十有八九会念白字。后来我个子高了点，兴趣范围广了点，偶尔查过和性有关的词汇，发觉上面的信息量还不如坐在我后边的男生，就更不用读了。谢伊说他能在词典里读出《麦克白》，那是因为里面的例句很多都是引用莎翁的。他认为如果查词典仅为了检查是否拼对了某个词，"就像把一部伟大的小说用作镇纸"。对一些不读书的人来说，它垫桌脚都不合格，太厚。

朋友曾问过我两次，南怀瑾的《我说参同契》怎么样，我的确读过这套分上、中、下册的书，但我的回答很迟疑、很模糊，"里面有些真东西"。至于有哪些真东西，我也的确回答不出。况且，我读出的真东西，恐怕并非是你要的真东西。一个人向苏东坡请教，他说他读完了《晋书》，苏学士问，里面有什么好亭子名，那人"茫然失对"。你看人家就想在史书里找到适合亭子的名。如果一本字典没有收录你想要的关于性方面的词汇，那么对于你，它就不是一本好字典。但多数情况是，你读了才知道书中有没有你想要的东西。比如这本《假装读过》，核心是"趣味"。猴子能不能打出《哈姆雷特》？执着于理论上的概率是"死读书"或"读书死"，读出"猴子要想打出名著，它们不会去敲键盘，而是选择进化，那样更有可能写出《哈姆雷特》来"的趣味才是"读书"。

如果一本书让你"茫然失对"，那么你很快就奔向"昏昏欲睡"的高级阶段了。我的建议是，你要立刻，而不是马上，实现你的高级阶段，别受那个洋罪了！多数书的有趣躲在厚厚的书页里，要在密林中发现好玩的小动物可不容易。贝小戒奇怪：怎么还有《怎样阅读一本书》这样的书？他反诘道："如果读者本来不会看书，又如何去看这本书呢？"贝小戒充当了好些年的猎手，他替读者把趣味从书里摘出来，于是有了《西风不识字》《假装读过》。

贝小戒在后记里表示："以后要少在趣味上下功夫，多在深度上下功夫。"虽然趣味与深度不一定矛盾，但我还是担心贝小戎顾此失彼。三联书店有几个"硌色"的人，比如贝小戎的"恶趣味"，他喜欢另类的、有趣的书，在《假装读过》里你可以体会到；朱伟的"掉书袋"，他总是能找到那么多的书来掉；三表的"认真"，他认真地杜撰那些朋友的趣事，认真地骂人、吐脏字。话说现在能有一个肯于认认真真地骂你的人也不容易找到了。《三联生活周刊》有几分这样的趣味：将高雅艺术尽量放低，将通俗文化尽量抬高，在阳春白雪与下里巴人之间左右逢源。《假装读过》是《三联生活周刊文丛》之一，当然必有《三联生活周刊》的影子。若舍趣味而逐深度，怕是会丢掉很多读者。至少，我不会再买了。

以下是我从《假装读过》里摘的八卦。你读后可对别人说："《假装读过》这本书，我读过。"

13页：亚里士多德说："人们应当在冬天吹着北风时受孕。不该结婚太早，太早生下来的就会是脆弱的女孩，妻子就会变得淫荡，而丈夫则会发育不全。结婚的正当年纪，男人三十七，女人十八。"请问亚先生，你有什么科学根据？

16页：出版社对节选本有个很好的比喻："节选本就像公交车上的老弱病残孕专座，还请专业人士自重。"

17页：写《国富论》《道德情操论》的亚当·斯密是个话痨："谈到银价时，他插入一段逸出本题的话，这段话就占了七十五页。"这仅是一例。他的稿费绝对是按字算的。

21页：有人写过三百页的小说，没有一个字母 e。

22页：杰克·伦敦好吃半生不熟的鸭子。朋友们给他起外号叫"狼"。他写过狗的小说，写没写过狼，我不知道。

22页：屠格涅夫大脑重七十盎司，法朗士只有三十六盎司。有人开玩笑："无疑，它具有鱼子酱的质地。"我换算了一下，三十六盎司大约是二斤多一点点。

23页：《战争与和平》出版前，托翁的老婆抄了全部文本七遍。她怎么没发明打印机？

23页：写007的那位大佬，是个每周抽五百支烟的牛人。

24页：一个英国历史学家说："关于苏格拉底的东西我读的越多，我越对雅典人毒死他不感到奇怪。"

25页：福克纳明显借鉴过马克·吐温，但他却说后者是"在欧洲都不会被视为四流作家的雇佣文人"。不是三流，而是四流，还不是四流作家的枪手。这评价够狠。

25页：有人评价奥威尔："他每擦一次鼻涕都要评论一下手帕业的工作条件。"我的联想是，豆瓣上有些家伙每看一本书都有要写一篇书评的想法。

25页：伍尔夫认为毛姆是"一个罪犯，如果在公交车上遇到他的话"。小偷？性骚扰？我认为后者的可能性大，原因是不在于被议论者的性别，而在于议论者的性别。

26页：读了萧伯纳对莎翁的评论，我觉得萧伯纳像一个追求莎翁不成的基佬。

29页：托翁给《安娜·卡列尼娜》的主要人物命名时有意重复，比如安娜的情人和丈夫都叫阿列克谢。

36页：格雷厄姆·格林化名参加模仿自己的比赛，得了第二。好像卓别林也干过这事。

42页：英国媒体调查显示，排在前三的，叫人谎称读过的世界名著是：《1984》《战争与和平》《尤利西斯》。很荣幸，这三本我都没读过。名列第四的是《圣经》。这叫人很怀疑他们的宗教信仰。

54 页：有个年轻人要亲吻乔伊斯写出《尤利西斯》的手，大文豪的回答是，这可不是个好主意，因为这只手还做过很多别的事。

58 页：《纽约时报》评论版的一位小姐说，要说有什么事能确认加缪的人生是荒谬的观点，布什读他的书就是一桩。

70 页：写出《爱丽丝漫游奇境记》的刘易斯·卡罗尔擅长数学。爱丽丝背诵的乘法表"四五一十二、四六一十三"看似错误，但在十八和二十一进制下，正确无误。令人惊讶的是卡罗尔只用九分钟就能算出 87564327 的 13 次方根。

累了，不摘了。

人类为什么需要想象

　　我从未如此的觉得自己的阅读是这么的狭隘和缺失，当我翻看徐来的《想象中的动物》或钟鸣的《窄门》时。他们给我展示了奇妙的镜子：镜子映照的是真实的世界，但我看到镜子里的世界显然和我熟知的世界不一样。如果我有机会阅读博尔赫斯的《想象的动物》、卡兹维尼的《世界奇异物与珍品志》或伊本·伊亚斯的《世界各地珍异物香味书》会怎样呢。也许像博尔赫斯的小说《环行废墟》里的那个做着梦中之梦的少年，沉浸在想象的迷宫里不思往返——不，是清醒地享受一次明白无误的梦幻之旅。

　　作家描述的动植物，似是而非，曾经和人类亲近，但最终远离、消失，只在想象中活着。他们借助古书的半鳞片甲修复它们，无非想营造真实——徐来竟说他的故事是从一本发黄的、封面绘着原子结构图和系着红领巾的少女的练习本上读到的——其实就算我这样智力平庸的读者也知道作者的欲盖弥彰，但恰恰相反，真实和想象的混淆，最令人着迷。就像你和一位异性朋友之间含意模糊的眼神与言辞。

　　我曾想将书中提到的古籍、人物、动植物和典故罗列出来，我猜想其中一定有某种神秘的联系。我已经着手准备了。

某一天，豆瓣上一个叫莫须有的书友告诉我，北大野草书店里有相似的书，名叫《彳亍于人神之间》，涅克拉索夫著。我知道这个作者直接影响了钟鸣。我立刻去了野草书店，包括野草的海淀图书城的分店，但没有此书。也许是卖完了，也许此书根本不存在。作家有时就像骗子，娴熟地摆弄文字，世界就在某种程度上被把玩中。马原在他的小说中开篇就讲："我就是那个叫马原的汉人。"随后开始一本正经地虚构他的世界。博尔赫斯声称："有一种神秘的力量却只消几句话就可以说服千百万无知的人们。"日常中一件小事就能叫人晕头转向，我们又怎能去奢求了解世界的终极秘密呢。徐来在《水差子的悲鸣》一文中描述了一种叫水差子的神秘虫子，人们相信它知晓天穹之外的秘密。与宇宙最为接近的东方宗教大师即将道出真相时，它的身体突然裂开，从里面飞出翠绿的水差子，瞬间消失在冰冷的天空。秘密从此截断，人们永远不能了解了。很多事情人们无从想象，正因为如此，人们才会在想象中创造匪夷所思的东西。多么奇怪的逻辑啊，之所以我们迷惑于这样的世界，是我们看到的世界与我们想象的世界不尽相同的缘故。

徐来的故事里，我最痴迷一篇叫《冯赞谈到的大鸟》的文字。那只名为"风"的鸟居然是宇宙本身。我想到卡尔·萨根的《超时空接触》和那多的《神的密码》。凝视你的手掌，在你张开手掌的一刹那，上面有多少世界生生灭灭啊。早期人类认为地球（世界）是个球形动物，它能吃能喝，有记忆和颜色。中世纪欧洲艺术家把太阳看作上帝的眼睛。中国古人则相信他们生存在一个大得无法想象的巨人的身体里。古人称自己叫"倮人"，和别的动物一样，是寄生在巨人体内的虫子——面对一只猪，人没啥好骄傲的。后来人类发明了文字，有了书籍，于是幻想天堂就是图书馆的模样。博尔赫斯说宇宙是由许多六角形的回廊组成的图书馆（博尔赫斯《通天塔图书馆》），回廊数目无法确定，边上的螺旋楼梯上穷碧落下通地狱。呵呵，他也提到了镜子，"忠实的复制表象"。镜子是这么神奇的东西：它映照真实，反射出来的世界却无从把握。自从人类有了文字和书籍后，人们似乎全部用书籍来保存历史。

博尔赫斯的另一个中国学生钟鸣曾引用厄普代克的话，"博尔赫斯将一切都缩小为一种神秘的状况。他的地下妖魔风格和对典故的百科全书式储备产生了一种反向的光照，一种哥特式的气氛。"这种奇异的行文依托于文本的丰富与引用，所以又称博尔赫斯是"作为图书管理员的作家"。钟鸣在向老师致敬。钟鸣的散文里，充斥着古籍典故甚至他自己的作品（他在《窄门》里就提到了他另一本书：《畜界，人界》）。钟鸣的作文成绩优良，他领会了老师的真实意图，那就是"用象征的暗合与一种失传的眼光（想象）看待世界"。钟鸣在《鸩杀》里拿毒药来象征死亡对生命的意义，并详尽地分析了鸩与古罗马迦太基英雄汉尼拔和项羽的亲密关系。羽和鸩的毒羽，鸩和朕的同音，朕的创造和项羽的联系，鸩的别名和江东的称呼，鸩和鸿门宴之鸿的相反属性，刘邦名字和鸩的鸣叫的相同，民谚和不可过江东的暗合，如此等等。经过繁琐的抽丝剥茧的文字游戏，关底终于到了：作者得出项羽是饮鸩自杀的结论。其实项羽究竟是饮鸩自杀还是引剑自杀并无区别，重要的是解读历史很可能有其他的角度，尤其对于离我们过于遥远，记载简略的时代，想象和对象征的破译能够提供另一种读史的可能性——古今中外概莫能外——与楚王朝同时存在又同时灭亡的迦太基不也如此么，汉尼拔的命运和项羽令人吃惊的相似。

很多人相信埃及金字塔是外星人的杰作，数学家指出，金字塔的建筑数据和宇宙的某些数据的吻合是正常现象，你也能在自己的身体中找到和宇宙相同的地方。而文学家的使命与科学家相反，一个负责能使你在高速公路上疾驶，一个负责你在驾车时可以浮想联翩。虽然很容易出车祸，但那是另一种学家负责的事了，也不用你操心。诚如博尔赫斯在他的全集的代序中所引用的卡莱尔的名言："世界历史是我们被迫阅读和不断撰写的文章，在那篇文章里我们自己也在被别人描写着。"博尔赫斯热爱中国传统文化（即使他没有直接接触过中文），秦陵的发现曾叫他兴奋得彻夜未睡。他的中国学生徐来（师徒俩同样题材的一部书的书名仅有一字之差），则像学太极拳的张无忌，化繁为简，会减法了。比如写鸩，他用了不足千字。我们有足够的理由说徐来只是学了博尔赫斯的形式，他的精髓直接传承于中国古代笔记。而他的师哥钟鸣却延续了老师的繁复、隐喻和论证。在徐来的文字里我们只看到"客观"的描述。徐来把不同的镜子逐一拿给你，看，映照出来的世界多么流丽诡异。你觉得即使最离奇的动物也具备天真；越古老的年代越简单，人类或动物的阴谋甚至充满诚意。他的大师哥则将所有的镜子摆成万花筒，里面的世界令人头晕目眩。如果你没有相当的知识储备和智力，那就准备好塑料袋或随时退出这极速之旅，回到徐来的自助游，进行一次简单、愉快的想象的旅游。目前大陆还没有他们老师的旅游手册，台湾在 1979 年出版了他的《想象的动物》，台湾人叫他"博赫士"。

作家的定义：他强大，他的文字能影响世界；他虚弱，他的气力对世界毫无影响，只好借助文字。上面提到的书籍，靠着强大的想象，支撑着另一个世界（作家其实不这么想，哪一个是真正的世界还说不定呢）。很多人试图从真实社会的角度阐述作者的寓意，这是对的，任何想象都能找到现实的蛛丝马迹，比如徐来说的"三尸"，《道藏》里有明确记载；再比如他说的"视肉"，其实就是近年有实物发现的"太岁"。但这种解读减少了阅读的快乐，我更乐于被作者牵引，像小时候被父母牵着逛动物园。我和作者都满意彼此的状态："感谢自己隐伏已久的经验，感谢博尔赫斯，感谢翻译家和保存古籍的人。他们早就灰飞烟灭。在我们复苏天真的经验时，他们得以复活。"

徐来使用笔记小说的笔法更易使中国读者接受，虽然他的文字形式西化十足。若是对比一下，单从他们援引来源上就能看出，徐来是穿西服拿毛笔写字的人，钟鸣是典型的海归派。师弟比师哥狡猾，他尽量避免分析和议论，只讲故事。相对而言，一个好的、短的故事就够了。像钟鸣那样深入其中，会令读者找不到北。

你肯定想把徐来所援引的古籍找来读——他有这个本事——读了就会感到兴味索然晦涩难懂，而且这是不可能完成的任务。书中提到的书籍不可避免地有贾宝玉式的创造，徐来也暗示他引用的古籍，同样避免不了有古人杜撰的可能。就这一点看来，想象的世界和真实的世界并非泾渭分明，《想象中的动物》其实是在想象中完成的一部想象之书（"想象"一词本来就和动物有关）。本文开头提到的《彳亍于人神之间》一书，我将在书店找到，它的副标题是"人类为什么需要想象"。

关于想象力，中国人不逊于博尔赫斯和莱特兄弟之类的洋人。可究竟由于什么原因沦落到妄想和精神分裂的地步，有待于不擅想象的史学家去研究。我们不想重复以为洋人膝盖不会打弯的笑话。这不是笑话也不是想象，是曾经真实的悲剧。

和《想象中的动物》同期出版的还有一部叫《老盖仙话动物》的书，是台湾夏元瑜老先生写的。文中大量引用的古籍，和前者多有重叠，但却近似科普小品文。夏先生写书的立意和徐来、钟鸣不同，两者恰好构成了中国文化一阳一阴的两面，前者若儒法，强调入世治世；后者若佛道，立足尘世，宗旨却是离开。比如他们都谈到了一种介于动物和植物之间的羊。夏先生在《老盖仙话动物·群羊开泰》中说："中国古人传说在西方大秦国有一种地生羊，由地上种出小羊，被鼓声所惊跳，便挣断与地相连的脐带。欧洲中世纪则传说在东方有一种树结的果实，裂开后会钻出小羊。"夏先生断言这是因为人们初次看见棉花，是人们以讹传讹，变成树上长羊了。徐来详尽地描述了这种动植物（《想象中的动物·兽部第五·长在树上的动物》）的播种、生长，毫不讳言它"和真正的羊毛一样，这些白色均匀细长的毛可以纺成线"，并且说"绵羊果的肉非常香甜，不过略有些羊的膻气"。随后笔锋一转，绵羊树梦一样地侵占了国王的睡眠从而导致它们的灭绝；

而钟鸣竟把它和耶稣直接挂钩，叫它"耶稣羊"(《窄门·一株奇怪的植物：耶稣羊》)。除了对《圣经》言及于此的话进行不厌其烦的分析外，他在援引《本草纲目》时也不忘和耶稣联系起来，"把羊的肚脐种在地里，像灌溉庄稼那样灌溉它，直到听见雷声，便会冒出地面。这与耶稣受洗有雷声相伴是吻合的。"宗教意味极其浓厚。

穿插阅读这些书无疑要比单独阅读有趣。我视之为文字智力游戏。从《山海经》到《神曲》，从干宝、张华到博尔赫斯到钟鸣、徐来，从河图洛书到报纸副刊上的数独，人类精神世界至少由三成的想象和游戏构成。这类游戏费时费力费钱，为何有些人仍然乐此不疲？一位向欧几里得求学的家伙问，学数学能获得什么，数学大师回头对他的仆人说："给这位先生三个铜板，他想知道学数学能获得什么好处。"

自私的文学鉴赏史

　　传说高明写《琵琶记》至精彩处，屋内两蜡烛火光忽然相交。木心说他写东西，只有蟑螂爬上书桌。他希望以后写出好东西，会收到电话，"木先生，我们感到你在写好东西。"如今翻开《文学回忆录》，岂止火光相交，简直是沐浴古今中外诸文学大师之春风。木心一一点评，或者率性蔓延开来，指东打西。单这只言片语，就令人读来不知东方之既白。

　　这本书，木心自信满满。他若在世，电话一定被打爆。而他不肯出书，不以为是作品，足见其要求甚高。另一面，无论多么伟大的文学家和作品，木心看他们，一律平视，有时还略带几分戏谑口吻。他讲19世纪英国文学，说到维多利亚时代诗人，木心拿唐诗比较，他们"如此天真直白简单，看唐诗不会有这感觉。可在当时的英国，以为大好"。木心视雪莱为邻家男孩、拜伦为兄弟，一是他本人即诗人，常用雪莱、拜伦的尺子量自己；二是他以为文学根本上是人格体现，而人本来即是平等的。这两点经常在书中凸现。他讲完李商隐，便随即奉上自己的仿作，还送听课的每个学生一首七绝，把学生的名字镶嵌诗中。此种教授风范，于今几不可觅。我们看佳作欣赏之类，皆从各个角度剖析作品如何如何好，木心不，木心先给你讲作家这个人如何如何，这个人的脾气秉性，信仰抱负，判断此人是否对你的路数，和你能不能做朋友，完了再谈作品。他说"拜伦拐腿，拐得好，非常拜伦"，他看到"暴雨过后，海上出现壮丽景色"，他认为这就是拜伦。他用拜伦串起了歌德、莎士比亚、司汤达、尼采、李白、杜甫、鲁迅，乃至文艺复兴与现代欧洲与中国新文化运动，其一以贯之的是，"人""个人主义"。他讲，"别以为从来就有个人主义，个人主义是从人的自证（希腊），人的觉醒（意大利），人与人的存在关系（法国），然后才在世界范围内发展成个人主义"。"中国没有个人主义"。所以拜伦可爱、难得。拜伦历来被视为天才，但木心第一眼看到他的"拐腿"，看到他的怀疑精神，而这个精神在中国，竟无。所以歌德是拜伦的死忠，因为在文学和生活上，后者做了前者想做而不敢做的事；所以木心借机清算蒙田头脑和膝盖的账，因为蒙田世故圆滑，用心用脑，没有胆。若以此衡量中国文人，恐怕合格者不多。这叫我想起不久前阿丁的《软体动物》，掀开"中国文人的 B 面"，再想想如今，真是不说也罢。

木心说短句，多警句——绝不拖泥带水，即便如此，亦有四十余万字——我上高中的闺女读此书，痛惜自己无缘见木心一面。她画了横杠的句子，我随手挑了几处："伟人四平八稳，是庸人的最高体现。英雄必有一面特别超凡。英雄是捣蛋鬼，捣的蛋越大，愈发光辉灿烂。""人要想博得人同情、叫好，就是犯罪的继续。""做生活的导演，不成。次之，做演员。再次之，做观众。"皆是精辟之论，体悟之论。这是在讲文学么？这是木心在讲文学，先讲人。他这一讲便是五年，

"这是一场文学的远征"。的确是"远征",但毫不艰苦,趣味盎然又大有深意,全赖木心独特的文学见识与授课方式。《文学回忆录》是木心"个人主义"的回忆录,是他独家鉴赏文学史。而他极端私人的文学鉴赏标准,竟熨帖每个读者,实在是他以人为中心的出发点的功劳。

杨葵、六哥议论什么是好文字:没有或少有形容词、副词的文字就是好文字。当时听了深以为然。看木心比较美国诗人威廉斯与陶渊明,他说:"尽量减少形容词,减少比喻,归真返璞。"果然如此。想想"微雨从东来,好风与之俱""明月出天山,苍茫云海间",重点都在名词和动词。木心说这种文字,"好像有点意思,想想又没意思,再想想,还是有点什么意思:那种进进退退,有意无意,最是艺术家的气度,涵养,性情,是文学的非常逸乐的过程。"

木心对文学诸家的臧否与旁逸,即是他享受文学的逸乐过程,我们也跟着享受。他借郑振铎《文学大纲》提要钩玄,月旦人物,指点江山,甚至去八卦一下先贤,眼见着跑远了,轻轻一拉,便拉回文学史,他讲话,始终有根文学的绳子系着话题。看似散漫随意的聊天,稍加整理就是个性十足、质量上乘的散文。木心若刻意写散文反倒没这么散、没这么七拐八拐了。比如他的名篇《九月初九》和《哥伦比亚的倒影》,就有赋文体的影子(他自认为受《楚辞》的影响大,是赋的一种现代形式)。他讲《楚辞与屈原》,由《诗经》始,途经汉乐府,建安七子,陶渊明李白杜甫鲁迅,陀思妥耶夫斯基托尔斯泰,他庆幸《楚辞》没被孔子像《诗经》一样删改过。停了十分钟的"大站"是他的评论。评的串联功夫靠文学的

263

博闻强记打底，无拘无束的论，靠的是见识。遍览《文学回忆录》，篇篇如此。

文学史是固定的，作品和作家都摆在那儿，要想看谁都能看到，这是"见"；想瞧出里面的东西，则需"识"。《文学回忆录》"讲完后，一部文学史，重要的是我的观点"。木心恶儒家，好老庄，他喜欢从大局出发，落脚处却实在。他层层细析宇宙观、世界观和人生观的递进与倒退，再讲中国哲学文学，再转到世界艺术，最后回到怎么做人，怎么做艺术家。木心认为真正的艺术家，都是世俗意义上的悲剧，需要大无畏的牺牲精神。他始终怀抱着此种牺牲精神，他的诗、散文乃至通讲文学史，或明或暗，亦始终强调此种精神。木心在世时，不同意出版他的讲义，"那不是他的作品"，以木心对文学艺术的尊重，这本充满了"木心率尔离题的大量妙语、趣谈"（陈丹青语）的书，当然不符合他的文学观。但他的学生陈丹青认为其"自有价值"。陈丹青忆往昔木心讲课时，"常说将来怎样，回国后又怎样"，他在昭明书院木心追思会上，"瞧着满屋子陌生青年的脸，戚戚然而眼巴巴，忽然想，此刻不就是先生时时瞩望的将来吗？"于是《文学回忆录》问世，庶几可视为木心之薪火可传矣。

读此书，我常常感叹，惜乎世间大多数书，点亮其时已难能可贵，能够照耀古今者，愈发稀缺。木心纵横捭阖，抒发己意于文学史，开拓了至少两代人的眼界，我想，这是他的诗与散文所不及的地方。而他独特的文学和做人的见识，吾辈则只有高山景行的份了。

用文学的眼光读历史

　　有些搞不懂抑或不明了的事情、道理，有一天会忽然清晰起来。其实也不是忽然，而是经过长期的沉淀、思考，在你以为忘记了实际还存在于潜意识之中，某种时刻受了意外触动，嗒地一声，开窍了。读书亦如此。以前零零散散地读史书，都是官修。后来眼界稍宽，倾向于野史笔记，加之近来凡遇官方者，总要狐疑那么一两下，然而所谓翻案的文章又渐渐多起来，皆言之凿凿，弄得人不知道该信哪个。忽然想到，古人之稗史，与今日之网文有何区别？须知但凡有点深度的文章，亦是下过功夫者所为，并不比古代退休官员、山泉人士差多少。思来想去，还是历史专业人士的著作靠谱。

　　但在历史圈子里，流派又甚多。尤其在西方学界，光是弄清那些流派的起源、宗旨、方法与代表人物及著作就让人头大。巴尔赞、麦克尼尔、霍布斯鲍姆、布罗代尔之作品，几乎是硬读，磕磕绊绊而数度中断。待读唐诺《眼前》，竟如孙猴子在菩提祖师的课堂上手舞足蹈，彻底体验了一把"六经注我"的快乐。乃有所悟，同一历史，方家解读各不相同，读者又何必被动跟着人家走？

　　唐诺历史科班出身，然而他读《左传》却是文学家的眼光，读罢让我对"读史使人明智"的理解更深一步。什么是明智呢？按我的愚见，亦是唐诺给我的启发，便是知道真相，不纠缠真相，不庆幸亦不失望于真相，从真相中开出新的境界来。

唐诺引述博尔赫斯读《神曲》的出发点，"当你下定决心不再怀疑，你就能读一本好书了。"这意味着他已经抛弃了诸如考据求证这类历史学基本工具，仅凭《左传》文本说话，换言之，唐诺读的是《左传》所呈现的历史。在唐诺眼里，《左传》既是史书，又是近于小说的文学，文史一家而偏重后者，所以我们看到，唐诺引以为证的，以小说家者言居多。同时，他从当下，从现实世界回溯到春秋，由两千多年前的事件想到今天，一来一往，周流不殆，构成一个有趣，值得咂摸的循环。

《左传》为鲁史，左丘明在中小型国家郑国的子产身上费的笔墨最多。很多时候，小国或者弱国不能主宰自己的命运。唐诺引用昆德拉《帷幕》一书中捷克听天由命的无奈，郑国在强敌环伺之情势下，有惊无险，其原因多归功于子产。子产的事功，正是建立在准确的小国生存思维和方法上。小国寡民的短处在随时有被消灭兼并的危险，这也促使他们产生强烈的危机感。官史总是强调，中国自古以来就是多民族的统一国家。是否如此，姑且不论，但里面不能不说有大国意识。我们一直自居为天下中心，即使不再是了，"意识依旧"。唐诺由此检讨大国思维，"因为生为某个大型国家的国民而感到骄傲，不论怎么说都是很好笑的，也是很懦弱，而且极不礼貌的。"大国并不等于强国，大国也有被鱼肉的危险。比如宋代靖康之耻，晚清被外国列强欺侮，如是等等。大国意识容易造成极端方面：媚外、媚强。子产的小国忧患精神则因而显得重要。当然，鲁国历代史官与左丘明无法预见身后事，鲁国在其时，实力并不强劲。他们重视子产，实在是想从后者那里学到点什么。子产的思想很现实，先顾眼前，"不能及子孙，吾以救世也"；手段也够狠，老百姓刚扭转对他的看法，便改制征税，百姓又开骂了。只有孔子挺他，"人谓子产不仁，吾不信也。"唐诺说了一句极为精彩的话，"现实世界和一般人民往往比掌权者更不好说服。"

周室衰微，遂有春秋五霸。子产夜不能寐，郑国该如何面对、进入这个世界？唐诺从故纸堆里的郑国，想到二战，想到欧盟问题，兜了一个圈子，回到起点，如今的中国该如何面对、进入这个世界？这便是子产的宝贵遗产。虽然我们肯定不会再借鉴子产的具体做法了。

《左传·宣公二年》载，"秋九月乙丑，晋赵盾弑其君夷皋。"我最先在李敖的书里知道这件事。"在晋董狐笔"（闻一多），中国历代文人赞美史家不畏死亡之实事求是绝不吝啬。但内里详情之变化之复杂，我却是多年后才了解的。赵盾弑君，没问题。事实上赵盾没有杀君而在法理上他却是凶手，这是为什么？《左传》写这件事，提及另外三个因此而死的当事人，我们该怎样看待？唐诺从来不相信历史是"事实仓库"，谁来看都是一样的一堆事实，那么，历史真是任人打扮的小姑娘吗？唐诺总结说，"董狐记史故事是个复杂许多的历史难题，真正的危险不在人身安全而是记史本身，我们只有一句话大小的说话空间，我们要高举哪一个价值？要凸显哪一处错误或不幸？要选择、强调并留给后人什么？此外非常困难的，而更难的可能是，即使我们认为已做出了最适选择，这仍是排他的，让其余太多也值得一提一记的东西埋没下去。历史的偏颇，不只来自史官，也存在于历史这一书写本身。"

论述《左传》作者问题时，唐诺用了一个"把人加回去"的概念。他认为人是历史的主体，而非事件。说到史书的记录者，"人"亦有着相当的重要性，这也是《左传》与《资治通鉴》之类的史书最大的区别。左丘明是真正的作者，而司马光仅是由皇权思想支配，由皇帝发薪水的编辑。他赞同博尔赫斯"不要像一个时代那样书写，而是要像一个作者那样写"的观点。我们曾经历过一个声音一致、文学一致的时代，那的确"像一个时代那样书写"，什么都像，就是不像"人"。

《左传》写君王，也写大事件里的普通人。《左传》写庄公汴之死，记载了一个园丁，有名有姓有举动。在惜字如金的史书里，这是多么难得。史学理论发达的西方，本来很看重"人"的，但上世纪 50 年代以后，对人的去中心化（结构主义史学），把人看作历史的泡沫（年鉴学派），甚至宣告"人的死亡"（福柯），造成一定程度的史学研究的偏颇。中国史书传统，自从变成帝王家事后，"人"亦销声匿迹。就算现代史学研究，也有人（比如罗志田）认为"普通个体越来越少了"。所谓"可怜无定河边骨，犹是春闺梦里人"，历史尘埃模糊了人的样子，我们应该学习深闺少妇，（通过史书的只言片语）去怀想，恢复"人"。因为我们也在历史中，我们与历史人物有着同样的体温。

唐诺读《左传》，肯定是唏嘘再唏嘘，扼腕复扼腕。他发出疑问，为何当事人不能"多一点审慎，多一点坚持"，历史就恐怕不是那个令人惋惜的历史了。旋即他又悟到："看似如此简单却实际上不能够，这里面便藏放着某个深刻的世界真相，人的真相。"这也是我认为的不纠缠真相，不庆幸亦不失望于真相，从真相中开出新的境界来的意思。思想之于历史，魅力亦在于此。

与其说"一切历史都是当代史"（克罗齐），不如说"一切历史都是思想史"（科林伍德）更准确。王汎森在北大的一次讲演里，提到思想在历史中的作用，它为具体的听众也为无限的听众服务，有潜在的意向也有当下的意向，思想的读者不一定在具体脉络中，也可能为无限远方、无限未来"说法"。唐诺与前者不谋而合。唐诺认为读史一定要跳出历史，"越过当下政治，指向某个时间深处、历史远方"。后世齐声赞美孔子作《春秋》而乱臣贼子惧，却忽视了"一个日后的真正主体人物，那就是君王、皇帝、天子"。"在权力日趋集中的新现实里，君王的确逐渐成为正确世界的关键，正确的第一因，是首先得摆放正确的核心一块，君正孰能不正，如此如此，这般这般。"读史而名之《眼前》，唐诺的寓意已呼之欲出了。

看来唐诺的历史观有些灰暗。他以为"最好的人，最好的东西不会在这里"。那么在哪里？唐诺并未明说。无奈之下，他寄希望于文学，像巴尔扎克那样用小说替代历史。唐诺明知历史与文学即使不是泾渭分明的两个学科，它们也不能相互替代。但作为读者，不妨用历史的眼光读文学，不妨用文学的眼光读历史——反而令他自己也令读者有了六经注我的喜悦。

杂草：我们躲不开的唠叨的远方亲戚

　　"三色堇是一种常见的农田杂草。"英国博物学家梅比这样评论道。我看了小小的吃了一惊。三色堇在中国叫蝴蝶花，属于观赏花卉，北京玉渊潭公园里就有一大片人工栽培的三色堇。也许在英国三色堇就是杂草。因为地域与历史时期的不同，杂草的定义和分类也不同。英国人还认为它可以治疗小儿惊厥、瘙痒和梅毒，在我国也是一种草药。它原产欧洲，具体传入我国时间不详，我觉得极有可能是通过丝绸之路带来的，至少三国时期我们就知道它的药用价值了。梅比虽然没提三色堇在中国的情况，但我们熟悉他的国家里的杂草。据说莎士比亚在其剧著里写过一百多种杂草。在《仲夏夜之梦》里，他用家乡的俗名"徒劳的爱"描写过三色堇（朱生豪翻译成"爱懒花"）。而我最近一次在文学作品中看到对杂草的细致描写是路内的《云中人》。路内把加拿大一枝黄花写得惊心动魄，让这些在中国随处可见的外来杂草另有一层人文意思。

　　我在山区度过童年，在小城长大，并没有农民对杂草的感受，只觉得水蜈蚣、蒺藜草会给淘气的我们带来麻烦。而马齿苋、龙葵（东北俗称"天天"）和青麻菜则带来快乐，因为它们能吃。我很赞同梅比对杂草的态度，"杂草的名声以及随之而来的命运是基于人类的主观判断的，妖魔化它们还是接受它们完全取决于我们。"梅比也承认，"鉴于杂草对环境的种种影响，这一点并不总那么显而易见。"

除了为数极少的杂草有剧毒外（例如毒漆藤、异株荨麻和颠茄），多数被定义为杂草的植物只是在错误的时间出现在错误的地理位置上，而且人类常常是始作俑者。这样的例子俯拾皆是。原产在肯尼亚的独脚金，人们用它的花朵铺撒迎接贵宾的道路，1956 年它们来到美国，使成千上万英亩的农田颗粒无收。虎杖原产自中国和日本，作为观赏性灌木在维多利亚时代引入英国，到了上世纪 60 年代遍及英伦三岛。它的根芽破坏力相当惊人，可以穿透沥青，顶开水泥板。截止到 2010 年初，英国为清除虎杖已耗费一亿五千万英镑，而仅把伦敦奥运场馆区域的虎杖清理干净就需要花费七千万英镑，由此催生了很多专门的清理公司。如今，世界上所有的农民喷洒对付杂草的农药比防治害虫的多得多，杂草却依然能让粮食减产 10% 至 20%。

再举一个中国例子。路内在《云中人》里写道："加拿大一枝黄花在上世纪 30 年代从北美洲引入我国，它有个很滑稽的名字叫幸福草。它步步为营地吞噬着其他植物的生长空间，喷药、焚烧、生物抗衡，都没有很好的效果。这种恶性杂草非常可怕，它不仅是物竞天择，而且很像天生具有一种人格，强悍、团结，造就一个铁幕世界，在这个世界中杀死其他植物，却不会使同类死于营养不良，既残暴又无私地统治着这个世界。"

《杂草的故事》亦提到了加拿大一枝黄花。事实上杂草并非一无是处，就像前面提到的那样，很多杂草同时是草药或观赏植物。有些植物学家认为，假如农耕发轫时期没有杂草，中东的土壤将被大风吹走，农作物会因为失去了杂草对阳光的屏蔽作用而枯萎。杂草快速、机会主义的生存方式，能够填补大地的空隙，修复被山体滑坡、洪水和森林火灾破坏的植被。杂草还具有宗教与哲学的意义，《圣经》认为杂草是上帝对人类原罪的一种警告和惩罚。

或许人类可以不需要动物，但绝不能离开植物，所有的农作物都是由杂草改良栽培而形成的。从古至今，大量的杂草充斥在文学、艺术作品中。我对杂草的前生今世感兴趣，它们一旦和人类产生交集，就会产生很多有趣的故事来。单是它们的名字就能引起思接千载而绝非无聊的瞎想。我发现植物可以用动物来命名，比如大猪草、醉鱼草、虎杖和牛膝，等等。英国一些地方把蓝蓟叫作"毒蛇的牛舌草"，一种植物居然有两种动物名，而动物则很少以植物来命名。我曾一度痴迷过《本草纲目》里的名字，以为仅是那些名字就足以构成一个自洽的美轮美奂的小世界。有一种长在屋顶的茅草，猜它叫什么："欢迎回家，丈夫，但别喝得这么醉了。"我觉得这是世界上最长的植物名字，也是最短的一篇小说。

在把三色堇称作"徒劳的爱"的浪漫国度，亦有很多严谨但绝不缺乏诗意的博物学家，梅比就是其中一位。《杂草的故事》与其说是科普书，不如说是植物随笔更贴切。把这类书，包括《物种起源》《自然史》（很多史书、地理专著也一样）当作人文而不是科学来读，受益更多。当然，这也许是文科思维在取巧。毋庸置疑的是，梅比对这些我们熟悉却叫不上名字来的杂草倾注了浓烈的情感，且毫不掩饰。

"午休时我常在这片荒草丛生的世外桃源（垃圾场）中散步，一边为杂草的繁茂昌盛而惊叹，一边带点天真浪漫地感到它们这种从废墟中重生的力量与我们为之努力的工作是多么契合。"梅比看见废墟里的杂草而写下的饱含激情的句子，与袁枚看到阴暗角落里的苔藓的感触并无二致，"白日不到处，青春恰自来。苔花如米小，也学牡丹开。"

宏大一点说，杂草的历史就是人类与自然斗争的历史，同时也是认识自然的历史。杂草和很多成为家畜、宠物的动物一样，成为我们不可忽视的敌人、邻居和朋友。而梅比以为它们更像远房亲戚。我不知道杂草肆无忌惮的生命力是否催发了梅比笔端之深情，还是在梅比的描述下，杂草的恶劣性质被稀释，被美化。总之我不是田间耕者，也不是市政局某个负责绿化的小官吏，我只是一个热爱自然的读者，街边的杂草与客厅里名贵的花草在梅比和我看来，同样值得重视。

我读过一些植物散文，《四季花传书》《采绿》和《毛诗名物图说》，等等，梅比在抒发情感和对植物的体认上更胜一筹。我忍不住再抄一段：

我们习惯性地将杂草定义为入侵者，但准确说来它们也是一个地方传承与遗产的一部分，它们是一种祖传之物，是一个经历岁月的基因库，与这个基因库相比，我们的房屋建筑都是昙花一现。杂草碍事的时候我们会拔掉它，但这只是一种随性的破坏，其中还带着我的敬意。而且我常常因为心头浮现的浪漫情绪而手下留情。杂草的那种怀旧感，也反映了一个人一生中与它们熟稔了多久。它们总在一年中的同一时间出现，每一年都会出现，像那些你巴不得他们住得更远些的唠叨的亲戚。它们是草做的时钟和沙漏。对一个园丁而言，顽固守时可能是它们最恶劣的品质，但这也是一种让人心安的提醒，告诉你生活还在继续。

在马背上，在天空下，在自由中

　　19 世纪上半叶的非洲，原始、落后、粗犷、神秘，一切都野性十足。就算是英国绅士踏上这片土地，也会不知不觉地暴躁起来。英国人肯辛先生的怒吼把旅馆接待员吓得毡帽都在发抖，"非常感谢，但去你的茶吧！我要的是航班，我打过电话预定航班了。我的业务可等不了。《内罗毕邮报》可不会站在那儿，抖那顶蠢帽子！"可怜并且发抖的接待员转告了航空公司的回复："所有飞机停飞。建议肯辛先生找梅雷迪思，如果可能，风险自担。"令肯辛意外、生气的是，这个梅雷迪思就坐在他跟前，是位不折不扣的娇小的女士。面对前者的狐疑，梅雷迪思小姐回答略带嘲讽："这里是非洲，所有的资源都是有限的，飞行员也一样。我建议你给伦敦发个电报，他们没准能给你送个人来。"

　　以上是小说《喀土穆之约》的开篇梗概。但我从来不把柏瑞尔·马卡姆的小说当作虚构作品来读。我面对一无所知，或者经验陌生的描述时，宁肯百分之百地相信。马尔克斯的南美大陆，福克纳的北美大陆，塞林格的青春之旅，布考斯基的荒唐生活……选择了相信，文学与现实旋即没有了分别。现实不等于文学，但文学绝不会超越现实。我从小受到的文学教育是，文学来源于生活，高于生活。现在我不这么认为了。你看见一朵云，抚摸一匹马，然后把感受写下来，被人读到，那么何以判断这些文字究竟是真实的还是虚构的呢？把小说当作虚幻，阅读也就失去了意义。何况，很多小说都是基于作家真实经历创作出来的。读者没有资源，亦没有必要去甄别小说的真妄。读小说，其实就是在体验代入感，体验作者带来的陌生经验。

柏瑞尔短篇小说集《迷人的流浪》的每一篇都有编辑撰写的后记，讲述小说写作的背景，它更加坐实了小说的真实性。也许没有肯辛这个人，但"柏瑞尔本人曾多次以一位年轻的女性飞行员的身份运送沙文主义的男性乘客飞越苏德沼泽。这条航线柏瑞尔飞过多次，在她的飞行日志里也描述过在暴风雨中飞行和迫降的经历。而她在1932年独自飞抵英格兰的旅程中就经历过这样的困难"。毋庸置疑，小说里的简陋飞机和柏瑞尔真实驾驶的并无二致，他们充满艰辛和危险的飞行，也是柏瑞尔经历过的。

她的文学才华也毋庸置疑。海明威曾在1942年写给著名编辑珀金斯的一封信里提到："你读过柏瑞尔的《夜航西飞》了吗？在非洲的时候我们非常熟悉……她写的很好，非常精彩，让我感到羞愧。我感觉自己只是一个处理词语的木匠，把工作所得拼到一起，有时略有所成……我希望你能买到这本书，然后读一读，因为它真的很棒。"（参见司各特·伯格《天才的编辑》）海明威的赞誉当然有客气与对女性的尊重在里面，然而却不为过。就拿《喀土穆之约》来说，小说设置在二战正酣时期，孤男寡女驾驶一架与名字非常不吻合的"猛禽"小飞机，很正常地遇到了非洲大陆的狂风暴雨，飞机迫降在苏德沼泽。受伤、维修，试着重新起飞……柏瑞尔用词精当简练，短句多，丝毫看不出出自一位女性之手。她塑造的身处灾难的女飞行员，完全是一副女汉子形象。肯辛不是沙文主义者，柏瑞尔为她设置的身份出乎读者的意料，增加了情节的冲突，结尾隐含着一丝两性之间的微妙情愫，也满足了一些女性读者的需要。

　　柏瑞尔的人生经历可一点也不像女人。她三岁（柏瑞尔的好友、自传作者洛弗尔，也是《迷人的流浪》英文版编辑，在该书前言中认为柏瑞尔在三岁来到非洲。与柏瑞尔在《夜航西飞》——又译作《夜西飞》——中记载的"四岁"有出入）就被父亲带到了英属东非保护国，现在叫肯尼亚的国家——本来，她可以在英格兰莱斯特郡过着舒适的生活，接受正统教育，成为一个典型传统的英国少女——在被她称为"没有围墙的世界"肯尼亚，整天和土著混在一起，很小就学会了不同部落的方言，学会了追踪动物，单靠一柄长矛就可以猎杀野生动物。在学校，柏瑞尔像野马一样桀骜不驯，她痛恨一切规章制度，最终因煽动同学造反而被迫退学。失去约束的柏瑞尔很快成为父亲赛马队里的"头号人物"。柏瑞尔一生拥有很多"第一位"。她十八岁便考取驯马师证书，成为非洲第一位女性赛马训练师，不久，她训练出来的马就获得肯尼亚圣·杰莱大奖赛的冠军，因此也是非洲第一位获得冠军的女驯马师。二十三岁后，柏尔瑞把全部精力投向了彼时方兴未艾的飞行运动。我猜测，马背上的风驰电掣已满足不了柏瑞尔那颗野性十足的心。她没有单纯把驾驶飞机当作一种谋生手段。飞行时间还没到一百小时的时候，她就迫不及待地独自飞了六千英里。1936 年，柏瑞尔成为首位飞越大西洋的女性，用时二十一小时。她也是从英格兰飞抵北美大陆的第一人。

且慢，说柏瑞尔只是野性十足是不是太简单了？柏瑞尔并非通常意义上的"野孩子"。她成长在"没有围墙的世界"，当她开始试着了解这个世界，思考人生时，她会在照料好那些纯种马之后，坐在熊熊燃烧的雪松堆旁，火光和防风灯的光亮，照亮了那张稚嫩而好奇的脸庞，她的耳边响起父亲朗读古希腊文学的声音。旷野的风把寂静吹向远方，她的心也在远方。父亲给柏瑞尔请了家庭教师，她识字后便如饥似渴地阅读各种能找到的书籍。书籍在当时的肯尼亚，不比一匹纯种马好找。当她的飞行传奇为人所知时，1940 年，她和圣•埃克苏佩里（对，就是写《小王子》《夜航》的那个著名飞行员和作家的圣•埃克苏佩里）在美国相遇，后者几乎带着恳求的口吻对她说，"你该写写这些事，你知道吗，你应该写！"

读柏瑞尔的小说，你不难发现，她笔下的狩猎、赛马、飞行以及人与人之间的情感，都有一个终极指向：自由。

《上尉和他的马》："男爵开始全速奔跑，浅褐色的猎物踏起浅褐色的尘土，隐匿其中。我不再是一个骑在马背上的少女，我化身尘土，化身为迎面之风，化身为马蹄的怒吼，化身为男爵的勇气和狷羚的恐惧。我化身为万物，任谁也无法改变。"读到此处，我想起了庄子。庄子毕生追求自由，视天下万物为一。他在《逍遥游》里写道："野马也，尘埃也，生物之以息相吹也。"学界对"野马"的解释多有争议，迄今尚无定论。但我就把"野马"理解成奔马。骏马怒奔，尘埃升腾，万类霜天竞自由。一匹奔腾的野马正是自由的最佳代言人。柏瑞尔肯定没读过《庄子》，但他们的感受何其惊人相似！

柏瑞尔曾一度定居伦敦，她始终没能适应大都市的生活。她回忆道："我在伦敦生活一年之后，才明白需要用脑的生活多么无聊。无聊，就像钩虫，是挑地方的疾病。我曾驾驶我的飞机从内罗毕机场起飞过一千次，但每当机轮滑过陆地进入半空，我都能感觉到飞机的不确定与兴奋，就像是开始第一次冒险旅程。"

生而为人，注定孤独。我们阅读伟大的作品，欣赏艺术，都或如周作人所云，我们看夕阳，喝酒，吃点心，都是生活上的必要。孤独是一种自由，自由是一定程度的孤独。在我看来，柏瑞尔策马奔驰，驾机飞行，冒着生命危险的行径，与现在我们长途旅行并没有本质的区别，甚至，阅读也一样，不是有"阅读是一场冒险"的说法么。我们阅读，独自进入未知境界，领略前所未有的自由。恰似柏瑞尔的夜航，"即便在有航道的地区，即便有仪器的帮助和无线电的指引，夜航依旧是种孤独的工作。但飞越牢不可破的黑暗，没有冰冷的耳机陪伴，也不知道前方是否会出现灯光、生命迹象或标志清晰的机场，这就不仅仅是孤独了。有时那种感觉如此不真实，相信别人的存在反而成了毫不理性的想象。山丘、树林、岩石，还有平原都在黑暗中合为一体，而这黑暗无穷无尽。地球不再是你生活的星球，而是一颗遥远的星星，只不过星星会发光。飞机就是你的星球，而你是上面唯一的居民。开始这样的飞行前，正是对这种孤独的预料比身体可能遭遇的危险更令我忧虑，也让我怀疑这份工作究竟是不是世界上最好的差事。而结论永远是：不管孤独与否，它都让你免遭无聊的荼毒。"

说来你可能不信，柏瑞尔的作品有一部分是在飞行中完成的。她在座舱里写好，装进一个邮件包，扔出飞机，地面上有个白人猎手接住，柏瑞尔继续飞行。她的小说有很少一部分是与别人合作的，这多少说明了她的写作态度。是的，柏瑞尔从来没有把写作视为与赛马、飞行一样重要的事情。她的小说质朴、直接、格局大，即使是精心设置的情节也显得自然而然。1984年，海明威的第三任妻子为《夜航西飞》写了再版序言，她意味深长地提到了另一部描写非洲的伟大作品《走出非洲》。要知道，《走出非洲》的女作者凯伦与柏瑞尔相识，前者的丈夫曾是柏瑞尔倾慕的飞行同行。而柏瑞尔的非洲，永远呈现着在马背上看到的飞快倒退的景象和从高空鸟瞰的广袤。

文字上，柏瑞尔是个荆钗布裙的乡下野丫头，但她本人却温柔有加，是典型的英国美女，她的骑马照、飞行照，英气逼人。柏瑞尔有过三次不成功的婚姻，一生经济拮据，然而她的经历一直为读者所艳羡。她代替读者完成了不可能完成的梦想。1950年，当她不再有条件驾驶飞机时，重拾驯马工作，直到1984年在家中突然辞世。

"我四岁那年来到英属东非，少年时光都在光着脚和纳迪人一起捕猎野猪，后来以训练赛马为生，再后来驾驶飞机在坦噶尼喀湖，以及位于塔纳河与阿西河之间的干旱丛林地带中寻找大象。我一直是个快活的乡下人。"

柏瑞尔，一个在非洲大陆狩猎的乡下少女，一个精神上永远年轻的女人，她在马背上奔驰，在天空下翱翔。她不在别处，始终在自由中。

中年男人不敢尝试的梦想

读阿乙，我再一次感到，生活比小说更贴近小说。

先说题外话。阿乙在前言中写道："我写《先知》时已能洞见那位原型一生的悲剧，之所以热血澎湃地写，是因为此前周国平针对他写了一篇极度无理的文章。"阿乙提到周国平的那篇"极度无理"的文章我看过，叫《哲学家或中蛊者——记一个为思想而痛苦的农民》，其实也没啥"极度无理"的。我遇见过这样的民哲。大约是 2005 或 2006 年的春季，我在圆明园东路，圆明园石墙下的人行道上遇见他。自行车支在一旁，车后架竖着一面旗，写了几个字，后架左侧绑个大兜子。民哲五十岁上下，蹲在马路牙子上，前面摆了几本自己印刷的书。出于无聊，我和他交谈了一阵子，还给了他几支烟。确实，他对自己的哲学理论坚信不疑，且坚信不疑其为顶尖的、前沿的、前无古人后无来者的、颠扑不破的真理，而且为人类不能认识、承认其理论而感到万分绝望、痛苦。他还问了我一个问题，"什么是物质"。他的理论我听来听去，觉得他只不过把一些哲学概念换了个称呼，把一些哲学理论换了个说法，抡圆了说，也没逃出高中哲学课的范围，他甚至把主观唯心主义和客观唯心主义弄混了。但是我很佩服他的哲学家的劲头儿，他为此失去了老婆、房子和田地，过着半乞讨的日子，穿越大半个中国来到北京寻找承认。

谁不是在寻找承认？阿乙羞于承认自己是作家，但他一直在写。我压根不敢往作家这俩字上想，但我一直在阅读。好的阅读者必须进入角色，尤其在阅读第一人称作品时。必要的阅读是写作的开始。如果这样的说法成立，那么，阅读者已经在一定程度上变为写作者了。他进入作者设置的人物，然后开始解读文本，此时，他摆脱了作者，故事情节是前定的，但解读却是主动的。一千个哈姆雷特由此诞生。

去年我加入了阿乙的豆瓣足球小组，好容易有时间参加一次踢球活动，却记错了日子。很平常的小事，若一个小说家拿来做一篇小说的开头，我觉得也不错。小说家可以拿任何一件小事作为叙事的由头，我也可以用自己的任何小事，贴在书评上以求文字的吸引力。大多数小说家都写过自传性质的故事，不仅是取材与易操作的原因，也由于它更能被作者和读者承认，更能打动两者。而超越与自身有关的经历，去把握那些从未经历的故事，正是一个好小说家与蹩脚小说家的区别之一。

在第一本小说集《灰故事》中，阿乙作为"我"，一个小镇的小警察，参与了几乎所有的事件。在这里，"我"与阿乙、艾国柱继续混淆不清，却呈现淡化趋势，比如《意外杀人事件》中我与艾国柱（艾国柱正是阿乙的本名）、《隐士》中周通灵与德永和尚的弟子，这种写法不再深植于小说的结构中，而是一种小技术，换句话说，阿乙不必依赖"我"的参与，一样能把小说写好。

迄今为止，阿乙的小说都是用小城镇作为背景。红乌镇、睢鸠镇，等等，即使是城市，也是县级的。这样的地方在全国成千上万。阿乙小说中的人物，比如主打小说《意外杀人事件》的赵法才、金琴花、李继锡……这样的小人物在全国成百万上千万。这样的小人物就是我们，就是我们身边认识或不认识的人。大醉后，我们含糊地吐露心里的隐秘，或许一辈子把它按在柴米油盐底下，打死我也不说。但阿乙替我们说出来了，大声地、艺术地说出，说得一些人痛哭，鼻涕流了一大襟，而一些人怨恨着阿乙，仿佛阿乙泄露了他们的秘密。

《意外杀人事件》中的赵法才属于后者。本来他和红乌镇的中年男人一样，"不再行房，不再吹口琴，有一天死掉，留下房子和存折。"当他看到渺儿，"像是被猛砍一刀"，"直到这时他才意识到世界上还有爱情这回事"。可赵法才是地道的小商人、懦夫和现实主义者，先给自己找借口，找不到就开始找渺儿的不良动机，他需要一个坚定的理由去杀死自己的爱情，他甚至无耻地想象渺儿为了钱财在别人身下呻吟。"红乌镇人就是这样，当一件事过于不可思议时，人们就会套用《知音》上的故事来解释"……我想不仅限于红乌镇人吧。阿乙并没有描写捉奸的赵法才的三个哥哥的心态，他们已然超越了围观阶段，为参与其中沾沾自喜，道貌岸然地维护着死水般的生活准则，他们绝不允许任何人打破常规，包括自己的亲弟弟。

小超市老板赵法才和他的哥哥令人鄙夷，妓女金琴花则叫人唏嘘。她并不是在风尘中打滚、修炼成白骨精的那种女人，本质上高中还没毕业。她的床下保存着大量的纸花和纸鸢，上面写满了名人名言。她内心渴望正经八百的职业，所以始终对女警察罗丹献媚。当罗丹的高跟鞋踩到她的腰腹时，伴随着义正辞严的"我们妇女的脸都被你丢尽了"的声音，"有个支撑金琴花的东西折断了"，她哭得像一个找不到妈妈的孩子，"我们从没见过一个人有这么大的悲伤"。金琴花的文化水平无法向她提供抵抗外界打击的心理素质，也无法提供放置自己的安全位置，她的生存完全依赖别人的认可。好像是不经意地，阿乙在这章的注解中亮出极大的讽刺：金琴花所艳羡、所谄媚的罗丹，竟是由于后者与上司的奸情败露下放到红乌镇公安局的。

在《意外杀人事件》中还有五个人，贪生怕死的曾经是黑社会老大的狼狗、妄想挣脱无聊生活的艾国柱、困在爱情里的于学毅、害怕失去"友谊"的小瞿，以及凶手李继锡——一个担心后继无人而疯了的外地人。他们各自经营着不相干的小日子，却在10月8日晚10点钟发生碰撞。好像是一个精心策划的阴谋，但其实只是为了故事好看，读者可以有把握地认为，如果舍弃外地人李继锡杀人情节，六个本地人其实早已死去，就如同要去北京、纽约闯荡的艾国柱，终究会和"我"一样，结婚生子，在一个"闭着眼睛就能走到任何地方"的红乌镇终老。

六个人中的小瞿，叫我想起了苏童的小说《星期六》，同样是写友谊，苏童着重挖掘友谊在城市中的稀缺与友谊对人的侵害，阿乙则一视同仁地将其看作是一个人的精神支柱。小瞿欠扁，他的友谊观更欠扁。实际上，《意外杀人事件》中的七个人，都靠着身体以外的东西活着，当它们轰然倒塌时，他们无法依靠本身实现自我救赎。

阿乙过早地洞悉了人性的恶、软弱、灰暗与徒劳，但他这么描写着，不去试图更改，就指给你看，像鲁迅先生提醒的铁屋子。阿乙过早地知晓了人在命运前的挣扎、无力与臣服，但他膺服、赞叹人的挣扎，理解挣扎之后的臣服，而那种寒彻骨殖、拼杀过后的无力，是对一个时代的强有力的批判，正是这个不计代价追求名利的时代准则，扼杀了小镇上一些人的梦想。

阿乙不像"短篇小说之王"莫泊桑那样善于隐藏自己。《意外杀人事件》结构精巧，有"花开两朵各表一枝"的传统叙事方式，也有倒叙、插叙、交织叙述。《小人》采取俯瞰式的叙事方式，其实都是第一人称写法的变异。小说的结尾通常戛然而止，并不追求欧·亨利式的出人意料。小说本身更接近契诃夫，悲伤与欢乐并排，像无法分开的轨道，我们就行驶其上，给别人看给自己看。短篇小说家多数把注意力放在小人物上，因为阿乙的小人物和我们最近，有时就是我们自己，所以就我而言，阿乙的小说更具有杀伤力。金琴花比《羊脂球》更为我熟悉，巴礼柯（阿乙小说《巴赫》的主人公）比索比（欧·亨利小说《警察与赞美诗》的主人公）更容易被我理解。

春节期间我看了中央四台《我要飞得更高》节目，讲的是一群热爱飞行的普通人制造飞机的故事。这些人和我开头遇到的民间哲学家、阿乙小说中的各色人物一样，都是来自农村或小城镇。阿乙的小说看似灰得发黑，但过程却是动人的。希望埋在过程中。即使那过程不恰当、愚蠢到顶，比如《情人节爆炸案》，小人物们毕竟没有被命运彻底打垮、连反抗的想法都死去。热爱生活与麻木过活构成了日子的两面，多数人在两面来回穿梭，痛苦与迷惑不是唯一的行李。阿乙是那个小站行李寄存处的管理员，他将它们放到合适的位置，挂好标签，等你回来取时，也有可能取回了别人的故事。阿乙管这叫"鸟"，而我们习惯叫它"命运"。

最后说一下阿乙的不足，当然是"窃以为"。《先知》的开头充满小说悬念，但它最不像小说了，而且整体流于平庸，看不到高潮，说它没有情节也可。从头到尾是一个人急于表白而最后变成无人喝彩的喃喃自语。《火星》和《隐士》交代得略显匆忙，缺少必要的缓冲，以至于精彩部分刚刚露头就结束了。《巴赫》其实是一部很好的写出走的小说，阿乙完全可以将第18章到第23章删掉，或者语意模糊地写一章，叫读者去猜巴礼柯的出走原因或者干脆不写。它与《情人节爆炸案》最后的揭秘不同，后者的谜底是此小说的地基，而一个中年人的出走，需要很多原因，也可以没有原因，仅仅是厌倦了固有的生活。他的出走，是每个中国中年男人不敢尝试的梦想。

"我的二十岁，我自己记住就可以了"

我要替上海的编辑 XI 兄感到庆幸，他在对我一无所知的情况下，给我寄来了《少年巴比伦》。由一个在工厂摸爬滚打十多年的人来说说这部小说，再合适不过了。90 年代初，我的同学中，最好的一个，经过复读考上了某师范大学做了中学体育老师，剩下的挖门盗洞进了纺织厂、煤矿和化工厂，就是与书中描写的化工厂一模一样。我则进了制药厂。世界上的工厂都是相同的，或者说所有的工人都是相同的。同学聚会，我们交流工厂的情况，很嫉妒在纺织厂当机修工的同学。据他说，夏天的纺织女工很少穿内衣裤，车间里太热了。只要机器出了毛病，机修工便有机会一饱眼福。但纺织厂效益不好，经常发一堆布料当工资。煤矿开得最多，却极有可能死于瓦斯爆炸。化工厂的人都是以木乃伊归来的方式退休。药厂工人走到哪里都是一幅活广告，浑身散发着中药味儿。那时我们中有的人有了女朋友，可离结婚还很遥远。酒杯的底部，残留着年轻的醉后感伤。那时我们就是路小路、长脚、小李和六根。后来我们变得和脏乎乎的工作服一样，没心没肺。90 年代行将就土，工厂或倒闭，或被合并重组，工人们或继续忍气吞声或另谋出路。新千年，一帮涿州药贩子承包了我所在的制药厂，弄得乌烟瘴气，我主动下岗跑到北京混饭。两年后回家偶然路过药厂，看见药贩子重金打造的电子伸缩门紧闭，厂区遍地蒿莱。

后来，我们明白了年轻时缘何有那么多的时间，像是空虚的情绪，永无尽头；后来我们知道了生活的真相，但已精尽人衰。我喜欢路内讲故事的口吻："后来。九二年的秋天。九三年是个无处可去的年份……"过去时天生带着伤感，经过"反复磨洗，成为一个锃亮的硬块"。

但是，除了回忆，你又有什么法子？在时代的大潮中，要么随波逐流，要么奋力挣脱，直到被晒干在河岸上。当路小路变成路内，白蓝变成张小尹，他们面对的仍旧是一张生活的天罗地网。

小说中工厂有工厂的规矩，虽然不像肖申克监狱那么森严、政府机关那么官大一级压死人，但想在工厂里吃得开，就必须四者居其一。第一，手够黑。这种人往往和黑社会有千丝万缕的关系，但比较让人放心的是他们严格遵循人不犯我我不犯人，犯我七大姑八大姨者，虽厂长必诛的原则。他们下手的对象多是与工人阶级对立的劳心者，车间主任、厂长等是他们的最佳人选。比如敢拉电闸的方瞎子，就把擦屁股的草纸摁在保卫科长的脸上。第二，资格够老。上上下下混得倍儿熟，到哪儿都能要得三分面子。不出意外，路小路将以此身份光荣退休。第三，后台够硬。这种人只能在干部阶层里招摇过市，在工人堆里装孙子。第四，技术够硬，这种人最牛×。工人服气，领导不敢招惹。比如路小路的师傅绰号就叫老牛×。工厂里的技术是靠实践磨出来的，你是博士后到了工厂也得从学徒做起。我记得在药厂，有一回主电机出了毛病，请来的省里的工程师也说不出子丑寅卯。退休在家的一个老师傅在厂长答应报销多年的医药费之后，他趴在电机上听了十分钟，用粉笔在上面画了个圈儿，说，拆开，把这里的零件换个新的就好了。这件事在我们那儿一时传为佳话。问题是我们的路小路不想成为这四种牛人中的任何一种，更不想庸庸碌碌地混到退休。他不知道自己该成为什么样的人，路小路本能地觉得有东西如芒在背，时不时地发痒。有一阵子他昏了头，甚至企图去做诗人，当然彻底失败。"路小路，你和他们不一样。"路小路的女友白蓝说。白蓝又说，你应该去读书。于是路小路就去读夜大。可读了大学又能怎样呢？最好的结果是坐在科室，任茶水变冷，看着"仙人球日晷"发呆到下班。路小路的工友焦头，自学了十几个文凭，仍是望办公室兴叹。

路小路是个懵懂的骑墙派的叛逆者，就像革命中的民族资本家，哪边力量大些，哪边诱惑大些就往哪边倒。搞不清自己究竟想要什么。"我不明白自己为什么活着，如此荒谬的，在世界上跑过来跑过去。"他的叛逆不过是迟到、破坏生产纪律，和领导掐架。捅破了天，也跳不出工厂的巴掌地。直到有一天津津乐道于工厂里的趣闻，并以自己参与其中而感到高兴。他隐约感到不对劲，但读夜大不是解决问题的好法子。和女友睡觉也不是。

中国的90年代，起着承前启后的历史作用。动乱时期早已结束，市场经济开始兴起。日常生活一下子被历史推到了选择的关口，虽然这种选择是缓慢的，被迫的。90年代初，能够进工厂，尤其是效益好的工厂无疑是件幸运的事。但那时下海发财的故事已经在工厂里传说。父辈们的理想定义慢慢更改，至于该改成什么样子，谁也不清楚。路小路沿着父辈的路走不下去了，实际上他也不想这么走。

那时候存在很长时间的历史失落感。这种特殊的失落影响了无数的人，工厂里的路小路，机关里的路小路，农村里的路小路……路小路们永远存在着，他们是一小撮叛逆者，他们不知道自己反叛的是什么，最后，他们的绝大多数臣服于生活，不再坚持了。"工人迟到，翻墙骂人是本分，不是叛逆。去写诗才是叛逆。但这只能得到嘲笑，就像叫混黑社会的堂哥去念大学。这样的叛逆不会被人扁，只会被嘲笑。"路小路们不怕被人扁，而被人嘲笑，则是无法接受的耻辱。路小路缺乏的便是接受嘲笑的勇气。今天则正好相反，每个人都在忙自己的事情，没人理会你的叛逆。即使你跳出来大喊，我要做文艺青年，我是同性恋。甚至你脱光了衣服乱跑，也只能引来几缕冷漠的目光。你像一个真正的傻瓜，一文不值，连被嘲笑的资格都没有。

路小路和于连、宝玉、鸣凤等人不同，结局不会比他们惨，因为路小路反抗的是生活的庸常。这种反抗常常是老虎吃天，无从下口。惩罚来得晚，模糊得不易察觉。而那时，路小路们已经修炼得金刚不坏百毒不侵了。

也许白蓝更值得我们注意。白蓝是现代薛宝钗，深谙世事，洞悉一切。她看似工厂里的一朵洁白的花，却隐藏了诸多欲望。她的生活和路小路正好相反，有条不紊，一切尽在手中，就连和路小路的爱情也是计划中的一步。路小路活在当下，他不去考虑缥缈的未来。他听从白蓝的劝告去读夜大，是觉得这多多少少能改变生活的状态。路小路简单，"我一生能走过的路，有多少是梦幻的不能确定，但有多少是狗屎，历历在目。正因如此，凡不是狗屎的，我都视为梦幻之旅。我不是幼稚而是试图告诉自己，在此旅程结束之时，就等同一个梦做完了。"路小路坦荡，"很长一段时间，我都认为自己无人可爱，所以只能爱你。我为这种爱情而羞愧。但在这样的旅程中我无法为自己的羞愧之心承担责任，假如无路可走，那不是罪过。但我也不想睁着无辜的双眼看着你，你既不在此岸也不在彼岸，你在河流之中。大多数人的年轻时代都被毁于某种东西。我不再为这种爱情而羞愧。"河流之中的白蓝不会像路小路那样易于满足、解脱，她读研究生，她的爱情，她一切的一切，都有一个明确的流向。路小路之于白蓝，是河流经过某处转弯，必然远离；白蓝之于路小路，是"血液中的沉渣，要是堵住就会死掉"。路小路最后离职去寻找白蓝，是试图继续那个梦幻之旅。其实他知道一切无可挽回，旅程结束了，他"在微弱的火光中注视着自己的手指。注视着，仿佛这世界空无一人"。我觉得白蓝在追随三部曲（《少年巴比伦》为第一部）的下一部，会有更多精彩表现，那个时代才是她大展身手的舞台。

　　《少年巴比伦》要是拍成电影，贾樟柯做导演最合适不过了。路内的路小路和贾樟柯的小武，是分别出现在文字和光影里的同一个少年。那个少年离开哄笑的人群，满不在乎的背影随着镜头的拉远，变得有些落寞。我们刚刚发出的笑声忽然停顿。不用特别声明，90年代度过青春时光的人，统统自觉地对号入座。

路内把灼烈的阳光移到 90 年代的秋日午后，那里有棵叫作回忆的大树，借着浓密的树叶，我们记住了阳光投下的阴影。一代人的青春，挣不脱时代巨变的引力。我们渴望逃逸，无论户籍上写着农业户口还是非农业户口，1970 年出生还是1973 年出生。我们曾经叛逆，我们的下一代还会出现叛逆者。我们现在安分守己，守着老婆孩子过日子。但我们不会去嘲笑"一个二十岁的莫名其妙痛哭的少年"。

真是这样，只能是这样，"我的二十岁，我自己记住就可以了"。

东北故事

　　我读书产生想认识，想和作家交朋友，并且自信见面一定能成为好朋友的冲动，在我狭隘的阅读史上，只有两次。一次是读曹寇。读了一本他薄薄的短篇集子，然后就上网找来他所有的文字看。曹寇小说里的人物，无论年少，还是成家立业，皆有一点混不吝的气息，或者叫不干"正经事儿"，有点王朔的意思。虽然他是地道的南方人。还有一个人叫双雪涛，纯正的东北人，老乡。读过他的《平原上的摩西》，我还信誓旦旦地跟编辑说，一定会写点评论，结果一直拖到现在。

　　我想，应该是距离太近的缘故。对我来说，双雪涛的小说与朋友在酒桌上讲故事并无二致。东北人都擅长唠嗑，讲故事，能把一段很普通的经历，讲得精彩绝伦，但不知从何时起变成吹牛、侃大山了，而且讲的人和听的人，都心知肚明，却共同维持着你爱讲我也爱听的一种和谐状态。其实这特别恶心，也特别不正常。我初步判断，这种变态大概就是从上世纪 80 年代末到 90 年代初开始的，在 90 年代中后期达到顶峰。我印象最深刻的一次，是一个面临下岗的朋友，喷着酒气，说他马上承包某煤矿的某个井，他在矿务局的叔叔已经答应承包给他了，他让我们都跟着他干，不用下井，工资上千，还不包括奖金。这个酒桌上的"煤老板"不久就被迫买断工龄、下岗，真的去了某矿，在矿工上下班的路口摆烟摊。有很长一段时间，千百万的东北人，差不多都处于这么一种状态。他（我）们知道以前枯燥而稳妥的日子没了，而后是什么样子并不知道，或者假装知道，用酒、用吹牛或其他方式假装知道。他们以此安慰自己，麻痹自己。双雪涛的小说，一部分在这个背景下发生；另一部分比它早，跟它紧紧挨着，是又一个改天换地的时代。这种时代，人们裹挟其中，悲欢离合，人性种种，就像漫天大雪，就像日出雪化的街道，显出和往日不一样的景观。

今天说说双雪涛的小说集《飞行家》。其实也就是在说《平原上的摩西》。不同的故事，相同的内里。双雪涛的小说，呈现了与作者年龄不太相称的沉重感，多是艰难，少有快乐，而且写到了犯罪、死亡，惊心动魄。《平原上的摩西》里，一对两小无猜的小儿女，长大各奔东西，却因为十多年前的几起命案再度相逢，一个怀里揣着手枪，一个包里藏着手枪，相逢在公园人工湖中，惠风和畅水波不兴，读者情绪在他俩的叙旧中一直紧绷着，双雪涛却举重若轻地结束了小说。《飞行家》里的第一部小说《跷跷板》相反，文中已点明了看门人并没死，但"我"居然在跷跷板底下挖出了一具骨骸。

不管乐不乐意，东北人就是比较暴力、直接。而我喜欢的双雪涛小说，全部涉及了犯罪和死亡。孩子间的承诺，竟然引发命案，改变了至少四个人的命运（《平原上的摩西》）。垂死病人的谵语，隐藏了骨骸（《跷跷板》）。皈依宗教的罪人，难逃一死（《光明堂》）。幽会时，情人被害（《北方化为乌有》）。暴力和死亡，因为彰显历史背景而扩大了小说的张力，刺激了读者的阅读欲。但双雪涛的小说绝不止这个。

我们不必深挖小说意义，面对文学，你想挖出来骨骸，就一定不会挖出毛绒玩具。这没意义。死人的事是经常发生的，无论战争还是和平年代。关键是活着时发生了什么。上世纪 70、80、90 年代，听着很遥远，其实也就五十年的历史，但街面上已经看不见它们留下的痕迹了。时代快速而疯狂，人们好奇而健忘。双雪涛用冷峻、短促的语言恢复往昔。那个时代，没有高铁，只有绿皮火车；没有上市公司，只有下岗大潮；似乎那个时代的气候，也比现在个性鲜明。《光明堂》里，洗心革面的罪犯，为朋友不惜杀人的德育老师，为忘年交铤而走险的少年，投靠亲友的小学生……他们都有明确的价值观，并毫不犹豫地捍卫。读者不能轻易判断谁是谁非，只见人性之复杂与幽暗，虽然双雪涛拒绝诗意——他白描现实生活的笔力相当出色——但读者仍可以从"铁幕般的漫天大雪"中感到年久失修老房子里铸铁暖气片透出的些许温暖（那些暖意，瞬间消逝，如安徒生童话的火柴）。为此，双雪涛宁可破坏小说的整体状态，在极其写实的基调里，加入魔幻或超现实主义的段落。这点，小说集《飞行家》比《平原上的摩西》严重。我还是更喜欢纯粹一些的所谓"现实主义"的小说。

"老赵说，现在的火车真快。柳丁说，是啊，一下就过去了。老赵说，过去我扒过火车，现在不行了，太快了。柳丁说，你说车上的人知道他们刚才经过了艳粉街吗？老赵说，说不准，也许不知道，连个牌子都没有。柳丁说，如果我在车上，我就能知道，我一眼就能看出来。老赵说，那是现在，再过十年，你也看不出来。柳丁没有回答，但是他觉得他能，就算再过二十年，只要是他从窗户往外看一眼，就能知道路过的是不是艳粉街。"

这是《光明堂》中的一段。请原谅我的过度诠释。我觉得这一段正是对人的一生的完美比喻。正如冯唐的垂杨柳，路内的戴城，曹寇的八卦洲，双雪涛将小说设置在一个真实又恍惚的地方：艳粉街。生于斯长于斯，所以真实；一旦回顾，或者用文字再现，又变得像临终时的记忆，"惚兮恍兮，其中有象"。我们并不是忘记了"象"，我们只是缺少一个契机。文学，就是复活的契机。双雪涛在不同小说里，让配角使用同一个名字（这个伎俩曹寇也常用），而不是主角，例如刘一朵。《飞行家》里提到我的老家阜新。这并不奇怪，在双雪涛小说里，你能看到很多确凿的地名。如果你是70、80年代出生的东北人，双雪涛就是在讲你的故事；如果你不是，双雪涛就是在告诉你，有那么一段很长的时间，有那么一大群人，曾经那样活过。那段日子，就算已经抛离，进入新时代，进入大都市，它也像尾骨、腿毛，在微不足道的地方待着，等待有朝一日重新发现。就像坐车经过艳粉街，一定会认出来。认出来，历史就有了意义，生活就不再荒芜。

《飞行家》中《北方化为乌有》里，"我"是一个进京混饭的作家，一日忽然发现有人写的故事和他的小说一模一样，便邀请这个人来，两个人相互校正记忆，往昔渐渐拼出原貌。

我喜欢的新崛起一代小说家中，粗略地说，葛亮、张草有古意，宁肯有鬼意，路内有暖意，曹寇有痞气，阿乙有静气，不过阿乙有些后劲不足，苗炜和小白有学院气，特别是小白。我并不是不喜欢学院气的小说。学院气也是生活气息之一，只不过离我太远，还是曹寇路内双雪涛他们接地气。双雪涛是冷意，就像东北以前常见的大雪，下雪的时候，如果走在路上，睁不开眼。那种漫天大雪如今罕见。感谢雪涛，把以往的大雪带回来。

长着一个吃货的胃，揣着一颗怀乡的心

今年六月，出了一趟个人史上最长的差，在上海待了一整月。一日吃汤包，向服务员要大蒜，答曰没有。吃饺子包子怎能无大蒜，遂起身前往后厨，大厨对曰"么的"（上海话，没有的意思）。是可忍孰不可忍，十多天后，寻遍陆家嘴至塘桥一线，终于在浦电路上找到一家东北饭馆，吃了顿酸菜猪肉饺子，特意问明白是东北大白菜腌渍的酸菜后，吃了半斤，佐以大蒜数瓣。

吃不到家乡菜仅十余天，就如此惶惶不可终日，那么远离大陆，隔海相望，"故乡不可见兮"，故乡菜不可啖之，大概"只有痛哭"了。为什么要掉于右任先生《望大陆》的书袋呢？因为它极符合我正在读的《故乡之食》，作者刘震慰，上世纪60年代时，在台湾主持"锦绣河山"电视节目，介绍祖国各地美食（同时也介绍各地名胜、风土人情）。本计划做十三集，三个月播完，结果反响热烈，"被迫"将祖国所有省市全部说遍，历时十一年，总计五百七十多集。要知道，这档所谓电视栏目，其实是看图说话，彼时不可能来内地拍摄，只能找些相关图片充数。如此高的收视率，如此高的人气，今天是根本做不到的——如果《舌尖上的中国》，采用看

299

图说话的形式，收视率肯定大幅下滑——已经失去了特殊历史背景。

1949年前后，大批人口涌入台湾。究竟多少人，学界一直有争论，最少的说法也有一百万人上下。刘震慰做节目时，这些人背井离乡已经十余年，思乡之情达到顶峰，经常有人拼死渡海，试图回到大陆。

军人出身的台湾作家桑品载曾撰文，"游泳长途逃亡最佳工具是球，球当然大的比小的好，比如篮球就比排球好。于是球类被列为'严格管制品'，不但集中保管，每个球还编号，个人不能借，比赛才能用。有些较小的岛，如乌坵，为免事端，索性不办任何球类比赛，于是，球在那里绝迹；若看到一个球，会让单位像看到一个炮弹一样紧张。"

桑品载和他的同僚就看过这个节目，"台视有个节目，叫'锦绣河山'，主持人名叫刘震慰，每周六下午播出半小时。顾名思义，这是介绍大陆风光的节目。所谓'风光'，只是图片，由于两岸未开放，呈现在屏幕上的都是1949年以前的旧照片，节目制作单位从四处搜集后，由刘震慰'看图片说故事'。"

用吃来慰藉乡愁，古来有之。从莼鲈之思的张季鹰，到抱怨北京没有好点心的周作人，都长着一个吃货的胃，揣着一颗怀乡的心。我亦如此。翻开该书，先看目录，找到《食在东北》一文，"大快朵颐"。我离开辽宁老家，客居京华十余载，户口却是河北，弄成不尴不尬的境地，饮食习惯倒是始终保持老家风格。北京不缺东北饭馆，加之清朝是从东北龙兴之地迁移至北京，与东北饮食大体相同，因此胃口并没受什么委屈。但是……

但是读刘震慰的文字，才知道很多有意思的与饮食有关的风俗消失了。东北过年要杀"年猪"，过去，杀"年猪"前还要杀"祭祀猪"。后者被拖进供奉祖宗牌位的屋里，一家老小先拜祖宗，然后用热酒浇灌猪耳朵，如果猪"吉利、吉利"地叫起来，代表来年一切吉利、顺当。不叫，则再灌，直到叫唤为止。叫了之后，就可以杀"祭祀猪"了。如今没有"祭祀猪"一说，而且杀"年猪"也不固定在腊月二十三过小年那天。也不再像从前那样，又"靠油"（把肥肉炼制成猪油），又"腌腊肉"的。整麻袋的粘豆包冻在户外的神奇景象也看不到了，我小时候，还啃过没回锅的冻豆包呢，粘豆包在零下几十度的户外搁一宿，比石头硬，啃半天，豆包上只有两道淡淡的齿痕。

其实算起来，也就过去了三四十年，很多民俗，包括吃喝上的地方特色，都已消失，或者变了形式。北京护国寺小吃店里，能稳坐着，有滋有味地喝下一碗豆汁儿的人越来越少了。扩大到整个中国，想必略同。这也是另一种"乡愁"吧。

想当年，刘震慰用图片、文字与想象，神游祖国，在记忆中回味家乡美食，是抚慰了游子，还是更勾起了思乡之情，还真不好说。现在海峡两岸早已通邮通商通船，然而却未统一。当年那批远走台湾的人，如今垂垂老矣，即使故地重游，也没有年轻时旺盛的胃口了吧。刘震慰做节目，访谈对象正是这批人。他们说起家乡，"往往老泪纵横，泣不成声"。口腹之欲容易满足，心灵创伤难以治愈，向来如此啊。

爱猫成癖，是多么幸福的一件小事啊

　　文学史上最有名的动物是什么，绝对没有固定、唯一的答案；若说科学史上最有名的动物是猫，绝对没有异议。1935 年，奥地利物理学家薛定谔在《自然》杂志上发表了《量子力学目前的情况》，文章颇具嘲讽风格，他说他不知道该称之为"报告"，还是"一般性声明"，暗示了当时量子理论"不尽如人意"的状态（资料来自《薛定谔传》）。就在这篇文章里，他将一只猫塞进带有毒气量子开关的盒子里。按照量子理论，打开盒子前，这只可怜的猫，既是活的又是死的，它处于生与死的叠加状态。"薛定谔猫"直接导致了以爱因斯坦、薛定谔为代表的经典物理学理论与以海森堡、波尔为代表的量子物理学理论的大论战，产生了两个为大众所知的结果：一是爱因斯坦那句著名的话，"上帝不会掷骰子"；二是大众不太熟知的"哥本哈根解释"。

　　由于资料匮乏，现在我们已经无法搞清当初薛定谔为什么会把一只猫作为实验品，而非小白鼠或吉娃娃。法国文学家维杜认为，猫本身就是一种不可思议的神秘动物，猫睡觉时总是保持着对外界的敏感，上一分钟猫在阳台晒太阳，可你低头看时，它已无声无息地出现在卧室了。养过猫的人对此都有同感。猫与人亲密，同时疏远，铲屎官们永远也讨好不了猫咪。这和我们对"薛定谔猫"的理解相仿。霍金甚至说："我要是听见薛定谔猫，会掏出手枪的。"在《猫的私人词典》里，维杜用文学的思维写了"薛定谔猫"词条，但他没有提到，想当年，薛定谔为了缓解爱猫人士（特别是女士）的敌意，特意声明，放进毒气盒子里的是一只公猫。

这涉及第二个问题，到底是养猫的人多，还是养狗的人多。换言之，猫和狗，谁是最多的宠物？马未都在"嘟嘟"栏目中曾认真回答过这个无关大局的问题，当然，是否无关大局，与你养猫还是养狗有直接关系。如果你两者都养，我会断定你是一个坚决的中庸主义者。鲁迅先生极其讨厌猫，但他同时也在痛打落水狗。刘易斯刻画了一个完美的猫的微笑。而在爱伦·坡看来，猫通常都与死亡在一起嬉闹。朱天心养了一大堆猫狗，所以不管她写什么，都能读出爱心泛滥之感。喜欢猫的作家不胜枚举，与猫有关的作品也多得让《猫的私人词典》的作者维杜喜忧参半。在古典中国，猫反而很少写入诗词。这大概与猫的本性不适合中国诗词有关。

第三个问题：为何绝大多数作家都喜欢猫？维杜说："在每个作家都必须面对的孤独和沉默中，只有猫能够从中找到一席之地，并在某种意义上陪伴他缓慢地写作；只有猫能成为与世隔绝的那个人的同谋或伙伴；对他来说，只有猫才能扮演必不可少的守夜人和批评家的角色。""同谋""批评家"的比喻过于文学化，陪伴主人度过寂寞时间，却是不争事实。虽然维杜还说"作家是猫的反面"，但养猫的普通人还是要多于养猫的作家。以三十六卷《自然史》留名青史的科学家布封尖锐而不失客观地叙写了猫的习性，在爱猫人士看来，这要比把猫扔进毒气盒子严重得多。与布封同时代的一位法国作家（德·邦维尔）便在一篇题目为《猫》的散文中表达了对前者的愤怒。维杜赞同法国人的观点，并称《自然史》中有关猫的文字，暴露了布封"理性的局限性，他以人为本的视角就如被挡上了护眼"。其实，布封只不过多了一些人文主义的描述而已，假如纯粹地、科学地去看待猫，这种萌翻地球的小生灵，与其他动物并没有本质的不同。

任何事，一旦上升为热爱，立刻就不同了。例如爱猫的维杜，他在《猫的私人词典》里，记录了自然的猫，文学的猫，普通人家居生活的猫，还有大量我们意想不到的猫：哲学的、科学的、宗教的、心理学的、色情的、恐怖的……甚至有军事战争的猫。公元前252年，波斯人和埃及人发生战争。波斯士兵的盾牌上都绑着一只猫，利用埃及人认为猫是神明的观念，兵不血刃地打败了后者。猫以各种形态与人类生活在一起。民间有个说法，猫有九条命。实际上，猫在人类文明史上，永远不会死，即使装进那个带有量子开关的毒气盒子。

你爱猫，自以为通晓猫的一切，当你翻开《猫的私人词典》，便发现维杜比你知道的多得多。反过来，你要是静下心，将你知道的有关猫的一切记录下来，你会发现，这本书亦不完整。是的，对于爱猫人士来说，千言万语也抵不上在眼前的猫咪。维杜甚至以为，"猫是文明程度最奇妙的指示器之一。请告诉我你怎么看待猫，我就能说出你的为人、你的所思所想，你相信什么以及你所生活的世界的真正价值。"没当过

"铲屎官"的人，不会理解维杜，更难以想象他居然花费那么多的时间和精力，完成了这么厚的一本关于猫咪的私人词典。我们只好说，爱猫成癖，是多么幸福的一件小事啊。

虚构的地方最让人迷恋

在堆沙堆的男孩眼里，大小不一，外形雷同的沙堆，俨然是一个他世界，一个神秘城堡，一个只有他或他的合作者——另一个男孩能看见的未知之地。他们会商量这是一个怎样的秘密所在，并不时做出改变。在涂鸦的小女孩眼里，凌乱而色彩斑斓的线条中，隐藏着仙女和花园。她会骄傲地告诉满头雾水的大人，这个地方好美呀。

人类诞生的最初阶段，相当于一个人的童年，想象是那个历史阶段最重要、最先进的生产力。想象催生了神话、宗教、文学、绘画……即使在逻辑严谨的自然科学领域，想象力亦从不缺席。爱因斯坦说过："想象力比知识重要。"这一切让人不由想到一句广告词："人类失去联想，世界会怎样？"

幸好，我们从未失去过。特别是艺术（文学）方面的想象力，可以完全忽视自然科学定律，无中生有地构建出一个自洽世界。离现实愈远，愈令人神往、痴迷。《神曲》里的天堂地狱，《西游记》《聊斋志异》《魔戒》里的妖怪精灵，《奥德赛》《神秘岛》《金银岛》里的岛屿，《镜花缘》《格列佛游记》《看不见的城市》里的国度和城市……在现实中得不到满足，人类便借助想象。

诗人弗罗斯特说："阅读让我们成为移民。"那么，可不可以说，想象让我们神游八方呢？

可汗忽必烈问道："你去过周围许多地方，见过很多标志，能不能告诉我，微风会把我们吹向未来的哪里？"

马可·波罗答曰："……有时候，在一种不协调的景色中打开一个小口，在浓雾中闪烁的一点光线，来往进行中的两个路人的一段对话，都能成为出发点，一点一点拼凑出一个完美的城市，它们是用剩余的混合碎片，间歇隔开的瞬间和不知谁是接收者的讯号建成的……也许就在我们谈论的时候，它已经在你的帝国疆域内散乱地显露出来；你不妨追寻它，但是要用我告诉你的方法。"

马可·波罗的方法是什么呢？想象，除了想象还是想象。《看不见的城市》本来就是卡尔维诺的想象之作，他毫不避讳地告诉读者："我会告诉你你想知道的，但我从来不会告诉你真实。"

书中世界，是馈赠给读者的最奢侈的礼物。用台湾作家唐诺的说法："那是现实中你再有钱有闲也去不了的地方。"真实与想象，究竟有多远？远到你一翻开书，就到了。

我的枕边书，凡尔纳的《神秘岛》是翻动频率最高的。无所不能的工程师史密斯给他们落难的太平洋小岛取了一个爱国主义的名字：林肯岛。不如书名的神秘岛恰当。凡尔纳对它描述愈详细，它便愈神秘。因为最后凡尔纳把它写没了，凡尔纳设定它是活火山岛屿，火山成就了它，最终也结束了它。这正是作家精明狡狯之处，亦是引人入胜之处。读者可以尽情想象它曾经的模样。对我来说，林肯岛能够供我开疆拓土，直到酣然入梦。

有趣的是，按照书中设定的位置，林肯岛不远处真实存在过一个岛。一些凡尔纳粉丝曾经做过考据：与它相距一百五十海里的那个岛叫达抱岛（Tabor），也称玛丽亚 - 特里萨礁（Maria-Theresa Reef），是一座位于南太平洋的小岛。位于新西兰以东，土阿莫土群岛以南的大洋中。这座岛自发现以来便多次在人们的视野中失踪，因此可能是一个幽灵岛。这座岛于 1843 年 11 月 16 日，由一艘来自美国马萨诸塞州新贝特福德的捕鲸船玛丽亚 - 特里萨号所发现。当时记录的位置是南纬 37°00′，西经 136°39′。但在 1957 年的一次搜索却没有找到它。1983 年再次为这个岛定位为南纬 36°50′，西经 136°39′。此后人们再也没有找到过这个岛屿——你瞧，现实中的岛屿也不让文学中的岛屿，它会"玩失踪"，导致我们也只能在想象中登陆。

岛屿、海洋、河流、森林、山脉、峡谷、城市、村落……在《想象地名私人词典》里，这些凭空虚构的地方，能够构成无数个世界、国家。但直截了当地用"想象"一词来命名的地方，只有威廉豪夫的《女子日历》里的"想象王国"，与蒙庞西埃公爵夫人安娜的《想象岛的故事》里的"想象岛"——"想象"，不需要用"想象"来界定。中国作家徐来曾效仿博尔赫斯《想象的动物》写过一本《想象中的动物》，相比之下，同样以博尔赫斯为师的钟鸣也写过很多类似的作品，但他从来不用"想象"作为书名。

曼古埃尔信誓旦旦："我们深信，有了读者的帮助，日后我们定能推出本书的修订本，以补充某些被遗漏的、过去的地名和将来可能出现的地名，从而邀请读者也一同成为本书的作者、旅行者和叙述者。"我想曼古埃尔有些盲目乐观了，谁也无法穷尽层出不穷的作品中的地名，特别是在文学作品和网络游戏的结合与开发的当下。好在我们并不追求数量，一部足够好的小说，例如在《小径分叉的花园》里，想象赋予了时间，时间赋予了地点，地点则赋予了无数可能。我们会久久漫游其中而不厌倦。

当然，该书中的很多地方，是实实在在地存在于地球上的。当你阅读后再去或去过后再读，感觉便很不一样了。"这本大词典建构在19世纪的地名基础之上，当我们畅游在真实世界里时，这个时代的废墟和遗迹同样会使我们的旅程充满惊险和兴奋。"若稍微"哲学"一点，只剩下实有世界，也就是实有世界消亡的时候了。

该书对于中国读者来说，有个莫大的缺点：收纳了太多我们不熟悉的文学作品中的想象之地，而缺乏太多中国书帙中的古典地方。即使是欧美读者，"很多地名的原版只有在法国或英国国家图书馆的书架上才能找到"。同时，从阅读及该书编辑思想的角度看去，这又成了中国或欧美以外读者的福祉：正是由于我们对文本的陌生，那些想象之地就更令我们神往，我们借助想象，让它们变为与欧美读者眼中截然不同、涂满东方色彩的地方。想象之地，就是乌托邦、应许之地，就是"不知有汉，无论魏晋"的桃花源。

关于该书，我建议不要按部就班地从头读起，而是随便翻开。当你偶然翻到之前读过的地方，你会发觉，它与你上次来访时大相径庭。

博采雅集，文苑英华

《大观丛书》

第一辑

《活在古代不容易》（史杰鹏 著）

《快刀文章可下酒》（邝海炎 著）

《时光的盛宴：经典电影新发现》（谢宗玉 著）

《你不知道的日本》（万景路 著）

第二辑

《私家地理课》（赵柏田 著）

《壮丽余光中》（李元洛、黄维樑 著）

《一心惟尔》（傅月庵 著）

《悦读者》（祝新宇 著）